Online-Reputationskompetenz von Mitarbeitern

Mario Schaarschmidt · Gianfranco Walsh ·
Harald von Korflesch
(Hrsg.)

Online-Reputationskompe-
tenz von Mitarbeitern

Mit Social-Media-Reputationsmanagement
das Unternehmensimage stärken

Springer Gabler

Hrsg.
Mario Schaarschmidt
Institut für Management
Universität Koblenz-Landau I
Koblenz, Deutschland

Gianfranco Walsh
General Business Administration & Marketing
Friedrich-Schiller-Universität Jena
Jena, Deutschland

Harald von Korflesch
Institut für Management
Universität Koblenz-Landau
Koblenz, Deutschland

ISBN 978-3-658-25486-5   ISBN 978-3-658-25487-2   (eBook)
https://doi.org/10.1007/978-3-658-25487-2

Die Deutsche Nationalbibliothek verzeichnet diese Publikation in der Deutschen Nationalbibliografie; detaillierte bibliografische Daten sind im Internet über http://dnb.d-nb.de abrufbar.

Springer Gabler
© Springer Fachmedien Wiesbaden GmbH, ein Teil von Springer Nature 2019

Springer Gabler ist ein Imprint der eingetragenen Gesellschaft Springer Fachmedien Wiesbaden GmbH und ist ein Teil von Springer Nature
Die Anschrift der Gesellschaft ist: Abraham-Lincoln-Str. 46, 65189 Wiesbaden, Germany

Vorwort

Der Ruf eines Unternehmens, gemeinhin auch als Reputation bezeichnet, ist vermutlich sein schützenswertestes Kapital. Ressourcen wie Mitarbeitende, Maschinen oder Produktionsmittel können prinzipiell in einem Markt extern erworben und bei Bedarf für die Sicherstellung der Wettbewerbsfähigkeit zugekauft werden. Der Ruf eines Unternehmens hingegen kann nicht so einfach in einem Markt „gekauft" werden, denn er ist fest mit dem Unternehmen verbunden und wird über viele Jahre durch Interaktionen mit Stakeholdern wie Kundinnen und Kunden, Zulieferern und der Gesellschaft aufgebaut.

Vor diesem Hintergrund legen Unternehmen einen besonders großen Wert auf den Aufbau und die Pflege ihres Rufs. Beispielsweise leisten sich mittlerweile viele Unternehmen sog. Online-Reputation – Managerinnen und Manager, die darüber wachen, wie sich Stakeholder in Bezug auf das Unternehmen in elektronischen Medien äußern, um dann ggf. darauf zu reagieren. In Zeiten zunehmender Digitalisierung wird dies aber immer schwieriger, da sehr viele Stackholdergruppen reputationstangierend agieren. In einer Zeit vor der Verbreitung von sozialen Medien bildete sich der Ruf eines Unternehmens vorwiegend durch kontrollierbare Aktivitäten wie die Art und Weise, wie ein Unternehmen Kundinnen und Kunden gegenüber auftrat oder durch klassische Print- und TV-Werbung. Heutzutage fließen zusätzlich Informationen in die Reputationsbildung ein, welche durch den Austausch von Nutzenden der angebotenen Produkte und Dienstleistungen untereinander erzeugt werden. Hierzu zählen neben Produktbewertungen auch die Erfahrungsberichte in sozialen Medien wie Twitter oder Facebook sowie Unternehmensbewertungen auf entsprechenden Portalen.

Durch die zunehmende Verbreitung sozialer Medien ist auch eine weitere, bisher in der Reputationsliteratur weitgehend vernachlässigte Stakeholdergruppe in den Vordergrund gerückt – die eigenen Mitarbeitenden. Die Rolle der Mitarbeitenden für die Reputationsbildung wurde in der Forschung bisher vergleichsweise wenig thematisiert. Dieses Forschungsdefizit wird nun zunehmend in der Managementforschung adressiert. Denn auch Mitarbeitende nutzen soziale Medien und sind auf diesen sowohl potenziellen als auch tatsächlichen Kunden sehr nahe. Wenn sich Mitarbeitende auf entsprechenden Plattformen als solche zu erkennen geben, wird ihr Verhalten durch andere Nutzende – bewusst oder unbewusst – mit der Wahrnehmung des Arbeitgebers verknüpft.

Unangemessenes Verhalten von Mitarbeitenden in sozialen Medien, wie beispielsweise das Verbreiten von Hetznachrichten, kann somit auf den Arbeitgeber zurückfallen und dessen Reputation beschädigen. Für Unternehmen ist dies ein schwer zu überschauendes und kaum kontrollierbares Phänomen: Auf der einen Seite steht Mitarbeitenden die freie Meinungsäußerung grundrechtlich zu. Auf der anderen Seite haben sie aber auch eine Loyalitätspflicht gegenüber dem Arbeitgeber. Diesem grundsätzlichen Spannungsfeld nimmt sich der vorliegende Buchband mit insgesamt zehn Beiträgen an.

Das Buch ist entstanden im Rahmen des vom Bundesministerium für Bildung und Forschung (BMBF) im Programm „Arbeiten, Lernen, Kompetenzen entwickeln" im thematischen Schwerpunkt „Betriebliches Kompetenzmanagement im demografischen Wandel" geförderten Projekts Webutatio. Das Projekt wurde administrativ und inhaltlich begleitet von den Projektträgern DLR sowie Projektträger Karlsruhe (PTKA). Ziele des Projektes waren die Erfassung, der Aufbau und die arbeitsprozessintegrierte Stärkung von individueller Reputationskompetenz für soziale Medien durch die Entwicklung und Erprobung eines Blended-Learning-Konzepts. Dieses Hauptziel wurde in mehrere Unterziele aufgebrochen, welche von folgenden Institutionen bearbeitet wurden: Universität Koblenz-Landau, Friedrich-Schiller-Universität Jena, IHK Akademie Koblenz e. V., Check24 Services GmbH, Berge&Meer Touristik GmbH. Der Buchband ergänzt bereits publizierte Ergebnisse um weitere Facetten im Kontext der grundsätzlichen Zielstellung des Projekts.

Im ersten Beitrag führt Harald von Korflesch in die Thematik ein und stellt das Forschungsprojekt vor. Danach erarbeiten Stefan Ivens und Bernd Schneider ein theoretisches Verständnis davon, wie „gutes" Mitarbeitendenverhalten in sozialen Medien aussehen kann. Beitrag 3 von Katharina Voll, Eva Hammes, Daniel Brylla und Gianfranco Walsh berichtet auf Basis konzeptioneller Überlegungen über die Herausforderungen, mitarbeitendenseitige Reputationskompetenz für soziale Medien zu messen. Janka Kensik zeigt erste Ergebnisse einer Reputationskompetenzmessung. Alexander Rathjen, Eva Hammes, Daniel Brylla und Gianfranco Walsh bauen darauf auf und zeigen, welche negativen Auswirkungen aus einer nicht ausreichend ausgeprägten Reputationskompetenz erwachsen können. Lisa Strasser und Alexander Bartoschak stellen ein Modell vor, welches es Unternehmen ermöglicht, die Gefahren durch fehlende Reputationskompetenz basierend auf einer Typisierung von Mitarbeitenden zu bewerten. Arne Mellinghoff stellt Chancen und Grenzen des Einsatzes von „Social Media Guidelines" vor. Die beiden letzten Beiträge wagen Ausblicke: Thorsten Korn ordnet die Rolle von sozialen Medien ein in den Diskurs der Standortfrage für die Gewinnung von Fachkräften. Matthias Bertram und Mario Schaarschmidt berichten abschließend über Studien, die sich der Verbreitung und Bedeutung von sozialen Medien im deutschen Handwerk widmen.

Ein Buch wie dieses ist nie die Leistung von wenigen, sondern zumeist von sehr vielen. Neben den Autoren möchten wir daher allen Beteiligten am Projekt Webutatio ganz herzlich für Ihre Mitarbeit danken. Dies umfasst neben den Projektträgern DLR und Karlsruhe, insbesondere die Interviewpartner und Workshopteilnehmer, die ihre Zeit dem Projekt zur Verfügung gestellt haben. Ein ganz großer Dank geht auch an Angela Meffert vom Springer Verlag, die uns mit einer Engelsgeduld durch den Prozess der Erstellung begleitet hat. Ihre sorgfältige Prüfung lässt unser Buch in einem besseren Licht erscheinen.

Wir wünschen den Lesern eine ansprechende Lektüre!

Koblenz	Mario Schaarschmidt
Jena	Gianfranco Walsh
Koblenz	Harald von Korflesch
im Frühjahr 2019	

Inhaltsverzeichnis

Über die Herausgeber

Jun.-Prof. Dr. Mario Schaarschmidt ist Professor für Technologie- und Innovationsmanagement an der Universität Koblenz-Landau. Seine Forschungsschwerpunkte liegen in den Bereichen Dienstleistungsinnovation, Arbeitsgestaltung sowie soziale Medien.

Prof. Dr. Gianfranco Walsh ist Professor für Allgemeine Betriebswirtschaftslehre und Marketing an der Friedrich-Schiller-Universität Jena. Seine Forschungsschwerpunkte liegen in den Bereichen Dienstleistungsmarketing, Dienstleistungsmanagement, elektronischer Handel sowie Reputationsmanagement.

 **Prof. Dr. Harald von Korflesch** ist Professor für Informationsmanagement, Organisation und Entrepreneurship an der Universität Koblenz-Landau. Er forscht in den Themen Entrepreneurship, Digitalisierung und soziale Medien.

Autorenverzeichnis

Alexander Bartoschak CHECK24 Services GmbH, München, Deutschland, Alexander.Bartoschak@check24.de

Prof. Dr. Matthias Bertram Provadis School of International Management and Technology AG, Frankfurt a.M., Deutschland, matthias.bertram@provadis-hochschule.de

Daniel Brylla Jena, Deutschland, daniel@brylla.org

Eva Hammes Jena, Deutschland, evakhammes@gmail.com

Stefan Ivens Universität Koblenz-Landau, Koblenz, Deutschland, stefan.ivens@googlemail.com

Dipl.-Kffr. Janka Kensik Berge & Meer Touristik GmbH, Rengsdorf, Deutschland, j.kensik@kensik.com

Thorsten Korn IHK-Akademie Koblenz e. V., Koblenz, Deutschland, korn@uni-koblenz.de

Arne Mellinghoff Meckenheim, Deutschland, arne.mellinghoff@gmx.de

Alexander Rahtjen Jena, Deutschland, a-rahtjen@web.de

Bernd Schneider Koblenz, Deutschland, bschneider@uni-koblenz.de

Christopher Schwinn Jena, Deutschland, christopher.schwinn@me.com

Lisa Strasser CHECK24 Services GmbH, München, Deutschland, lisa.strasser@check24.de

Katharina Voll Birmingham, Großbritannien, Katharina.Voll@trelleborg.com

Reputationsbildung und Reputationsmanagement unter besonderer Berücksichtigung sozialer Medien – Einblicke aus dem Forschungsprojekt Webutatio

Harald von Korflesch

Inhaltsverzeichnis

▶   **Zusammenfassung** Dieser Beitrag thematisiert den Prozess der Reputationsbildung und des Reputationsmanagements unter besonderer Berücksichtigung sozialer Medien. Einleitend werden zunächst die für den Beitrag
relevanten Begrifflichkeiten eingeführt, bevor auf folgende Fragen näher
eingegangen wird: 1) Worauf sollten Unternehmen bei der Online- und
Offline-Reputationsbildung achten? 2) Worauf sollten Unternehmen beim
Online- und Offline-Reputationsmanagement achten? Abschließend werden
strategische Aspekte hinsichtlich der Nutzung sozialer Netzwerke erläutert.
Um die Themenstellung unter Einbezug von wissenschaftlichen Erkenntnissen
und Einblicken aus der Praxis zu bearbeiten, wird Literatur zum Thema eingeführt und mit Einblicken aus der Forschungsarbeit im Projekt Webutatio

H. von Korflesch (✉)
Institut für Management, Universität Koblenz-Landau, Koblenz, Deutschland
E-Mail: harald.vonkorflesch@uni-koblenz.de

© Springer Fachmedien Wiesbaden GmbH, ein Teil von Springer Nature 2019
M. Schaarschmidt et al. (Hrsg.), *Online-Reputationskompetenz von Mitarbeitern*,
https://doi.org/10.1007/978-3-658-25487-2_1

ergänzt. Gemäß dem Forschungsschwerpunkt im Projekt Webutatio wird insbesondere auf die Gefahr der Schädigung der Unternehmensreputation durch die mitarbeiterseitige Nutzung von sozialen Netzwerken eingegangen.

1.1   Unternehmensreputation und soziale Medien

1.1.1   Einleitung

Der vorliegende Beitrag befasst sich mit der Reputationsbildung sowie dem Reputations-management hinsichtlich der mitarbeiterseitigen Nutzung sozialer Medien beziehungs-weise sozialer Netzwerke. In diesem Kontext wird das Thema vor dem Hintergrund der Forschungsarbeiten im Forschungsprojekt Webutatio erarbeitet. Das Forschungs-projekt Webutatio[1] ist ein vom Bundesministerium für Bildung und Forschung (BMBF) gefördertes Forschungsvorhaben, welches unter anderem den Einfluss der mitarbeiter-seitigen Nutzung sozialer Medien und sozialer Netzwerke auf die Reputation des Arbeitgebers untersucht. Die Ziele der Projektarbeit beinhalten unter anderem die Ent-wicklung einer Skala zur Messung von Reputationskompetenz und die Erforschung möglicher demografischer Einflussfaktoren bezüglich der Reputationskompetenz von Mitarbeitenden. Zur Bearbeitung der Themenstellung haben sich die Universität Kob-lenz-Landau, die Friedrich-Schiller-Universität Jena, die Berge & Meer Touristik GmbH, die Check24 Services GmbH und die IHK-Akademie Koblenz e. V. zu einem Forschungs-verbund aus universitären Partnern und Praxispartnern zusammengeschlossen. Mit star-kem Bezug auf die Arbeiten im Forschungsprojekt werden in diesem Beitrag primär folgende Fragen behandelt:

- Worauf sollten Unternehmen bei der Online- und Offline-Reputationsbildung achten?
- Worauf sollten Unternehmen beim Online- und Offline-Reputationsmanagement achten?

Aufgrund des Forschungsschwerpunktes – die mögliche Gefährdung der Unternehmens-reputation durch die mitarbeiterseitige Nutzung sozialer Netzwerke – liegt auch der Schwerpunkt dieses Beitrages entsprechend auf diesem Themengebiet. Darüber hinaus werden einleitend wichtige Begriffe zum Verständnis und zur Abgrenzung anderer The-men eingeführt und erläutert. Abschließend wird auf strategische Aspekte der Nutzung sozialer Netzwerke eingegangen. Da das Thema im Rahmen dieses Beitrages jedoch nicht vollumfassend behandelt werden kann, werden Einblicke aus der Literatur mit Einblicken aus der Projekttätigkeit kombiniert dargestellt. Ergänzt wird der Beitrag mit Einblicken aus Gesprächen mit Unternehmensvertretern, welche teilweise als wörtliche Zitate die Unternehmensperspektive noch einmal verdeutlichen sollen.

---

[1]Detaillierte Informationen zum Forschungsprojekt Webutatio sind auf der Projekthomepage unter www.webutatio.de erhältlich.

1.1.2 Reputation

Der Begriff *Reputation* wird in verschiedenen akademischen Disziplinen verwendet (vgl. Fombrun und Van Riel 1997), wodurch diverse Definitionen des Begriffs existieren. Zur Schaffung einer Basis für diesen Beitrag – welcher Reputation im Sinne der *Unternehmensreputation* betrachtet – ist gleichzeitig eine Abgrenzung des Begriffs *Reputation* vom Begriff *Image* unumgänglich, da diese Begriffe oftmals synonym verwendet werden. Folgt man der unternehmensbezogenen Definition von Lies (2016, S. 186 f.), wird Reputation als der Ruf eines Unternehmens beschrieben, welcher mit dem Ist-Image im Einklang ist, vom angestrebten Soll-Image jedoch abweichen kann. Darüber hinaus definiert Lies (2016, S. 87) den Begriff *Image* sehr differenziert als „das Selbst- und Fremdbild (Vorstellungsbild) eines Unternehmens (Corporate Image), eines Managers (Personenimage), einer Marke (Markenimage), eines Produkts (Produktimage) oder andere[r] Bezugsgrößen", wobei gemäß Lies (2016, S. 87) das Image aus einer psychologischen Sichtweise einer Stereotype, das heißt einem Vorurteil, entspricht. Dass die Begriffe *Unternehmensreputation* und *Unternehmensimage* nicht eindeutig voneinander trennbar sind, wird auch durch eine Publikation von Gotsi und Wilson (2001) deutlich, in welcher die Autoren unter anderem die Beziehung zwischen den Begriffen untersuchen. Weitere Vorstöße, den Begriff *Unternehmensreputation* zu definieren, wurden beispielsweise von Wartick (2002) oder von Barnett et al. (2006) unternommen. Dem vorliegenden Beitrag wird jedoch – unter Berücksichtigung der teilweise undeutlichen Abgrenzung des Begriffs vom Begriff *Image* – die von Lies (2016) erarbeitete Definition zugrunde gelegt.

Hinsichtlich der Wahrnehmung von Reputation wird gemäß Lippold (2016, S. 35) Reputation als eine zentrale Institution angesehen, wobei beispielsweise Kaufinteressierte diese als Signal für Kompetenz ansehen, was wiederum die Wichtigkeit einer positiven Unternehmensreputation verdeutlicht. Des Weiteren sehen Aula und Heinonen (2016, S. ix) Reputation als ein Zeichen von Vertrauen an. Im Forschungsprojekt *Webutatio* wird das Konstrukt Reputationskompetenz betrachtet, wodurch Reputation in Verbindung mit sozialen Medien untersucht wird. Als Reputationskompetenz wird in diesem Zusammenhang die Fähigkeit von Mitarbeitenden verstanden, sich im Einklang mit den Reputationszielen ihres Arbeitgebers in sozialen Medien zu bewegen (vgl. Schaarschmidt et al. 2015; Walsh et al. 2016). Die auch als *Soft Skills* bezeichneten Kompetenzen werden beispielsweise im Diskurs hinsichtlich der Anforderungen an Arbeitnehmende in der heutigen Zeit zunehmend diskutiert (vgl. Rohlfs et al. 2014, S. 14). Betrachtet man Reputationskompetenz als eine zu den *Soft Skills* eines/einer Mitarbeitenden zählende Kompetenz, wird die Bedeutung des Forschungsthemas für Unternehmen nochmals verdeutlicht.

Wie bereits erläutert, wird der Begriff *Reputation* in diversen Kontexten verwendet. So ermittelt das Reputation Institute beispielsweise unter anderem in seiner weltweit angelegten Studie „2017 Global RepTrak® 100" die Unternehmen mit der höchsten Reputation. Die Studie hat folgende Unternehmen als die Unternehmen mit der weltweit gesehen stärksten Reputation identifiziert: 1) Rolex, 2) LEGO Group, 3) The Walt Disney Company, 4) Canon, 5) Google, 6) Bosch, 7) Sony, 8) Intel, 9) Rolls-Royce Aerospace und 10) adidas (vgl. Reputation Institute 2017a, Folie 11). Die Studie des *Reputation*

Tab. 1.1 Unternehmen mit der höchsten Reputation nach Regionen. (Quelle: zusammengefasst nach Reputation Institute 2017a, Folie 10)

Rang	Region Nordamerika	Region Lateinamerika	EMEA	Asien
1	Rolex	Google	LEGO Group	Rolex
2	Google	BMW Group	Bosch	The Walt Disney Company
3	Sony	Nintendo	The Walt Disney Company	Intel
4	LEGO Group	Netflix	Michelin	Rolls-Royce
5	LVMH Group	Honda Motor	Sony	Google
6	Canon	Whirlpool	Canon	Adidas
7	Kellogg's	LEGO Group	Rolex	Microsoft
8	Amazon.com	Colgate-Palmolive	BMW Group	LEGO Group
9	Caterpillar	Canon	Levi Strauss Co	Canon
10	The Walt Disney Co	Rolex	Rolls Royce	BBC

Institutes zeigt auch, dass nur die Unternehmen Rolex, LEGO Group und Canon in jeder der vier separaten, regionalen Untersuchungen (Nordamerika, Lateinamerika, EMEA[2] und Asien) unter den besten zehn Unternehmen vertreten sind (vgl. Reputation Institute 2017a, Folie 10). Tab. 1.1 zeigt die jeweils zehn Unternehmen mit der höchsten Reputation hinsichtlich der Regionen Nordamerika, Lateinamerika, EMEA und Asien.

Die Vielseitigkeit der Bereiche, in denen Reputation gemessen wird, zeigt sich beispielsweise auch in der folgenden Studie, in welcher das Reputation Institute in einem weiteren Ranking die Länder mit der höchsten Reputation ermittelt hat. Diese Länder mit einer „exzellenten" Reputation waren im Jahr 2017 wie folgt: 1) Kanada, 2) Schweiz, 3) Schweden, 4) Australien, 5) Neuseeland, 6) Norwegen und 7) Finnland (Reputation Institute 2017a, Folie 12). Als Länder mit einer „starken" Reputation wurden Dänemark, die Niederlande, Irland, Österreich, Japan, Spanien, Italien, Belgien, Deutschland, Portugal, Großbritannien, Frankreich und Singapur ermittelt (vgl. Reputation Institute 2017b, Folie 12).

1.1.3 Soziale Medien und soziale Netzwerke

Um eine solide Grundlage für diesen Beitrag zu erarbeiten, müssen jedoch nicht nur die Begriffe *Reputation* und *Image,* sondern auch die Begriffe *soziale Medien* (auch *Social Media* genannt) und *soziale Netzwerke* definiert werden. Diesbezüglich bietet die Literatur verschiedene Ansätze und Definitionen (zum Beispiel Kaplan und Haenlein 2010;

---

[2]Die Abkürzung EMEA steht für den Wirtschaftsraum Europa, Naher Osten (US: Middle East) und Afrika.

Statistisches Bundesamt 2016a, S. 6). Um diesen Beitrag auf einen einheitlichen Kontext aufzubauen und für diesen Rahmen angemessen abgegrenzte Definitionen zu verwenden, werden erneut Definitionen von Lies (2016) herangezogen. Entsprechend werden soziale Medien als ein Teilgebiet des Web 2.0 bezeichnet, wobei insbesondere die Bedeutung der sozialen Online-Netzwerke innerhalb der sozialen Medien thematisiert wird (vgl. Lies 2016, S. 198). Bei der Definition von sozialen Netzwerken hebt Lies (2016, S. 201 f.) die doppelte Bedeutung des Begriffs hervor – einerseits im Sinne einer soziologischen Theorie, andererseits im Sinne des Web 2.0. Eine sehr detaillierte Definition wurde darüber hinaus vom Statistischen Bundesamt (Destatis) veröffentlicht, welche wie folgt lautet: „Soziale Netzwerke sind über das Internet verbundene Netzgemeinschaften (Online-Communities), die in erster Linie der Pflege und dem Aufbau sozialer Kontakte dienen. Übliche Funktionselemente sind ein eigenes Benutzerprofil, persönliche Kontaktlisten und Nutzergruppen. Häufig werden soziale Netzwerke nach der Art der Nutzung unterschieden: für hauptsächlich private Kontakte (zum Beispiel Facebook und Google+) oder vorrangig für geschäftliche Kontakte (zum Beispiel LinkedIn und Xing)." (Statistisches Bundesamt 2016a, S. 6). Im Rahmen des vorliegenden Beitrags werden soziale Netzwerke gemäß der Definition von Lies (2016, S. 201 f.) als persönlich bestätigte Kontakte sowie die nicht realen, sondern virtuellen Verlinkungen seitens der Nutzer der Social-Media-Plattformen verstanden.

Hinsichtlich der Nutzung sozialer Medien hat eine auf Deutschland bezogene Untersuchung des Statistischen Bundesamtes (Destatis) ergeben, dass 55 % der Internetnutzenden auch soziale Medien nutzen, wobei in der Altersklasse der 16- bis 24-Jährigen die meisten Nutzer (89 %) zu finden sind (Statistisches Bundesamt 2016b, S. 17). Des Weiteren hat das Statistische Bundesamt eine Studie zur unternehmensseitigen Nutzung sozialer Medien veröffentlicht, in der festgestellt wurde, dass 36 % der Unternehmen mit Internetzugang im Jahr 2016 soziale Medien nutzten (Statistisches Bundesamt 2016a, S. 20). Im Detail zeige die Erhebung, dass 34 % der Unternehmen mit einem bis neun Beschäftigten, 46 % der Unternehmen mit zehn bis 49 Beschäftigten, 55 % der Unternehmen mit 50 bis 249 Beschäftigten und 69 % der Unternehmen mit 250 und mehr Beschäftigten in dem Betrachtungszeitraum soziale Medien nutzten (Statistisches Bundesamt 2016a, S. 20). Dies zeigt bei der Nutzung sozialer Medien einen klaren Schwerpunkt bei großen Unternehmen. Dies mag auch darin begründet sein, dass große Unternehmen speziell für die interne und externe Kommunikation zuständige Mitarbeitende beschäftigen, was in kleinen Unternehmen nicht immer oder eventuell auch nicht im notwendigen Umfang möglich ist. Hinsichtlich der Nutzung sozialer Netzwerke wie beispielsweise Facebook, LinkedIn oder Xing wurde ermittelt, dass 32 % der Unternehmen mit Internetzugang soziale Netzwerke nutzen (Statistisches Bundesamt 2016a, S. 20). Auch hier ist mit 60 % die höchste Nutzung bei Unternehmen mit mindestens 250 Beschäftigten festgestellt worden (Statistisches Bundesamt 2016a, S. 20). Darüber hinaus hat eine vom Statistikportal Statista publizierte Umfrage gezeigt, dass von den befragten Unternehmen im Januar 2018 weltweit 94 % Facebook, 66 % Instagram, 62 % Twitter, 56 % LinkedIn, 50 % YouTube, 27 % Pinterest und acht Prozent Snapchat als Social-Media-Plattformen nutzten (vgl. Statista 2018a).

Die Gründe für die Nutzung sozialer Medien sind auf privater Seite wie auch auf unternehmerischer Seite vielfältig. Eine Studie von Boniversum & bevh mit Unternehmen des Online- und Versandhandels in Deutschland ergab auf Unternehmensseite folgende Hauptgründe: die Nutzung der sozialen Medien als Marketingplattform (30 %), den engeren Kontakt zum Kunden (20 %), die Steigerung des Bekanntheitsgrades (20 %), die Zielgruppenansprache (15 %), die Umsatzsteigerung (13 %) und den Kundensupport (ein Prozent). Hinsichtlich der Umfrage ist hervorzuheben, dass der engere Kundenkontakt im Jahr 2015 noch von 28 % der Teilnehmenden als ein Hauptgrund aufgeführt wurde und auch die Steigerung des Bekanntheitsgrades im Jahr zuvor mit 24 % angegeben wurde, was ebenfalls einen Rückgang zeigt. Eine deutliche Zunahme – von sechs auf 15 % – konnte bei der Zielgruppenansprache als Hauptgrund festgestellt werden. Im Vergleich zu den Jahren 2014 und 2015 wurde außerdem festgestellt, dass der Grund „Steigerung des Bekanntheitsgrades" von 33 % im Jahr 2014 über 24 % im Jahr 2015 auf 20 % im Jahr 2016 gesunken ist. Ein Anstieg wurde für den Grund Zielgruppenansprache registriert – von vier Prozent im Jahr 2014 auf zunächst sechs Prozent im Jahr 2015 und auf 15 % im Jahr 2016. Wenk-Fischer und Zirbes (2016, Folien 24 und 25) ermittelten die am meisten genutzten Social-Media-Kanäle im interaktiven Handel für das Jahr 2016 wie folgt: Facebook (93 %), YouTube (55 %), Blogs (39 %), Xing (39 %), Instagram (38 %) und Twitter (35 %).[3]

Auf privater Seite wurden in einer weltweiten Untersuchung folgende Gründe für die Nutzung sozialer Netzwerke ermittelt (Statista 2018b)[4]:

- Um von den Aktivitäten meiner Freunde zu erfahren (42 %),
- Um über aktuelle Nachrichten und Events informiert zu werden (41 %),
- Um meine Zeit zu füllen (39 %),
- Um unterhaltsame Inhalte zu finden (37 %),
- Allgemein um mich mit anderen Leuten zu verbinden (34 %),
- Weil viele meiner Freunde diese nutzen (33 %),
- Um Fotos oder Videos mit anderen zu teilen (32 %),
- Um meine Meinung zu verbreiten (30 %),
- Um Produkte zu suchen/finden und zu kaufen (29 %),
- Um neue Leute zu treffen (27 %).

Die Angaben auf Unternehmensseite wie auch in Bezug auf die private Nutzung geben einen Überblick über die unterschiedlichen Beweggründe. Es ist jedoch zu beachten, dass auf der Unternehmensseite die Gründe zur Nutzung sozialer Medien erfragt wurden und die Privatpersonen ihre Nutzung sozialer Netzwerke beschrieben. In diesem

---

[3]Es ist anzumerken, dass Unternehmen im Bereich des Online- und Versandhandels (interaktiver Handel) befragt wurden und keine branchenübergreifende Befragung durchgeführt wurde.

[4]Es nahmen 77.814 Internetnutzende im Alter von 16 bis 64 Jahren an der Studie teil.

Kontext ist auch auf die teilweise undeutliche Abgrenzung der Begriffe hinzuweisen. Dennoch ist ersichtlich, in welchen Bereichen eine Schnittmenge bezüglich der Nutzung vorzufinden ist. Von Unternehmen ist die Schnittmenge insbesondere hinsichtlich der Verbreitung von Informationen im direkten Kontakt mit den Kunden zu sehen und auf der Kundenseite in der Beschaffung von Informationen – unter anderem auch im Austausch mit Unternehmen.

1.2 Reputationsbildung und Reputationsmanagement

Im Rahmen dieses Abschnitts wird auf den Prozess der Reputationsbildung sowie auf das Reputationsmanagement in Unternehmen eingegangen, wobei aufgrund des Forschungsschwerpunktes insbesondere der Einfluss sozialer Netzwerke thematisiert wird. Es wird auf folgende Fragen eingegangen:

1. Worauf sollten Unternehmen bei der Reputationsbildung achten?
2. Worauf sollten Unternehmen beim Reputationsmanagement achten?

In diesem Kontext – und basierend auf dem Forschungsschwerpunkt des Projekts Webutatio – wird hinsichtlich der Betrachtung der Online-Spezifika der unternehmensseitige wie auch der mitarbeiterseitige Einsatz sozialer Medien innerhalb der Reputationsbildung und des Reputationsmanagements beleuchtet. Die Fragen werden anhand eines Einblicks in die Literatur[5] und mit Erkenntnissen aus dem Forschungsprojekt erläutert. Abschließend werden strategische Aspekte des Themas erörtert.

1.2.1 Reputationsbildung

Die Unternehmensreputation ist für Unternehmen ein wichtiger immaterieller Vermögensgegenstand (vgl. Dijkmans et al. 2015) beziehungsweise eine immaterielle Ressource (vgl. Hall 1992). Gemäß Fleischer (2015, S. 85) ist Kommunikation zur Bildung von Reputation unerlässlich. Darüber hinaus dauert es einige Zeit, bis sich Reputation etabliert hat (vgl. Fombrun und Van Riel 1997). Eine positive Unternehmensreputation kann für Unternehmen jedoch auch einen Wettbewerbsvorteil darstellen und entsprechend genutzt werden. Die Wichtigkeit eines reputationsbildenden Verhaltens speziell in Situationen mit unvollständigen Informationen ist auch im Hinblick auf strategische Überlegungen zu erwähnen (vgl. Weigelt und Camerer 1988). Im Kontext der Spieltheorie kann beispielsweise ein sogenannter „Spieler" durch die Veröffentlichung

---

[5]Die Literaturrecherche erhebt keinen Anspruch auf Vollständigkeit, sondern soll lediglich einen Einblick in das Themengebiet geben.

seiner zusätzlichen – für die anderen Spieler unbekannten – Informationen seine Reputation beeinflussen (vgl. Weigelt und Camerer 1988). Wie bereits erwähnt und wie in Tab. 1.1 gezeigt, waren im Jahr 2017 Rolex, LEGO Group und The Walt Disney Company die reputationsstärksten Unternehmen, wobei diese Unternehmen als eher traditionsreiche Unternehmen eingeordnet werden können. Dies unterstreicht die Aussage, dass eine positive Reputation meist über einen längeren Zeitraum hinweg aufgebaut werden muss und es Zeit braucht, das Vertrauen der Stakeholder[6] zu gewinnen. Die Zerstörung einer positiven Reputation kann jedoch sehr schnell erfolgen (vgl. Backhaus und Voeth 2015, S. 106 f.). Des Weiteren besteht heutzutage – unter anderem durch das Internet – ein erhöhter Rechtfertigungsdruck auf der Unternehmensseite, wodurch eine zusätzliche Gefahr der Reputationsschädigung besteht, wenn Unternehmen nicht ausreichend für ihre Handlungen Rechenschaft ablegen (vgl. Holzmann 2015, S. 15).

Wo früher das öffentliche Bild eines Unternehmens sowie die Reputationsbildung weitestgehend vom Unternehmen selbst gesteuert werden konnten, können heute – insbesondere durch das Aufkommen des Internets und der sozialen Netzwerke – auch verstärkt die Stakeholder des Unternehmens die Unternehmensreputation beeinflussen, wie beispielsweise die eigenen Mitarbeitenden (vgl. Hoffend et al. 2018, S. 73). Als Stakeholder beziehungsweise Anspruchsgruppen eines Unternehmens werden „alle internen und externen Personengruppen, die von den unternehmerischen Tätigkeiten gegenwärtig oder in Zukunft direkt oder indirekt betroffen sind", bezeichnet (Thommen 2017). Zu den Stakeholdern eines Unternehmens werden die Eigentümer eines Unternehmens, das Management, die Mitarbeitenden, die Fremdkapitalgeber, die Lieferanten, die Kunden, die Wettbewerber sowie der Staat und die Gesellschaft gezählt (vgl. Thommen 2017).[7] Im Zuge des Forschungsprojekts Webutatio wird die Wirkung von Handlungen durch Mitarbeitende als Stakeholder auf die Unternehmensreputation betrachtet und insbesondere, wie diese Handlungen die Unternehmensreputation schädigen können.

Im Hinblick auf eine langfristige und positive Unternehmensreputation wurde in den Interviews mit Unternehmensvertretern auch die Wichtigkeit eines guten Produkts und/oder einer zufriedenstellenden Dienstleistung hervorgehoben. Nina Meyer, Head of Marketing und Communications bei der Berge & Meer Touristik GmbH, formuliert die Bedeutsamkeit guter Produkte beziehungsweise Dienstleistungen für eine positive Unternehmensreputation wie folgt:

Nur wenn unser Produkt stimmt, wird die Reputation der Berge & Meer Touristik GmbH langfristig und nachhaltig positiv sein. Die Qualität, beziehungsweise das Preis-Leitungs-Verhältnis der angebotenen Reisen, muss passen, ebenso der Service vor, während und nach der Reise. Vor allem dann, wenn einmal etwas nicht wie gewünscht läuft. Ein ordentliches Produkt

---

[6]Der Begriff „Stakeholder" kann im Deutschen mit dem Wort „Anspruchsgruppen" übersetzt werden (vgl. Hentze und Thies 2014, S. 11).

[7]Insbesondere die heute stärkere Rolle der Mitarbeitenden im Reputationsmanagement wird in Abschn. 1.2.2 erläutert.

ist für die Reputationsbildung also ebenso wichtig wie eine offene und nützliche Kunden- und Krisenkommunikation sowie ein funktionierendes Beschwerde-/Reklamationsmanagement (Nina Meyer, Head of Marketing and Communications, Berge & Meer Touristik GmbH).[8]

Das Zitat zeigt auch, wie umfangreich der Reputationsbildungsprozess ist, da auch vom jeweiligen Unternehmen nicht beeinflussbare Situationen in die Reputationsbildung einfließen. Bezogen auf einen Reiseveranstalter können somit beispielsweise auch der Service während der Reise sowie der Service vor Ort in die Reputationsbildung über den Reiseveranstalter einfließen, obwohl diese Bestandteile einer Reise möglicherweise bei Drittanbietern gebucht werden und in der Regel nicht direkt vom Reiseanbieter umgesetzt werden. Darüber hinaus ist es wichtig, bei etwaigen Problemen eine kundenorientierte Krisenkommunikation vorweisen zu können, um ein Problem lösen und den Kunden zufriedenstellen zu können. Die Wichtigkeit der Reputation speziell hinsichtlich einer Kaufentscheidung bei Reiseentscheidungen stellt Horster (2013, S. 25) heraus, indem er beschreibt, dass Reputation bei einer Reiseentscheidung eine Schlüsselinformation darstellen kann. Im Gespräch mit einem Vertreter eines anderen Unternehmens wurde außerdem der Grundsatz „Der Kunde ist König" hervorgehoben und gleichzeitig auf die Transparenz zum Kunden hingewiesen sowie auf das Bestreben, sich bei Produktpartnern für den Kunden einzusetzen. Dies kann beispielsweise mit einem persönlichen Ansprechpartner, welcher wiederum Fachmann in dem spezifischen Themengebiet ist, erreicht werden, sodass ein Unternehmen durch den persönlichen Kontakt die Anonymität aus der Sicht des Kunden verliert. Insbesondere wenn ein Unternehmen primär im Online-Geschäft tätig ist und daher keine Geschäftsräume für einen direkten Kundenkontakt unterhält, kann dieser Ansatz wichtig sein, um die Nähe zum Kunden herzustellen.

In den vergangenen Jahren haben soziale Medien für die Unternehmenskommunikation an Bedeutung gewonnen. Um das Ziel einer positiven und starken Reputation zu erreichen, sollten daher auch der Kundenservice, die Kundenkommunikation sowie das Reklamationsmanagement professionalisiert sein, was auch durch den Einsatz sozialer Medien erreicht werden kann. In diesem Kontext können zur Kundenbindung beispielsweise auch regelmäßige Aktionen oder spezielle Kundenevents unterstützend eingesetzt werden. Soziale Medien sollten daher im Reputationsbildungsprozess entsprechend berücksichtigt werden. Das folgende Zitat unterstreicht diese Folgerung:

Soziale Medien sind extrem wichtig – vor allem im Bereich der Krisenkommunikation und des Empfehlungsmanagements. Bevor heute eine Reise gebucht wird, wird erst einmal im Internet recherchiert, werden Bewertungsplattformen gecheckt, Erlebnisse von Freunden gescannt. Hier haben die Kunden heute auch eine viel höhere Erwartungshaltung als noch vor zehn Jahren. Unternehmen haben in den Augen der Kunden rund um die Uhr über Social Media erreichbar zu sein. Kommt eine Antwort auf eine E-Mail nicht ad hoc, wird gleich hinterher eine Message zum Beispiel auf Facebook gepostet. Dabei sind soziale

---

[8]Die Berge & Meer Touristik GmbH ist Praxispartner im Forschungsprojekt Webutatio.

Netzwerke ein gern genommenes Druckmittel, wenn es um Reklamationen oder Ent-
schädigungsansprüche geht. Werden unangenehme Erfahrungen mit einem Unternehmen
öffentlich ins Netz gestellt, erreichen sie binnen Minuten eine riesige Öffentlichkeit,
die im Zweifel sehr rasch dafür sorgen kann, dass die Reputation leidet. Dabei bleibt die
‚Geschichte' im Internet verfügbar, während eine gedruckte Zeitung bereits nach einem Tag
Altpapier ist (Nina Meyer, Head of Marketing and Communications, Berge & Meer Touristik GmbH).

Im Reputationsbildungsprozess können soziale Medien unterschiedlich eingesetzt werden, beispielsweise können Unternehmen auf ihrer Facebook-Seite mit Kunden in
Kontakt treten, Produkte vorstellen, Werbeaktionen lancieren oder auch Informationen über das Unternehmen zur Verfügung stellen. An solchen Meldungen Interessierte
sind die unterschiedlichen Stakeholder des Unternehmens, wie beispielsweise die Kunden, die Mitarbeitenden oder die Lieferanten. In diesem Kontext ist auch zu beachten,
dass die Grenzen zwischen Offline- und Online-Reputationsbildung immer mehr verschwimmen, da Ereignisse, die offline stattfinden, in der Regel auch online verbreitet
werden. Genauso werden Themen aus den sozialen Medien aufgenommen und durch die
Printmedien weiter verbreitet und somit möglicherweise einer zusätzlichen Leserschaft
zugänglich gemacht.

1.2.2   Reputationsmanagement

Das Reputationsmanagement folgt den Stufen *Planen – Handeln – Kontrollieren* und
beginnt daher bereits mit der Festlegung der Unternehmensstrategie (vgl. Liehr-Gobbers
und Storck 2011, S. 183).[9] Lies (2016) verfolgt einen detaillierteren Ansatz, geht jedoch
nicht explizit auf den strategischen Aspekt des Reputationsmanagements ein. Laut Lies
(2016, S. 187) bezieht sich das Reputationsmanagement auf den Ruf einer Organisation
und schließt dabei die Planung, den Aufbau, die Pflege, die Steuerung und die Kontrolle
dieses Rufs sowie alle relevanten Stakeholder der Organisation mit ein. Mit dem Aufkommen des Internets und der sozialen Medien hat sich auch die Arbeit im Bereich des
Reputationsmanagements verändert. Infolgedessen können Unternehmen heutzutage
nicht nur die klassischen Offline-Medien, sondern auch die Online-Medien nutzen, um
die Unternehmensreputation zu pflegen, beispielsweise mit einer Unternehmenshomepage und der Nutzung sozialer Netzwerke als zusätzliche Kommunikationskanäle. Das
hiermit bezeichnete Online-Reputationsmanagement bezeichnet Lies (2016, S. 153) als
„die Übertragung von PR-Management als Reputationsmanagement auf das Internet".

Nicht nur in der Reputationsbildung, sondern auch im Reputationsmanagement müssen alle Stakeholder des Unternehmens beachtet werden. Im Sinne eines Beziehungs-
und Erwartungsmanagements ist daher der persönliche Dialog mit den Stakeholdern,

---

[9]Englisch: plan – act – control (vgl. Liehr-Gobbers und Storck 2011, S. 183).

beispielsweise über soziale Medien, wichtig (vgl. Amerland 2013). Wie bereits beschrieben, befasst sich das Projekt Webutatio mit der negativen Beeinflussung der Unternehmensreputation durch die Stakeholdergruppe „Mitarbeitende des eigenen Unternehmens". Andererseits kann jedoch auch eine positive Beeinflussung der Unternehmensreputation durch die Mitarbeitenden stattfinden, beispielsweise, wenn Mitarbeitende in sozialen Medien als Botschafter ihres Arbeitgebers auftreten. Vorstellbar ist dies zum Beispiel durch positive Posts[10] im Rahmen der privaten Nutzung sozialer Netzwerke oder durch Produktreviews von Produkten des Arbeitgebers. Innerhalb des Projekts Webutatio wurden primär drei Arten der Reputationsschädigung durch Mitarbeitende identifiziert, wobei die Schädigung über die Nutzung der eigenen Social-Media-Profile erfolgen kann.[11] Diese Möglichkeiten sind wie folgt (vgl. Hoffend et al. 2018, S. 73; Hoffend und von Korflesch 2017):

1. Mitarbeitende des eigenen Unternehmens äußern sich negativ in ihren privaten Social-Media-Profilen, beispielsweise über ihren Arbeitgeber, Kolleginnen und Kollegen, Vorgesetzte etc. Bei der Mitteilung wird der Name des Unternehmens explizit genannt.
2. Mitarbeitende des eigenen Unternehmens äußern sich negativ in ihren privaten Social-Media-Profilen, beispielsweise über ihren Arbeitgeber, Kolleginnen und Kollegen, Produkte etc. Der Name des Unternehmens wird nicht explizit genannt, ist jedoch aus dem persönlichen Social-Media-Profil des/der Mitarbeitenden ersichtlich.
3. Mitarbeitende äußern sich im Rahmen ihrer privaten Nutzung sozialer Netzwerke negativ über Produkte des eigenen Arbeitgebers.

Die Beispiele verdeutlichen, dass die Unternehmensreputation nicht mehr nur von der Unternehmensleitung und von nach außen unmittelbar sichtbaren Mitarbeitenden, wie beispielsweise Mitarbeitenden des Vertriebs, gebildet und beeinflusst wird, sondern auch von bisher nicht in der Öffentlichkeit stehenden Mitarbeitenden. Diese können Mitarbeitende aus einer beliebigen Abteilung sein, die bis dato nicht als direkte Unternehmensvertreter in Erscheinung getreten sind und keinen direkten Stakeholderkontakt hatten. Im Zuge des Reputationsmanagements ist es daher wichtig, mögliche Konflikte und daraus entstehende Gefährdungen für die Unternehmensreputation frühzeitig zu erkennen und entsprechende Gegenmaßnahmen schnellstmöglich einzuleiten. Die aufgeführten Beispiele zeigen nochmals, dass sich durch die Nutzung sozialer Medien nicht

---

[10]Als Post wird ein abgeschlossener Beitrag in einem Blog, in einem Forum oder in einem sozialen Netzwerk bezeichnet (Back et al. 2012, S. 428). Ein solcher Beitrag kann beispielsweise als Text-, Bild- oder Videobeitrag vorliegen.

[11]Eine weitere Möglichkeit der Verbreitung von Meinungen ist über sogenannte Arbeitgeberbewertungsplattformen (zum Beispiel kununu). Diese Option wird jedoch im Rahmen dieses Beitrags nicht weiter beleuchtet.

nur positive Auswirkungen für ein Unternehmen ergeben können, sondern die Unternehmensreputation auch erheblich geschädigt werden kann; möglicherweise durch die mitarbeiterseitige Nutzung sozialer Medien. Die veränderte Position der Mitarbeitenden im Reputationsmanagement wird auch durch die Tatsache unterstrichen, dass das Vertrauen in Mitarbeitende eines Unternehmens als höher eingestuft wird als beispielsweise das Vertrauen in den CEO eines Unternehmens (vgl. Edelman 2017, Folie 36)[12]. Es ist daher empfehlenswert, auf Unternehmensseite wie auf Seite der Mitarbeitenden ein Bewusstsein für die veränderte Position der Mitarbeitenden zu schaffen und die daraus resultierenden möglichen negativen Folgen für das Unternehmen aufzuzeigen. Darüber hinaus ist darauf zu achten, dass Mitarbeitende diese stärkere Position weder bewusst noch unbewusst gegen das Unternehmen einsetzen. Schließlich dient eine gute Unternehmensreputation nicht nur dem Unternehmen selbst, sondern auch den Mitarbeitenden, beispielsweise zur Sicherung des Arbeitsplatzes oder bei einem Stellen- und/oder Arbeitgeberwechsel.

Hinsichtlich der Veränderung von einer reinen Offline-Kommunikation zu einer Offline- und Online-Kommunikation oder hin zu einer reinen Online-Kommunikation ist die Möglichkeit der einseitigen oder auch beidseitigen Kommunikation mit unzähligen Stakeholdern zu betonen. Diese Kommunikation kann mit bereits bestehenden Kontakten stattfinden oder eine erstmalige Kommunikation darstellen. In diesem Kontext ist auch die Größe des persönlichen Netzwerks des/der Mitarbeitenden zu beachten. Je mehr Kontakte eine Person hat, desto mehr Personen kann sie auf diesem Weg direkt über die persönlich genutzten sozialen Netzwerke kontaktieren. Diesbezüglich ist auch die Schnelligkeit dieser Art der Kommunikation hervorzuheben. Aufgrund der sekundenschnellen Informationsverbreitung können positive wie negative Meldungen heutzutage online schneller verbreitet werden als offline. Entsprechend sollte die Reaktionszeit auf Unternehmensseite angepasst werden, was bei international tätigen Unternehmen oder bei Unternehmen mit starkem Kundenkontakt eine ständige Verfügbarkeit (24/7) voraussetzen kann, um jederzeit auf Kundenbedürfnisse oder beispielsweise auf Reklamationen eingehen zu können. Es ist daher eine logische Konsequenz, dass in Unternehmen einer bestimmten Größe eigens Mitarbeitende speziell mit der Betreuung der Social-Media-Kanäle befasst sind. Die Expertengespräche haben unterschiedliche Herangehensweisen hinsichtlich der Vorbereitung auf diese Aufgabe gezeigt, beispielsweise durch spezifische Ausbildungen, Schulungen, Konferenzbesuche oder in einem gewissen Rahmen auch durch On-the-Job-Training[13]. Hier sind Spezifika der einzelnen

---

[12]Diese besondere Position der Mitarbeitenden wurde bereits mit den Forschungsergebnissen des „2016 Edelman Trust Barometer" gezeigt (Edelman 2016, Folie 12).
[13]Unter On-the-Job-Training wird die „arbeitsintegrierte Aus-, Fort- oder Weiterbildung zur Vermittlung arbeits-/stellenspezifischer Handlungs- bzw. Verhaltenserfordernisse" verstanden (Bartscher 2018).

Social-Media-Portale und wiederum die Schnelligkeit der Veränderungen in der Online-Welt anzuführen, was ein gewisses Maß an On-the-Job-Training mit sich bringt und eine spezifische Vorbereitung teilweise schwierig gestaltet. Nichtsdestotrotz können Mitarbeitende durch Schulungen auf einen bewussten Umgang mit sozialen Medien – welcher auch im Einklang mit den unternehmerischen Reputationszielen steht – vorbereitet werden. Die Mitarbeitenden können somit für die möglichen Gefahren, welche sich aus der mitarbeiterseitigen Nutzung sozialer Medien ergeben, sensibilisiert werden.

Eine Maßnahme zum Erhalt einer positiven Unternehmensreputation kann die Erstellung einer Social-Media-Richtlinie (auch Social-Media-Guideline genannt) sein, welche allen Mitarbeitenden zur Verfügung gestellt wird, um sich sicher und kompetent in sozialen Medien bewegen zu können. Bendel (2017) definiert Social-Media-Richtlinien als „Richtlinien, die sich an die Mitarbeiterinnen und Mitarbeiter eines Unternehmens oder einer Organisation richten, sich auf verschiedene Aspekte der Nutzung von sozialen Medien während der und für die Arbeit beziehen und je nach Art mehr oder weniger verbindlich sind. Sie sind eine Mischung aus Vorschlägen und Regeln zum respektvollen und praktikablen Umgang (wie in der Netiquette) und zum moralisch richtigen Handeln (wie in der Netiquette und in Kodizes) sowie aus einschlägigen Gesetzen und Vorschriften bzw. Ableitungen aus einer Rechtsprechung". Die Definition von Bendel bezieht sich ausschließlich auf den beruflichen Bereich eines Arbeitnehmers beziehungsweise einer Arbeitnehmerin. Dennoch kann, wie in den vorherigen Beispielen erläutert wurde, auch die private Nutzung sozialer Medien positive wie negative Auswirkungen auf die Reputation des Arbeitgebers haben. Es erscheint daher für Unternehmen ratsam, auch auf die unternehmensseitigen Folgen der privaten Nutzung sozialer Medien durch Mitarbeiter aufmerksam zu machen. Dass dieses Bewusstsein bereits in einigen Unternehmen besteht und erste Maßnahmen umgesetzt wurden, zeigt das folgende Zitat; es beantwortet die Frage, worauf das Unternehmen bei der Erstellung des Social-Media-Guides insbesondere geachtet hat.

> Social-Media-Richtlinien sollen für alle Mitarbeitenden eine Richtlinie beim Umgang mit sozialen Netzwerken sein. Dabei spielt sowohl die private als auch eine möglicherweise berufliche Nutzung eine Rolle. Wir glauben daran, dass (zufriedene) Mitarbeitende extrem wichtige Multiplikatoren sind, die auch beim privaten Umgang mit Social Media dem Unternehmen nützlich sein können (Nina Meyer, Head of Marketing and Communications, Berge & Meer Touristik GmbH).

Wie bereits erwähnt, ist es in diesem Kontext wichtig, die Privatsphäre der Mitarbeitenden zu wahren und sowohl die Gründe als auch die Ziele einer solchen Maßnahme klar zu kommunizieren. Die Mitarbeitenden könnten sich ansonsten durch ihren Arbeitgeber bevormundet fühlen. Darüber hinaus sollten die Auswirkungen für das Unternehmen durch eine von Mitarbeitenden verursachte Reputationsschädigung genauer betrachtet werden. Um einen kompetenten Umgang mit sozialen Medien auf der Seite der Mitarbeitenden sicherzustellen, kann ein Selbsttest zur Messung des

Niveaus der individuellen Reputationskompetenz[14] genutzt werden. Entsprechend könnten im Rahmen des Reputationsmanagements von Unternehmen zusätzlich Schulungen angeboten werden, um die Reputationskompetenz von Mitarbeitenden zu stärken und somit indirekt auch die Reputation des Unternehmens zu schützen oder gar zu stärken. Diesbezüglich wäre das im Rahmen des Forschungsprojekts Webutatio erarbeitete Blended-Learning-Konzept[15] eine mögliche Schulungsmaßnahme, welche von Unternehmen für Mitarbeitende angeboten werden könnte. Innerhalb einer solchen Weiterbildung können speziell auf die identifizierten Kompetenzdefizite abgestimmte Schulungsmaßnahmen mit verschiedenen Lernformen (zum Beispiel Präsenzveranstaltungen, Webinare etc.) zusammengestellt werden.

1.3   Strategische Aspekte der Nutzung sozialer Netzwerke

In den vorherigen Abschnitten wurde bereits auf strategische Aspekte im Rahmen der Reputationsbildung und des Reputationsmanagements hingewiesen. Das Hauptziel von Strategien des Reputationsmanagements sollte sein, alle Stakeholder des Unternehmens dazu zu ermutigen, sich so zu verhalten und zu handeln, dass die Unternehmensreputation positiv beeinflusst oder dieser nicht geschadet wird (vgl. Fiedler 2011, S. 127).[16] Die internen und externen Stakeholder eines Unternehmens sind demzufolge ein entscheidender Faktor für die Unternehmensreputation und daher entsprechend zu berücksichtigen. Zu den internen Stakeholdern eines Unternehmens können gemäß Thommen (2017) die Unternehmenseigentümer, das Management und die Mitarbeitenden gezählt werden. Die Gruppe der externen Stakeholder umfasst die Fremdkapitalgeber, die Lieferanten, die Kunden, die Wettbewerber sowie den Staat und die Gesellschaft (Thommen 2017).

Seit der Entstehung der Stakeholder-Theorie wurden diverse Versionen dieser Theorie veröffentlicht (vgl. Hörisch et al. 2014). Hinsichtlich des Forschungsprojekts Webutatio ist in diesem Zusammenhang insbesondere das Stakeholder-Modell nach Freeman et al. (2010, S. 24) zu erwähnen, in welchem explizit die Mitarbeitenden als primäre Stakeholder und die Medien als sekundäre Stakeholder eines Unternehmens aufgeführt werden. Fombrun und Shanley betonen bereits 1990, dass sich die Öffentlichkeit auf der Basis von Informationen über die Aktivitäten eines Unternehmens ein Bild – eine Reputation – eines Unternehmens konstruiert, wobei die zur Verfügung stehenden Informationen unter

---

[14]Definition von Reputationskompetenz siehe Abschn. 1.1.2. Für weitere Informationen siehe www.webutatio.de.

[15]Als „Blended Learning" bezeichnet man eine kombinierte Schulungsmaßnahme bestehend aus Präsenzlernen und E-Learning (vgl. Kraft 2003, S. 43).

[16]Wie in Abschn. 1.2.1 erwähnt, wird der Begriff „Stakeholder" oft mit dem deutschen Begriff „Anspruchsgruppen" übersetzt und entsprechend synonym verwendet.

anderem auch von den Medien transportiert werden (vgl. Fombrun und Shanley 1990). Vor dem Hintergrund des Forschungsprojekts betrachtet können soziale Netzwerke – als Teil des sekundären Stakeholders „Medien" – auch als „Verbindung" zwischen dem Unternehmen und den Mitarbeitenden angesehen werden.

In diesem Kontext ist hervorzuheben, dass sich nicht nur die Rolle der Mitarbeitenden durch die Medien verändert hat, sondern auch die Medien selbst sowie deren Rolle. Ein Grund ist das Aufkommen der sozialen Medien, welche sich ab Mitte der 1990er Jahre stark entwickelten und welche es zum Zeitpunkt der Publikation von Fombrun und Shanley (1990) praktisch noch nicht gab.

Um strategische Ziele bezüglich einer positiven Unternehmensreputation zu unterstützen, sollte bei der Einbindung sozialer Medien die Unternehmenskommunikation entsprechend auf die verschiedenen Stakeholder (Kunden, Lieferanten etc.) abgestimmt werden. Ebenso muss der Einsatz dieser Kommunikationsmittel kontinuierlich betreut und angepasst werden, um auf Veränderungen innerhalb der Nutzung sozialer Medien in den verschiedenen Stakeholdergruppen reagieren zu können. Hierbei sollten einerseits die Themenschwerpunkte der Netzwerke beachtet und andererseits die demografischen Merkmale der Nutzenden der jeweiligen Netzwerke berücksichtigt werden. Dieser netzwerkbezogene, themenspezifische Schwerpunkt kann beispielsweise bedeuten, dass Inhalte, die durch Bilder und/oder Videobotschaften kommuniziert werden sollen, etwa über das soziale Netzwerk Instagram vertrieben werden, da der Schwerpunkt dieses Dienstes in der Kommunikation via Fotografien und Videoclips liegt. Um ein gutes Ergebnis einer Maßnahme zu begünstigen, sind darüber hinaus die demografischen Merkmale einer Zielgruppe, wie zum Beispiel das Geschlecht und das Alter, in Bezug auf die Nutzenden der jeweiligen sozialen Netzwerke zu beachten. Im Hinblick auf eine erfolgreiche Kundenansprache mittels sozialer Medien müssen daher beispielsweise die Kunden analysiert und die sozialen Netzwerke entsprechend ausgewählt und eingesetzt werden. Im Juni 2017 gab Mark Zuckerberg, der Gründer und Vorstandsvorsitzende von Facebook, bekannt, dass zwei Milliarden Nutzer das Netzwerk aktiv nutzen (vgl. Zuckerberg 2017). War die Nutzung des sozialen Netzwerks anfangs nur auf den privaten Bereich ausgelegt, nutzen heute auch immer mehr Unternehmen das Netzwerk. Eine Studie ergab, dass das soziale Netzwerk Facebook mit 94 % das mit Abstand am meisten genutzte soziale Netzwerk für global agierende Unternehmen ist, gefolgt von Instagram mit 66 %, Twitter mit 62 %, LinkedIn mit 56 %, und YouTube mit 50 % (vgl. Statista 2018a). Facebook stellt demzufolge aufgrund der großen Akzeptanz im privaten wie im unternehmerischen Umfeld einen wichtigen Kommunikationskanal auf beiden Seiten dar.

Die zunehmende Relevanz sozialer Medien für die künftige Unternehmenskommunikation ist unbestritten (vgl. Linke 2015, S. 207). Es liegt daher an den Unternehmen, die Vorteile dieser Kommunikationsform in der Kommunikation mit den Stakeholdern positiv zu nutzen und auch zur Erreichung der strategischen Unternehmensziele einzusetzen. Um erfolgreich soziale Medien zu nutzen, sollte die unternehmensseitige Social-Media-Kommunikation einem ständigen Monitoring mit Social-Media-Analysetools unterliegen. Auch im Hinblick auf die Bindung von Mitarbeitenden an ein Unternehmen ist die Reputation eines Unternehmens wichtig. So haben Forschungsergebnisse gezeigt, dass offensichtlich nicht so sehr finanzielle, sondern vielmehr immaterielle Anreize, wie unter anderem auch die Unternehmensreputation, entscheidende Faktoren bei der Personalbindung darstellen (Lippold 2016, S. 516). Neben der Kommunikation auf der Unternehmensseite ist auch noch einmal die Relevanz der Mitarbeitenden bei der Reputationsbildung sowie beim Reputationsmanagement hervorzuheben. Nicht nur, dass Mitarbeitende positiv wie auch negativ die Unternehmensreputation beeinflussen können, Mitarbeitende werden darüber hinaus als glaubwürdige Vertreter eines Unternehmens wahrgenommen und genießen beispielsweise mehr Vertrauen als der CEO eines Unternehmens (Edelman 2017, Folie 36).

1.4   Zusammenfassung und Fazit

Gemäß Bartscher et al. (2015, S. 54) sollte die Unternehmensreputation einen Wertschöpfungsbeitrag für ein Unternehmen leisten. Indem das Projekt Webutatio zur Bildung beziehungsweise zum Erhalt des immateriellen Vermögensgegenstands „Reputation" beiträgt, kann durch den Einbezug der Mitarbeitenden in die Reputationsbildung sowie in das Reputationsmanagement ein Wertschöpfungsbeitrag geleistet werden, der wiederum zur Schaffung eines Wettbewerbsvorteils führen kann. Das Ziel dieses Beitrags war es daher, vor dem Hintergrund des Forschungsprojekts Webutatio folgende Fragen zu beantworten: 1) Worauf sollten Unternehmen bei der Reputationsbildung achten? 2) Worauf sollten Unternehmen beim Reputationsmanagement achten? In diesem Kontext wurde insbesondere auf die Rolle der sozialen Medien eingegangen.

Die Forschungsergebnisse sowie die Gespräche mit Unternehmensvertretern haben unter anderem gezeigt, dass ein gutes Produkt oder eine gute Dienstleistung die Basis für eine positive Reputation ist. Darüber hinaus werden soziale Medien für die Reputationsbildung sowie für das Reputationsmanagement immer wichtiger, wobei die Grenzen zwischen Online- und Offline-Kommunikation zunehmend verschwinden. Es ist in diesem Zusammenhang bei der Reputationsbildung wie auch beim Reputationsmanagement darauf zu achten, dass alle Stakeholder berücksichtigt werden, wobei insbesondere die Rolle der Mitarbeitenden nicht vernachlässigt werden darf. Durch das Aufkommen der sozialen Medien hat sich vor allem die Position der Mitarbeitenden von einer zumeist nicht sichtbaren Position zu einer öffentlich wahrnehmbaren Position verändert. Da dieser Zustand von der Unternehmensseite aus nicht direkt gesteuert werden kann, ist es wichtig, die Mitarbeitenden auf die aus ihrer Social-Media-Nutzung resultierenden Gefahren aufmerksam zu machen, beispielsweise mithilfe von Schulungsmaßnahmen, welche jedoch immer auf den individuellen Unternehmens- und Arbeitskontext sowie auf die Mitarbeitenden abgestimmt sein sollten. Eine erste Hilfestellung zu einem mitarbeiterseitigen Verhalten, das mit den unternehmerischen Reputationszielen übereinstimmt, kann eine Social-Media-Richtlinie für Mitarbeitende darstellen. Alle Stakeholder, wenn möglich, jederzeit zufriedenstellen zu können, impliziert außerdem, dass Unternehmen online schneller reagieren müssen als wenn diese rein offline kommunizieren würden. Dies kann unter Umständen eine 24/7-Erreichbarkeit, das heißt eine 24-stündige Erreichbarkeit an jedem Tag der Woche, voraussetzen.

Fazit

Der Einsatz sozialer Medien bringt für Unternehmen einerseits Vorteile, wie beispielsweise die Möglichkeit, direkt und schnell mit Stakeholdern in Kontakt zu treten, er birgt jedoch andererseits bei unüberlegter Nutzung die Gefahr einer Schädigung der Unternehmensreputation, was weitreichende Folgen für ein Unternehmen mit sich bringen kann. In diesem Zusammenhang muss hervorgehoben werden, dass durch soziale Medien die Möglichkeit der Reputationsbeeinflussung nicht mehr weitestgehend bei den Unternehmen selbst liegt, sondern dass jeder mit einem entsprechenden Zugang zu sozialen Netzwerken die Reputation eines Unternehmens beeinflussen kann. Diese Gefahren sind sowohl im Reputationsbildungsprozess wie auch im Reputationsmanagement zu beachten, da davon auszugehen ist, dass die Korrektur einer beschädigten Reputation sehr zeit- und ressourcenintensiv ist. Es ist daher wichtig, mögliche Gefahren frühzeitig zu erkennen und Gegenmaßnahmen einzuleiten, bevor eine Schädigung entsteht. Entsprechend müssen Unternehmen ihre Kommunikation an das schnellere Kommunikationstempo via soziale Medien anpassen, um jederzeit über eine Bedrohung der Reputation informiert zu sein und adäquat sowie zeitnah reagieren zu können. Als zusätzliche Maßnahme können Schulungen der Mitarbeitenden helfen, ein Bewusstsein für diese Gefahr zu schaffen und Schädigungen durch diese Stakeholdergruppe weitestgehend zu vermeiden. Wie beschrieben sollte eine auf die jeweilige Zielgruppe abgestimmte Ansprache erfolgen, um den größtmöglichen Erfolg bei der Vermeidung von Reputationsschäden zu erzielen.

Weiterführende Literatur und Links
- Weitere Informationen zum Forschungsprojekt Webutatio sind auf der Projekthomepage unter www.webutatio.de erhältlich.
- Hoffend, I., Schaarschmidt, M., & von Korflesch, H. F. O. (2018). Mitarbeiterseitige Reputationskompetenz für die Nutzung sozialer Medien. In S. Kauffeld, & F. Frerichs (Hrsg.), *Kompetenzmanagement in kleinen und mittelständischen Unternehmen: Eine Frage der Betriebskultur?* (S. 71–86). Heidelberg: Springer.

Literatur

Amerland, A. (2013). „Die Presse ist voll von negativen Reputationsbeispielen". Public Relations, Interview. https://springerprofessional.de/public-relations/interne-kommunikation/die-presse-ist-voll-von-negativen-reputationsbeispielen/6600258. Zugegriffen: 23. Jan. 2018.
Aula, P., & Heinonen, J. (2016). *The reputable firm: How digitalization of communication is revolutionizing reputation management.* Heidelberg: Springer.

Back, A., Gronau, N., & Tochtermann, K. (2012). *Web 2.0 in der Unternehmenspraxis: Grundlagen, Fallstudien und Trends zum Einsatz von Social Software* (3. Aufl.). München: Oldenbourg.

Backhaus, K., & Voeth, M. (2015). *Handbuch Business-to-Business-Marketing: Grundlagen, Geschäftsmodelle, Instrumente des Industriegütermarketing* (2. Aufl.). Wiesbaden: Springer Gabler.

Barnett, M. L., Jermier, J. M., & Lafferty, B. A. (2006). Corporate reputation: The definitional landscape. *Corporate Reputation Review, 9*(1), 26–38.

Bartscher, T. (2018). On-the-job-training. Gabler Wirtschaftslexikon. Version von on-the-Job-Training vom 14.02.2018. http://wirtschaftslexikon.gabler.de/Definition/on-the-job-training.html. Zugegriffen: 30. Okt. 2018.

Bartscher, T., Greve, G., Lackes, R., Lies, J., Maier, G. W., Schewe, G., et al. (2015). *250 Keywords Organisation: Grundwissen für Manager*. Wiesbaden: Springer Gabler.

Bendel, O. (2017). Social-Media-Richtlinien. Gabler Wirtschaftslexikon. Version von Social-Media-Richtlinien vom 26.01.2017. https://wirtschaftslexikon.gabler.de/definition/social-media-richtlinien-53532/version-188424. Zugegriffen: 10. Okt. 2017.

Dijkmans, C., Kerkhof, P., & Beukeboom, C. (2015). A stage to engage: Social media use and corporate reputation. *Tourism Management, 47*, 58–67.

Edelman. (2016). 2016 Edelman trust barometer. http://edelman.com/assets/uploads/2016/01/2016-Edelman-Trust-Barometer-Global-_-Leadership-in-a-Divided-World.pdf. Zugegriffen: 15. Okt. 2017.

Edelman. (2017). 2017 Edelman trust barometer. Präsentation. https://www.edelman.com/trust2017/. Zugegriffen: 28. Aug. 2018.

Fiedler, L. (2011). Reputation Management in Different Stakeholder Groups. In S. Helm, K. Liehr-Gobbers, & Ch. Storck (Hrsg.), *Reputation Management* (S. 127–149). Heidelberg: Springer.

Fleischer, A. (2015). *Reputation und Wahrnehmung: Wie Unternehmensreputation entsteht und wie sie sich beeinflussen lässt*. Wiesbaden: Springer VS.

Fombrun, C., & Shanley, M. (1990). What's in a name? Reputation building and corporate strategy. *Academy of Management Journal, 33*(2), 233–258.

Fombrun, C., & Van Riel, C. (1997). The reputational landscape. *Corporate Reputation Review, 1*(1), 5–13.

Freeman, R. E., Harrison, J. S., Wicks, A. C., Parmar, B., & de Colle, S. (2010). *Stakeholder theory: The state of the art*. Cambridge: Cambridge University Press.

Gotsi, M., & Wilson, A. M. (2001). Corporate reputation: Seeking a definition. *Corporate Communications, 6*(1), 24–30.

Hall, R. (1992). The strategic analysis of intangible resources. *Strategic Management Journal, 13*(2), 135–144.

Hentze, J., & Thies, B. (2014). *Stakeholder-Management und Nachhaltigkeits-Reporting*. Wiesbaden: Springer Gabler.

Hoffend, I., & von Korflesch, H. F. O. (2017). Fluch und Segen? Mitarbeiterseitige Nutzung sozialer Netzwerke – zur Bedeutung eines bewussten und verantwortungsvollen Umgangs zur Vermeidung von Reputationsschäden. *prmagazin: Das Magazin der Kommunikationsbranche, 12*, 66–72.

Hoffend, I., Schaarschmidt, M., & von Korflesch, H. F. O. (2018). Mitarbeiterseitige Reputationskompetenz für die Nutzung sozialer Medien. In S. Kauffeld & F. Frerichs (Hrsg.), *Kompetenzmanagement in kleinen und mittelständischen Unternehmen* (S. 71–86). Heidelberg: Springer.

Holzmann, R. (2015). *Wirtschaftsethik*. Wiesbaden: Springer Gabler.

Hörisch, J., Freeman, R. E., & Schaltegger, S. (2014). Applying stakeholder theory in sustainability management: Links, similarities, dissimilarities, and a conceptual framework. *Organization & Environment, 27*(4), 328–346.

Horster, E. (2013). *Reputation und Reiseentscheidung im Internet: Grundlagen, Messung und Praxis.* Wiesbaden: Springer Gabler.

Kaplan, A. M., & Haenlein, M. (2010). Users of the world, unite! The challenges and opportunities of Social Media. *Business Horizons, 53,* 59–68.

Kraft, S. (2003). Blended Learning – ein Weg zur Integration von E-Learning und Präsenzlernen. *REPORT Literatur- und Forschungsreport Weiterbildung, 2,* 43–52. http://www.die-bonn.de/id/1812. Zugegriffen: 10. Okt. 2017.

Liehr-Gobbers, K., & Storck, Ch. (2011). How to manage reputation. In S. Helm, K. Liehr-Gobbers, & Ch. Storck (Hrsg.), *Reputation management* (S. 183–188). Heidelberg: Springer.

Lies, J. (2016). *Kompakt-Lexikon PR: 2.000 Begriffe nachschlagen, verstehen, anwenden.* Wiesbaden: Springer Gabler.

Linke, A. (2015). *Management der Online-Kommunikation von Unternehmen: Steuerungsprozesse, Multi-Loop-Prozesse und Governance.* Wiesbaden: Springer VS.

Lippold, D. (2016). *Die Unternehmensberatung: Von der strategischen Konzeption zur praktischen Umsetzung* (2. Aufl.). Wiesbaden: Springer Gabler.

Reputation Institute. (2017a). 2017 Global RepTrak® 100: The World's Most Reputable Companies. https://www.reputationinstitute.com/global-reptrak-100. Zugegriffen: 28. Aug. 2018.

Reputation Institute. (2017b). 2017 Country RepTrak® 100: The World's Most Reputable Countries. https://www.reputationinstitute.com/country-reptrak. Zugegriffen: 28. Aug. 2018.

Rohlfs, C., Harring, M., & Palentien, C. (2014). Bildung, Kompetenz, Kompetenz-Bildung. In C. Rohlfs, M. Harring, & C. Palentien (Hrsg.), *Kompetenz-Bildung: Soziale, emotionale und kommunikative Kompetenzen von Kindern und Jugendlichen* (2. Aufl., S. 11–19). Wiesbaden: Springer VS.

Schaarschmidt, M., Kortzfleisch, H. von, & Walsh, G. (2015). *Vorhabensbeschreibung zum Verbundprojekt: Erfassung, Aufbau und Stärkung der Reputationskompetenz von Mitarbeitenden im arbeitsprozessintegrierten Umgang mit sozialen Medien (Web 2.0).* Unveröffentlichtes Manuskript. Koblenz: Universität Koblenz-Landau.

Statista. (2018a). Anteil der Unternehmen, die folgende Social Media Plattformen nutzen weltweit im Januar 2018. https://de.statista.com/statistik/daten/studie/71251/umfrage/einsatz-von-social-media-durch-unternehmen/. Zugegriffen: 28. Aug. 2018.

Statista. (2018b). Was sind Ihre Hauptbeweggründe für die Nutzung von sozialen Netzwerken? https://de.statista.com/statistik/daten/studie/748150/umfrage/gruende-der-nutzung-von-sozialen-netzwerke-weltweit/. Zugegriffen: 12. Febr. 2018.

Statistisches Bundesamt. (2016a). Unternehmen und Arbeitsstätten: Nutzung von Informations- und Kommunikationstechnologien in Unternehmen. https://www.destatis.de/DE/Publikationen/Thematisch/UnternehmenHandwerk/Unternehmen/InformationstechnologieUnternehmen5529102167004.pdf?__blob=publicationFile. Zugegriffen: 10. Nov. 2017.

Statistisches Bundesamt. (2016b). Wirtschaftsrechnungen: Private Haushalte in der Informationsgesellschaft – Nutzung von Informations- und Kommunikationstechnologien, Fachserie 15 Reihe 4. https://www.destatis.de/DE/Publikationen/Thematisch/EinkommenKonsumLebensbedingungen/PrivateHaushalte/PrivateHaushalteIKT2150400167004.pdf?__blob=publicationFile. Zugegriffen: 23. Okt. 2017.

Thommen, J.-P. (2017). Anspruchsgruppen. Gabler Wirtschaftslexikon. Version von Anspruchsgruppen vom 07.12.2017. https://wirtschaftslexikon.gabler.de/definition/anspruchsgruppen-27010/version-201726. Zugegriffen: 28. Aug. 2018.

Walsh, G., Schaarschmidt, M., & von Kortzfleisch, H. (2016). Employees' company reputation-related social media competence: Scale development and validation. *Journal of Interactive Marketing, 36,* 46–59.

Wartick, S. L. (2002). Measuring corporate reputation: Definition and data. *Business and Society, 41*(4), 371–392.

Weigelt, K., & Camerer, C. (1988). Reputation and corporate strategy: A review of recent theory and applications. *Strategic Management Journal, 9,* 443–454.

Wenk-Fischer, C., & Zirbes, R. (2016). Die Wirtschaftslage im deutschen Interaktiven Handel B2C 2015/2016. bevh & Boniversum. https://www.boniversum.de/wp-content/uploads/2016/07/160607_ Praesentation_Die_Wirtschaftslage_im_Interaktiven_Handel_.pdf. Zugegriffen: 10. Nov. 2017.

Zuckerberg, M. (2017). Post im sozialen Netzwerk Facebook. https://www.facebook.com/zuck/ posts/10103831654565331. Zugegriffen: 5. Okt. 2017.

Prof. Dr. Harald von Korflesch ist Professor für Informationsmanagement, Organisation, Innovation und Entrepreneurship an der Universität Koblenz-Landau. Er forscht in den Themen Entrepreneurship, Digitalisierung und soziale Medien.

Unternehmensreputation, organisatorische Verbundenheit und bürgerliches Verhalten: Eine Multi-Stakeholder-Perspektive mit Blick auf soziale Medien

2

Stefan Ivens und Bernd Schneider

Inhaltsverzeichnis

▶ **Zusammenfassung** Dieser Beitrag zeigt Modelle auf, die ManagerInnen anwenden können, um die von Mitarbeitenden und KundInnen wahrgenommene Unternehmensreputation, die organisatorische Verbundenheit und das bürgerliche Verhalten in Unternehmen zu bewerten und zu messen. Damit können ManagerInnen basierend auf der Veränderung der Unternehmensreputation – insbesondere in sozialen Medien – die Veränderung im bürgerlichen Verhalten vorhersagen. Die Modelle basieren auf etablierten Theorien wie beispielsweise der Theorie des überlegten Handelns. Zur

S. Ivens (✉)
Universität Koblenz-Landau, Koblenz, Deutschland
E-Mail: stefan.ivens@googlemail.com

B. Schneider
Koblenz, Deutschland
E-Mail: bschneider@uni-koblenz.de

© Springer Fachmedien Wiesbaden GmbH, ein Teil von Springer Nature 2019
M. Schaarschmidt et al. (Hrsg.), *Online-Reputationskompetenz von Mitarbeitern*,
https://doi.org/10.1007/978-3-658-25487-2_2

Erläuterung des Zusammenhangs von Unternehmensreputation, organisatorischer Verbundenheit und bürgerlichem Verhalten bedienen sich die Autoren sowohl der Theorie der sozialen Identität als auch der Theorie des sozialen Austausches. Die Autoren diskutieren, wie ManagerInnen die entwickelten Modelle in ihren Unternehmen anwenden können und zeigen den Mehrwert auf.

2.1   Einleitung

Unternehmensreputation wird häufig als Wahrnehmung der Handlungen von Unternehmen in Bezug auf ihre Produkte, Dienstleistungen und Stakeholder verstanden (vgl. Fombrun und Van Riel 1997; Rose und Thomsen 2004; Walsh und Beatty 2007). Unter allen Stakeholdern, die möglicherweise die Wahrnehmung der Unternehmensreputation beeinflussen, haben vergangene Untersuchungen insbesondere Mitarbeitende und KundInnen als wichtige Gruppen identifiziert (vgl. Fombrun 1996). Forschende in diesem Bereich empfehlen, Unternehmensreputation wie folgt zu behandeln: „[…] as an attitude-like evaluative judgment of firms" (Walsh und Beatty, 2007, S. 3). Zahlreiche, positive Beurteilungen tragen zu der allgemeinen Reputation bei. Marketing- und Managementforschende bewerten die Unternehmensreputation als wichtigen, immateriellen Vermögenswert und assoziieren damit Wettbewerbsvorteile (vgl. Barney 2002; Dowling 2004; Hall 1992; Milgrom und Roberts 1982). Einige sehen die Unternehmensreputation sogar als essenzielles Kapital (vgl. Fombrun 1996).

Auf individueller Ebene können nicht-monetäre und monetäre Ergebnisse von der wahrgenommenen Unternehmensreputation beeinflusst werden, zum Beispiel KundInnenbindung und -feedback sowie Kaufkraft (vgl. Ivens et al. 2015; Walsh et al. 2014). Auf der einen Seite scheint Unternehmensreputation die Performance und Profitabilität auf Dauer zu beeinflussen (vgl. Fombrun und Shanley 1990; Rindova et al. 2005). Auf der anderen Seite beinhaltet Unternehmensreputation auch eine gewisse soziale und ökologische Verantwortung (vgl. Walsh und Beatty 2007). Die Auswirkungen einer Reputation können sowohl nicht-monetärer als auch monetärer Art sein. Die drei wichtigsten Vorteile, die aus einer Reputationsstärke resultieren, sind die folgenden:

1. Unternehmensreputation steht in positivem Zusammenhang mit finanziellen und kundInnenspezifischen Variablen wie Vertrauen, KundInnenbindung, Mundpropaganda und KundInnenzufriedenheit (vgl. Ivens et al. 2015; Michaelis et al. 2008; Minkiewicz et al. 2011; Walsh et al. 2009).
2. Eine positive Unternehmensreputation spricht mehr KundInnen an (vgl. Chu und Chu 1994; Gardberg und Fombrun 2002; Gotsi und Wilson 2001).
3. Eine gute Reputation kann Transaktionskosten zwischen Verkaufenden und Kaufenden reduzieren, da beide grundsätzlich auf zuverlässige GeschäftspartnerInnen vertrauen, die ihre Vertrauenswürdigkeit bereits unter Beweis gestellt haben (vgl. Ivens und Schaarschmidt 2015; Eberl und Schwaiger 2005; Walsh und Beatty 2007).

Bisherige Untersuchungen haben gezeigt, dass Unternehmensreputation einen stärkeren Einfluss auf nicht-monetäre als auf monetäre Ergebnisse hat (vgl. Walsh et al. 2014). Nicht-monetäre Aspekte spielen demnach eine besondere Rolle.

Mit Blick auf Mitarbeitende als wichtige Anspruchsgruppe des Reputationsmanagements zeigt sich, dass ihre Wahrnehmung der Arbeitgeberreputation ebenso nicht-monetäre Auswirkungen hat. Das zeigt sich in bestimmten Verhaltensformen. Eine wichtige Verhaltensform ist das „bürgerliche Verhalten" (engl. Organizational Citizenship Behavior – OCB). „Bürgerliches Verhalten" beschreibt Bemühungen eines Arbeitnehmenden, die weit über das hinausgehen, was vertraglich vereinbart ist, beispielsweise freiwillige Überstunden oder Unterstützung von weniger leistungsfähigen KollegInnen (vgl. Organ 1988).

In Tab. 2.1 ist dargestellt, was die Forschung bisher über die Gründe für gezeigtes bürgerliches Verhalten weiß. Es fällt auf, dass zum einen nur wenige Studien existieren, die Unternehmensreputation in Bezug zu bürgerlichem Verhalten stellen (vgl. Carmeli 2005; Schaarschmidt et al. 2015 als wenige Ausnahmen) und dass zum anderen die Rolle der heute so wichtigen sozialen Medien kaum behandelt wird.

Die wenigen Studien, die Reputation (oder deren Wahrnehmung) und das bürgerliche Verhalten (z. B. Carmeli 2005; Helm 2013) miteinander verknüpfen, betonen Mediationseffekte. Das heißt, der Zusammenhang zwischen Reputation und bürgerlichem Verhalten in Unternehmen wird zum Beispiel durch den Stolz auf die Verbundenheit zum Unternehmen mediert. Obwohl es Studien gibt, die sich auf Unternehmensreputation und bürgerliches Verhalten im Kontext anderer Stakeholder wie beispielsweise KundInnen konzentrieren (vgl. zum Beispiel Walsh und Beatty 2007), wissen wir noch zu wenig über Mediatoren dieser Beziehung. Ein vertieftes Wissen über Mediationseffekte würde ManagerInnen jedoch in die Lage versetzen, das Verhalten von Stakeholdern in Bezug auf die Reputation der Organisation besser zu steuern. Diese Steuerung muss in einer digitalisierten Welt auch Auswirkungen von sozialen Medien berücksichtigen, wodurch sich für ManagerInnen von Unternehmen insbesondere die folgenden Fragen stellen:

- Ist die Unternehmensreputation in meinem Unternehmen ein Einflussfaktor für das bürgerliche Verhalten meiner Mitarbeitenden?
- Beeinflusst die Unternehmensreputation meines Unternehmens auch das bürgerliche Verhalten meiner KundInnen?
- Gelten die beobachteten Beziehungen für Mitarbeitende und KundInnen auch in sozialen Medien?

Ziel dieses Beitrags ist es, Antworten auf diese Fragen zu finden und das Themengebiet konzeptionell-analytisch zu durchdringen. Dabei ist zu berücksichtigen, dass bezüglich der ausgesprochenen Handlungsempfehlungen erst noch eine empirische Untersuchung und Erfolgsprüfung nötig ist, bevor sie belastbar in der Breite Verwendung finden können.

Tab. 2.1 Studien zu Treibern Bürgerlichen Verhaltens in Organisationen

Autoren	Muster/Industrie	Berücksichtigte Gründe	Wichtigste Ergebnisse
Alotaibi (2001)	297 Mitarbeitende/öffentliches Personal in Kuwait	Prozess- und Verteilungsgerechtigkeit, Arbeitszufriedenheit, Organisatorische Verbundenheit	Nur die Verfahrens- und Verteilungsgerechtigkeit ist für die einzigartigen Unterschiede im OCB der kuwaitischen Arbeiter verantwortlich
Carmeli (2005)	228 Sozialarbeiter/gemeinnützige Gesundheitseinrichtungen in Israel	Wahrgenommenes externes Prestige (sozial und wirtschaftlich), affektive Verbundenheit	Beide Formen des wahrgenommenen externen Prestiges steigern die affektive Verbundenheit der Mitarbeitenden; Die affektive Verbundenheit der Mitarbeitenden vermittelt die Beziehung zwischen dem wahrgenommenen externen sozialen Prestige und OCB (altruistisch und Compliance)
Dierdorff et al. (2010)	198 Vollzeitmitarbeitende/eingeschrieben in einer Graduiertenschule für Betriebswirtschaftslehre an einer mittelwestlichen Universität	Rollenerwartungen, Arbeitskontext (Sozial- und Aufgabenkontext)	Aspekte des sozialen und aufgabenbezogenen Kontextes moderieren das Verhältnis zwischen den Rollenerwartungen der Mitarbeitenden und den prosozialen Rollenanforderungen und Staatsbürgerschaft
Elstad et al. (2011)	764 Erzieher/Sprachausbildung für erwachsene Migranten in Norwegen	Wahrgenommene Anerkennung, klare Führung, Leadership, Leader Employee Beziehung, Wahrnehmung des sozialen Austausches von LehrerInnen Engagement, Lehrkräfte, ökonomische Austauschwahrnehmungen	Relationales Vertrauen zwischen den Führungskräften und ErzieherInnen und PädagogInnen sowie Wahrnehmungen des sozialen Austausches haben einen starken positiven Einfluss auf die OCB der ErzieherInnen; das Engagement der LehrerInnen ist eng verknüpft mit OCB

(Fortsetzung)

Tab. 2.1 (Fortsetzung)

Autoren	Muster/Industrie	Berücksichtigte Gründe	Wichtigste Ergebnisse
Ersoy et al. (2012)	100 türkische und 100 niederländische Studierende/Teilzeitarbeitsplätze	Führungsstil (paternalistisch und em-powering), kulturelle Orientierung, Individualismus und Kollektivismus auf individueller Ebene	Ein paternalistischer Führungsstil wirkte sich in der Türkei positiver auf das Engagement und die organisatorische Unterstützung aus als in den Niederlanden; der Kollektivismus moderierte die Beziehung zwischen paternalistischem Führungsstil und anderweitig orientiertem OCB
Netemeyer et al. (1997)	Studie 1: 115 Verkaufende/Cellular-Telefonfirma Studie 2: 182 Verkaufende/Immobilien	Studie 1 und 2: indirekte Vorläufer: Person-Organisations-Fit, Führungsunterstützung, Fairness in der Prämienzuteilung Direkter Vorläufer: Arbeitszufriedenheit	Studie 1 und 2: Unterstützung für die Rolle der Arbeitszufriedenheit als Prädiktor von OCBs und Person-Organisations-Fit als Prädiktor der Arbeitszufriedenheit
Niehoff und Moorman (1993)	213 Mitarbeitende/Filmverwaltungsgesellschaft	Monitoringmethoden (Beobachtung, informelle Diskussion, formelle Besprechungen), Wahrnehmungen der Mitarbeitenden in Bezug auf die Gerechtigkeit am Arbeitsplatz	Beobachtung beeinflusste OCB negativ, hatte aber auch einen positiven Einfluss durch ihren Effekt auf die Wahrnehmung von Fairness
Van Dyne et al. (1994)	950 Mitarbeitende und 169 Vorgesetzte/verschiedene organisatorische und berufliche Kontexte	Persönliche Faktoren (positive Arbeitseinstellungen und Zynismus), wahrgenommene situative Faktoren (Arbeitsplatzwerte und Arbeitsplatzmerkmale), Positionsfaktoren (organisatorische Amtszeit und hierarchische Arbeitsplatzebene), Covenantal-Relationship	OCB wird rekonzeptionalisiert; starke Unterstützung für die Multidimensionalität von OCB; die Befragten differenzierten drei Formen der Partizipation (soziale Partizipation, eintretende Beteiligung und funktionale Partizipation); im Allgemeinen, mit Ausnahme von Gehorsam, unterstützen die Ergebnisse die Vermittlung der Covenantal-Beziehung zwischen OCB und seinen Vorgängern
Vilela et al. (2010)	122 Supervisor-Verkaufende-Dyaden in 35 Unternehmen in 9 verschiedenen Branchen	SM, Person-Organisations-Fit und Arbeitszufriedenheit	Die Ergebnisse bestätigen die moderierende Rolle von SM in den Beziehungen zwischen Arbeitszufriedenheit und OCB sowie zwischen Person-Organisation-fit und Arbeitszufriedenheit

2.2   Relevanz

Die Beantwortung der oben stehenden Fragen ist sowohl für WissenschaftlerInnen als auch für PraktikerInnen relevant. Managementforschende fokussieren das Verhältnis von Unternehmensreputation zu bürgerlichem Verhalten bisher eher weniger. Wenn, dann werden in der Managementliteratur meist kleinere Organisationen betrachtet (vgl. zum Beispiel Bartels et al. 2007; Smidts et al. 2001) oder sie konzentriert sich nur auf die Mitarbeitendenperspektive (vgl. Carmeli 2005; Schaarschmidt et al. 2015).

Mithilfe des hier vorgestellten Konzepts sollen ManagerInnen in die Lage versetzt werden, die beschriebenen Zusammenhänge in ihrem eigenen Unternehmen und für ihren Kontext zu untersuchen. ManagerInnen können damit ihr Wissen über die Konsequenzen von Unternehmensreputation auf Mitarbeitendenebene sowohl konzeptionell als auch methodisch erweitern.

Konzeptionell bedeutet in diesem Zusammenhang, dass alternative Formen der Messung von Unternehmensreputation vorgestellt werden. Diese beziehen sich sowohl auf die interne (Mitarbeitende) als auch auf die externe Perspektive (KundInnen). Davies et al. (2010) deuten an, dass besonders der Perspektivwechsel in Bezug auf die Auswirkungen von Unternehmensreputation wichtig ist, um ein vollständiges Bild über die eigene Reputationswahrnehmung zu gewinnen, was aber bisher eher vernachlässigt wurde.

Methodisch bedeutet, dass Kausalmodelle verwendet werden, die das Verhältnis zwischen Unternehmensreputation, Verbundenheit mit dem Unternehmen und bürgerlichem Verhalten in den Fokus stellen. Zum einen sind diese Kausalmodelle für die Produktivität und Rentabilität des Unternehmens hilfreich, andererseits könnten die Modelle nützlich sein, um neue kundInnenorientierte Vorteile für das Unternehmen zu identifizieren, wie z. B. KundInnen, die anderen KundInnen bei der Verbesserung der Serviceerbringung helfen oder nützliche Rückmeldungen an das Unternehmen geben. Praktisch können die Ergebnisse Führungskräften helfen, die Leistung, den Erfolg und die Gesamtwirksamkeit und Effektivität von Unternehmen zu steigern, indem sie Reputationsschäden im Ansatz vermeiden (vgl. Ivens et al. 2017). Dies wiederum könnte sowohl die Verbundenheit der Mitarbeitenden als auch die Verbundenheit der KundInnen mit dem Unternehmen erhöhen. Als Folge kann daraus mehr bürgerliches Verhalten in Unternehmen mit allen positiven Folgen entstehen (vgl. Podsakoff et al. 2009; Podsakoff und MacKenzie 1994).

2.3   Theoretischer Rahmen

2.3.1   Verbundenheit mit einem Unternehmen und bürgerliches Verhalten

Um das bürgerliche Verhalten als Folge der Unternehmensreputation für Mitarbeitende und KundInnen untersuchen zu können, schlagen die Autoren einen theoretischen Rahmen vor, der in Abb. 2.1 dargestellt ist. Dieser Rahmen stützt sich auf die Theorie des

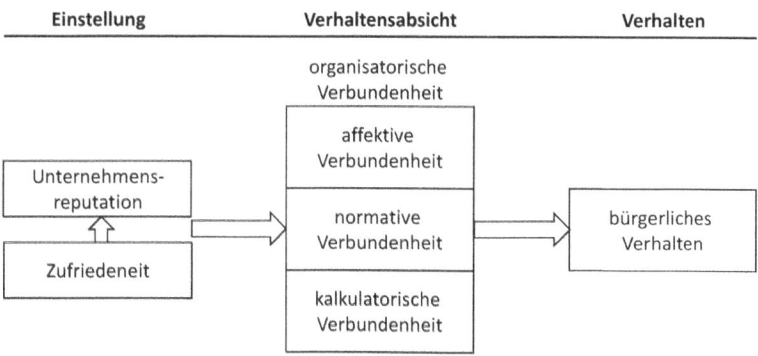

Einstellung   Verhaltensabsicht   Verhalten

organisatorische
Verbundenheit

affektive
Verbundenheit

Unternehmens-
reputation

normative
Verbundenheit   bürgerliches
Verhalten

Zufriedeneit

kalkulatorische
Verbundenheit

Abb. 2.1 Theoretischer Rahmen

überlegten Handelns, die schließlich dazu beiträgt, das reale Verhalten von Individuen vorherzusagen (vgl. Fishbein und Ajzen 1975). Die Vorhersage basiert auf der Einstellung eines Individuums, die zu einer Verhaltensabsicht führt und letztendlich in reales Verhalten des Individuums mündet. Im Einklang mit der Theorie des überlegten Handelns, betrachten die Autoren Unternehmensreputation und Zufriedenheit als zugrunde liegende „Einstellungen". Diese Sichtweise wird von anderen Forschenden unterstützt. Zum Beispiel schlagen Walsh und Beatty vor, Reputation „[…] as an attitude-like evaluative judgment of firms" zu sehen (2007, S. 3), also einer einstellungsähnlichen Bewertung eines Sachverhalts. Brief stellt fest, dass Arbeitszufriedenheit wie folgt definiert wird „[job satisfaction] is an attitude towards one's job" (1998, S. 10). Nach dieser Definition kann die KundInnenzufriedenheit als einstellungsähnliches Urteil nach einem Kauf angesehen werden (vgl. Fournier und Mick 1999). Die Verbundenheit mit einem Unternehmen ist weitgehend bekannt als „… an employee attitude or, more specifically, a set of behavioral intentions, such as a desire to remain with the organization, an intention to exert high levels of effort on behalf of the organization, and an identification with the organization's goals" (Scholl 1981, S. 589, adaptiert von Porter et al. 1974). Schließlich kann bürgerliches Verhalten als freiwilliges, diskretionäres Extra-Rollen-verhalten definiert werden (vgl. Goth 2005). Freiwillig, weil bürgerliches Verhalten beinhaltet, anderen Individuen oder der Organisation auf freiwilliger Basis zu helfen. Es liegt im freien Ermessensspielraum des Mitarbeitenden, sich einzubringen oder außenwirksam angemessen zu verhalten. Individuen können nicht zu bürgerlichem Verhalten gezwungen werden, weil es beispielsweise keine Rechtsgrundlage durch Gesetze oder Verträge gibt. Mit Extra-Rollenverhalten (engl. extra-role behavior) ist Rollenverhalten gemeint, das über das gewöhnliche Rollenverhalten hinausgeht. Beispielsweise, wenn Mitarbeitende freiwillig zusätzliche Aufgaben identifizieren und übernehmen, die nicht ausdrücklich gefordert sind, aber dem Unternehmen helfen.

Eine entscheidende Zwischenkomponente zwischen Reputationswahrnehmung und gezeigtem bürgerlichen Verhalten stellt der Literatur nach die Verbundenheit mit einem

Unternehmen dar (vgl. Carmeli 2005). Diese Verbundenheit kann sich sowohl auf Mitarbeitende, als auch auf KundInnen beziehen.

Viele Forschende nutzen das Dreikomponentenmodell der Verbundenheit, um Fragen im Kontext der Verbundenheit mit dem Unternehmen zu beleuchten (vgl. zum Beispiel Meyer und Allen 1997). Diese Perspektive umfasst die Dimensionen affektive Verbundenheit, normative Verbundenheit und kalkulatorische Verbundenheit. Affektive Verbundenheit adressiert die positive emotionale Bindung an eine Organisation (vgl. Meyer und Allen 2006). Ein Individuum, das sich affektiv engagiert, akzeptiert und identifiziert sich stark mit den Normen, Werten und Überzeugungen des Unternehmens. Der Einzelne akzeptiert diese Normen, Werte und Überzeugungen selbstbestimmt; „er/sie will". Aus der Perspektive eines Mitarbeitenden kann affektive Verbundenheit die Bereitschaft sein, Teil der Organisation sein zu wollen. Aus der Sicht der KundInnen ist die Bereitschaft gemeint, mit der Organisation verbunden zu sein (vgl. Porter et al. 1974).

Die normative Verbundenheit bezieht sich auf die Bereitschaft, aufgrund moralischer und ethischer Verpflichtungen Teil der Organisation zu sein (oder mit ihr in Verbindung gebracht zu werden). Diese Verpflichtungen entstehen, weil das Unternehmen Ressourcen investiert hat, die sich im Laufe der Beziehung immer weiter anhäufen. Aus der Sicht der Mitarbeitenden können diese Ressourcen in Form von Schulungen oder durch eine besondere, mitarbeitendefreundliche Arbeitszeitregelung in Erscheinung treten. Für KundInnen ergeben sich die latenten Verpflichtungen aus Treuemodellen oder Service-Excellence-Initiativen. Im Vergleich zur affektiven Verbundenheit hat ein Individuum das Gefühl, dass es für ihn/sie besser ist, Teil der Organisation zu sein (oder mit ihr in Verbindung gebracht zu werden).

Die dritte Facette organisatorischer Verbundenheit zeigt sich in einer kalkulatorischen Dimension. Kalkulatorische Verbundenheit adressiert ein rationaleres Level der organisatorischen Verbundenheit. Kalkulatorische Verbundenheit basiert auf Barrieren, ein Unternehmen zu verlassen (vgl. Allen und Meyer 1990). Bei zu hohen Barrieren oder zu hohem Aufwand hat ein Individuum kaum eine Wahl und muss mit dem Unternehmen verbunden bleiben. Diese Form der Verbundenheit ist also weniger gewollt und mehr eine Art Notwendigkeit. Für Mitarbeitende beispielsweise kann der Unternehmenswechsel hohe ökonomische Kosten (z. B. Umzugskosten) oder soziale Kosten (z. B. Verlust von Freundschaften mit KollegInnen) verursachen (vgl. Becker 1960).

Verbundenheit mit einem Unternehmen kann also sowohl für Mitarbeitende als auch für KundInnen in der Beziehung von wahrgenommener Unternehmensreputation und ausgelebtem bürgerlichem Verhalten ein wichtiger Mediator sein.

2.3.2   Unternehmensreputation als Treiber bürgerlichen Verhaltens

Um den Zusammenhang zwischen Unternehmensreputation und der affektiven Verbundenheit zu erklären, eignet sich die Theorie der sozialen Identität. Soziale Identität bezieht sich auf die psychosoziale Selbstdefinition, die sich auf drei Ebenen bezieht:

individuell, zwischenmenschlich und kollektiv (vgl. Sluss und Ashforth 2007). Nach der Theorie der sozialen Identität beruht das Gefühl der Einheit oder Zugehörigkeit zu einer Gruppe oder Organisation auf zwei Quellen: einer persönlichen Identität und einer sozialen Identität, die eine Gruppenklassifizierung umfasst. Folglich neigen Menschen dazu, sich selbst und andere in soziale Kategorien einzuteilen, zum Beispiel nach religiösen Gruppen, sexuellen Vorlieben und organisatorischen Zugehörigkeiten, was dem Einzelnen hilft, „sich selbst zu lokalisieren oder zu definieren" (vgl. Ashforth und Mael 1989, S. 21). Erkenntnisse aus dieser Theorie können helfen, das Zusammenspiel aus Unternehmensreputation, Verbundenheit und bürgerlichem Verhalten besser zu verstehen.

Um die Reputation beurteilen zu können, ist eine gewisse Erfahrung mit dem Unternehmen oder eine Beziehung zum Unternehmen erforderlich. Personen mit dieser Erfahrung oder Beziehung gehören in der Regel zu bestimmten Stakeholdergruppen (zum Beispiel Mitarbeitende oder KundInnen). Der Vergleich mit anderen Gruppen dient gemäß der Theorie der sozialen Identität dazu, die soziale Identität des Einzelnen zu stärken, aber nur dann, wenn sich die eigene Gruppe von anderen Gruppen abhebt. In der einschlägigen Reputationsliteratur herrscht die Meinung vor, dass Unternehmensreputation positiv konnotiert wird. Personen, die das Unternehmen als reputationsstark wahrnehmen, fühlen sich eher zu einer der Stakeholdergruppen (je nachdem entweder Mitarbeitende oder KundIn) zugehörig als Personen, die ein Unternehmen als reputationsschwach empfinden. Durch dieses Zugehörigkeitsgefühl und die positive Bedeutung der Unternehmensreputation wird die soziale Identität des Einzelnen gestärkt, was wiederum zu einer verstärkten emotionalen Bindung an das Unternehmen führt. Letztendlich drückt sich diese Verbindung in der Bereitschaft aus, Teil der Organisation zu sein (oder mit ihr in Verbindung gebracht zu werden).

Um den Zusammenhang zwischen Reputation und normativer Verbundenheit sowie kalkulatorischer Verbundenheit zu erklären, kann auf die Theorie des sozialen Austausches zurückgegriffen werden. Sie geht davon aus, dass der soziale Austausch eine Reihe von Interaktionen beinhaltet, die ein Gefühl von Verpflichtungen zwischen den Beteiligten hervorrufen (vgl. Cropanzano und Mitchell 2005). Kennzeichnend für normative Verbundenheit und kalkulatorische Verbundenheit ist die im Laufe der Zeit zunehmende Assoziation mit Verpflichtungen. Bei normativer Verpflichtung sind die Verpflichtungen eher unbegründet. So fühlen sich Personen, die ein hohes Maß an Reputation wahrnehmen, im Einklang mit der Theorie des sozialen Austausches eher wohl dabei, Verpflichtungen zu akkumulieren, weil sie Ruhm und Stolz empfinden (vgl. Helm 2013). Dies wiederum bestätigt sie in ihrer Bereitschaft, an der Organisation teilzuhaben (oder mit ihr in Verbindung gebracht zu werden). Die kalkulatorische Verbundenheit wird als ziemlich rational angesehen, weil die Verbundenheit greifbarer zu sein scheint als bei der normativen Verbundenheit. Im Falle einer kalkulatorischen Verbundenheit sind die Verpflichtungen deutlich realer, weil sie zu reellen Wechselbarrieren werden. In Übereinstimmung mit der Theorie des sozialen Austausches sind Personen mit einer hohen Wahrnehmung der Unternehmensreputation stolz darauf, Teil der Organisation zu sein (vgl. Helm 2013). Paradoxerweise empfinden diese Individuen die Wechselbarrieren weit weniger negativ als jene Individuen, die nicht der Stakeholdergruppe angehören. Eine Erklärung für dieses Verhalten könnte Kantor (1968) geben. Er stellt fest: „When [social] profits and [social] costs are considered, participants [of a group] find that costs of leaving the system would be greater than the cost of remaining: "profit" compels continued participation" (Kantor 1968, S. 500).

Frühere Studien (zum Beispiel Scholl 1981; Weiner 1982) fanden theoretische Unterstützung in Bezug auf die indirekten und direkten Auswirkungen der Verbundenheit auf das bürgerliche Verhalten. Scholl (1981) schlägt Verbundenheit als „a stabilizing force that acts to maintain behavioral direction when expectancy/equity conditions are not met and do not function" (S. 593). Weiner (1982) sieht Verbundenheit als Motor für freiwilliges Verhalten, wie beispielsweise bürgerliches Verhalten.

Zufriedenheit ist ein starker Multiplikator für bürgerliches Verhalten (vgl. Bateman und Organ, 1983; Li et al. 2010; Williams und Anderson 1991). Es ist denkbar, dass der Einfluss der Arbeitszufriedenheit, in Bezug auf die Stakeholdergruppe der Mitarbeitenden, einen stärkeren Effekt auf das bürgerliche Verhalten hat als die Unternehmensreputation. Denn die Zufriedenheit mit dem Job ist eine dauerhaftere und greifbarere Einstellung als die Unternehmensreputation.

2.4   Methodischer Ansatz zur Messung von Modellbestandteilen

Damit ManagerInnen in ihrem eigenen Unternehmen die beschriebenen Beziehungen überprüfen, und somit bürgerliches Verhalten stimulieren können, schlagen die Autoren zwei Studien vor, die sich jedoch auf unterschiedliche Stakeholdergruppen konzentrieren. Die erste Studie sollte sich auf die Stakeholdergruppe der Mitarbeitenden und die zweite auf die Stakeholdergruppe der KundInnen konzentrieren. Diese Trennung ist notwendig, da sich die verwendeten Variablen für Mitarbeitende und KundInnen unterscheiden. In Anlehnung an den theoretischen Rahmen haben die Autoren für jede Studie ein detaillierteres Modell entwickelt, das von ManagerInnen genutzt werden kann. Voraussetzung dafür ist, dass Unternehmen die für eine solche Befragung notwendigen Ressourcen zur Verfügung stellen können.

2.4.1   Zielgruppe Mitarbeitende

Ziel dieses Kapitels ist es, eine Befragung von Mitarbeitenden zu konzipieren, die von Unternehmen zur Überprüfung der internen Zusammenhänge zwischen Unternehmensreputation und bürgerlichem Verhalten dienen kann.

Die Messung der Unternehmensreputation aus Mitarbeitendensicht ist mit besonderen Schwierigkeiten verbunden. Ein Problem ist die sogenannte Methodenverzerrung, die entsteht, wenn es nur eine Informationsquelle (zum Beispiel Mitarbeitende) für die abhängige Variable und die unabhängige Variable gibt (vgl. Podsakoff et al. 2003). Eine weitere Herausforderung besteht in der Messung der Unternehmensreputation selbst, da sie nicht direkt erfasst werden kann wie andere Kennzahlen. Wenn Mitarbeitende gefragt werden, was sie über ihr eigenes Unternehmen denken, dann besteht das Problem, dass Mitarbeitende dazu neigen, sozial erwünschte Antworten zu geben, weil sie Teil der Gruppe der Mitarbeitenden sind und ihre eigene Gruppe seltener schlecht darstellen. Im Einklang mit der Theorie der sozialen Identität streben Individuen nach einer positiven Selbsteinschätzung, weshalb es eher zu einer positiven Reputationseinschätzung von Mitarbeitenden kommt. Um dieses Problem zu umgehen, müssen Mitarbeitende danach gefragt werden, wie Außenstehende ihr Unternehmen bewerten. Dadurch wird der Mitarbeitende von dem Druck befreit, sozial erwünscht antworten zu müssen, denn es geht ja augenscheinlich um die Meinung anderer und nicht ihre eigene. Letztlich teilen Mitarbeitende eines Unternehmens jedoch den gleichen Meta-Stereotyp (vgl. Owuamalam und Zagefka 2011). Carmeli (2005, S. 443) sagt: „Insiders develop their own view about the organization and the things it stands for (organizational identity), and assess how outsiders view their organization." Aus diesem Grund kann mit diesem Vorgehen doch die wahre Einschätzung von Mitarbeitenden bezüglich der Unternehmensreputation gemessen werden, die frei von der beschriebenen Verzerrung ist. Deshalb ist die wahrgenommene externe Reputation das genauere Maß für die intra-organisatorischen Einflüsse auf bürgerliches Verhalte als die direkte Einschätzung der Mitarbeitenden zur Unternehmensreputation.

Die Autoren schlagen Unternehmen deshalb die Operationalisierung von wahrgenommener Reputation nach Helm (2013) vor. ManagerInnen sollten Mitarbeitenden im Rahmen einer Umfrage daher die folgende Frage stellen: „Wie denken Sie, dass Personen *außerhalb* Ihrer Firma Ihr Unternehmen in Bezug auf die folgenden Punkte bewerten?" Diese Frage soll dann auf insgesamt acht Dimensionen beantwortet werden (sogenannten Items), die sich an der Fortune's AMAC Rangliste zur Erfassung des wahrgenommenen externen Sozial- und Wirtschaftsprestiges orientieren (vgl. Fryxell und Wang 1994). Extern wahrgenommene Unternehmensreputation beinhaltet Dimensionen wie 1) Qualität des Managements, 2) die Qualität der Produkte oder Dienstleistungen, 3) die Fähigkeit, talentierte Leute zu gewinnen, zu fördern und zu behalten, 4) Gemeinschaft und Verantwortung für die Umwelt, und 5) Innovationskraft. Extern wahrgenommenes Wirtschaftsprestige umfasst 6) finanzielle Solidität, 7) langfristiger Investitionswert und 8) Organisationsvermögen.

Darüber hinaus gilt es, Arbeitszufriedenheit zu erfassen. Die Arbeitszufriedenheit wird definiert als ein wertendes Urteil über den eigenen Arbeitsplatz- oder die Arbeitssituation (vgl. Pugh et al. 2011). Sie ist nachweislich mit der wahrgenommenen externen Reputation verbunden (vgl. Helm 2013), da die Arbeit für einen guten Arbeitgeber zu einer höheren Zufriedenheit mit dem Arbeitgeber und der Arbeit führt. Zusätzlich ist Arbeitszufriedenheit ein starker Multiplikator von organisatorischem bürgerlichen Verhalten (vgl. Li et al. 2010; Williams und Anderson 1991).

Die Autoren empfehlen zur Erfassung der Arbeitszufriedenheit eine von Cammann, Fichman, Jenkins und Klesh (1983) entwickelte Operationalisierung. Darüber hinaus ist diese Skala zur Messung der allgemeinen Arbeitszufriedenheit konzipiert und passt somit gut in das Design für die Stakeholdergruppe der Mitarbeitenden. Die Kernfragen hier sind 1) „Alles in allem bin ich mit meinem Job zufrieden."; 2) „Im Allgemeinen arbeite ich gerne in meinem Unternehmen."; und 3) „Im Allgemeinen mag ich meinen Job nicht (Reverse-codiert)." Alle diese Fragen sollen auf einer Skala von 1 bis 5 oder von 1 bis 7 erfasst werden.

In Übereinstimmung mit der Theorie der sozialen Identität und der Theorie des sozialen Austausches gehen die Autoren davon aus, dass sowohl die wahrgenommene externe Reputation als auch die Zufriedenheit am Arbeitsplatz mit bürgerlichem Verhalten in Unternehmen verbunden sind. Diese Annahme wird von aktueller Literatur bestätigt (vgl. Keh und Xie 2009). Um die Verbundenheit mit dem Unternehmen zu messen, schlagen die Autoren eine angepasste Form der Operationalisierung von Bansal et al. (2004) vor. Die Items für affektive Verbundenheit sollten konträr codiert werden, wie z. B. „Ich fühle mich meinem Arbeitgeber emotional nicht verbunden". Ein Beispielitem für normative Verbundenheit könnte sein: „Ich würde mich schuldig fühlen, wenn ich meinen Arbeitgeber jetzt verlasse". „Ein zu großer Teil meines Lebens würde gestört werden, wenn ich mich entschließen würde, meinen Arbeitgeber jetzt zu verlassen", stellt ein Beispiel für die Erfassung der kalkulatorischen Dimension der Verbundenheit dar.

Final gilt es, auch noch das bürgerliche Verhalten in einer solchen Umfrage zu messen. Bürgerliches Verhalten in Unternehmen ist ein Meta-Konstrukt, das verschiedene Konstrukte des Organisationsverhaltens kombiniert, wie z. B. prosoziales Organisationsverhalten (vgl. Brief und Motowidlo 1986), organisatorische Spontaneität (vgl. George und Brief 1992) und organisatorisches Engagement (vgl. Wasti und Can 2008). Ausgehend von der Definition bürgerlichen Verhaltens nach Organ (1988, S. 4), in der das Konstrukt als „individual behavior that is discretionary, not directly or explicitly recognized by the formal reward system, and in the aggregate promotes the efficient and effective functioning of the organization", beschrieben wird, haben Forschende Anstrengungen unternommen, Dimensionen und Determinanten dieses Verhaltens von verwandten Konstrukten und Unterkonstruktionen abzugrenzen (vgl. Podsakoff et al. 2009). Es besteht Einigkeit über zwei verschiedene Konzepte, die sich aus der Pionierarbeit von Organ (1988) sowie Williams und Anderson ergeben (1991).

Einerseits ist es weithin Konsens, dass bürgerliches Verhalten in zwei Unterkonstrukte aufgeteilt werden kann, die sich in dem Adressaten des Verhaltens unterscheiden. Eine Form, im englischen genannt OCB-Individual, bezieht sich auf das Verhalten gegenüber anderen Individuen beziehungsweise Mitarbeitenden. Die andere Form, genannt OCB-Organization, bezieht sich auf das Verhalten gegenüber der Organisation, also dem Arbeitgeber im Falle von Mitarbeitenden (vgl. Williams und Anderson 1991).

Andererseits wird in der zweiten, ebenso weit verbreiteten Konzeption vorgeschlagen, dass sich bürgerliches Verhalten als ein mehrdimensionales Konstrukt darstellt, das Hilfsbereitschaft, Rücksichtnahme, Unkompliziertheit, Eigeninitiative sowie Gewissenhaftigkeit mit einbezieht (vgl. Niehoff und Moorman 1993).

Von diesen Dimensionen bezieht sich Hilfsbereitschaft auf unterstützendes Verhalten, das sich direkt an andere Personen richtet (z. B. Mitarbeitende) (vgl. Podsakoff et al. 2000). Höflichkeit beschreibt ein Verhalten, das das gegenseitige Helfen miteinbezieht. Unkompliziertheit wird als die Tendenz eines Mitarbeitenden, Umstände zu tolerieren, die ihm zum Nachteil gereichen, definiert. Die Eigeninitiative spiegelt das Interesse der Mitarbeitenden an organisatorischen Aktivitäten wider. Gewissenhaftigkeit, auch Compliance genannt, zeigt schließlich das Verhalten der Mitarbeitenden, das durch die Annahme und Aufrechterhaltung von Regeln und Vorschriften der Organisation gekennzeichnet ist (vgl. Podsakoff et al. 2009). Allerdings weisen die Autoren darauf hin, dass sich Compliance praktisch auf Rollenverhalten und in geringerem Maße auf pflichtbewusstes Verhalten wie die Bereitschaft zur Meldung von Beschwerden bezieht (vgl. Luria et al. 2009). Abb. 2.2 zeigt das vorgeschlagene Forschungsdesign.

2.4.2 Zielgruppe KundInnen

Um die Stakeholdegruppe der KundInnen im Hinblick auf bürgerliches Verhalten zu untersuchen müssen einige der vorher beschriebenen Variablen an die Zielgruppe angepasst werden. Diese Anpassung betrifft insbesondere die Variablen Unternehmensreputation, Zufriedenheit und bürgerliches Verhalten in Unternehmen. Im Einklang mit dem theoretischen Framework in Abb. 2.1 zeigt Abb. 2.3 das Design für die Stakeholdergruppe der KundInnen.

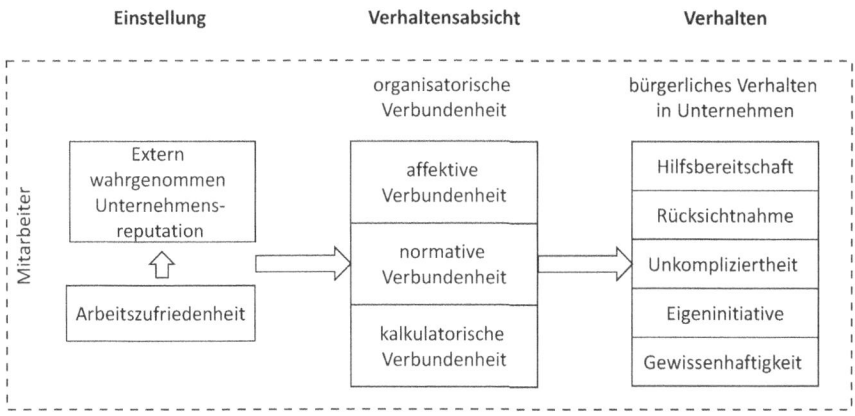

Abb. 2.2 Forschungsdesign für die Stakeholdergruppe Mitarbeitende

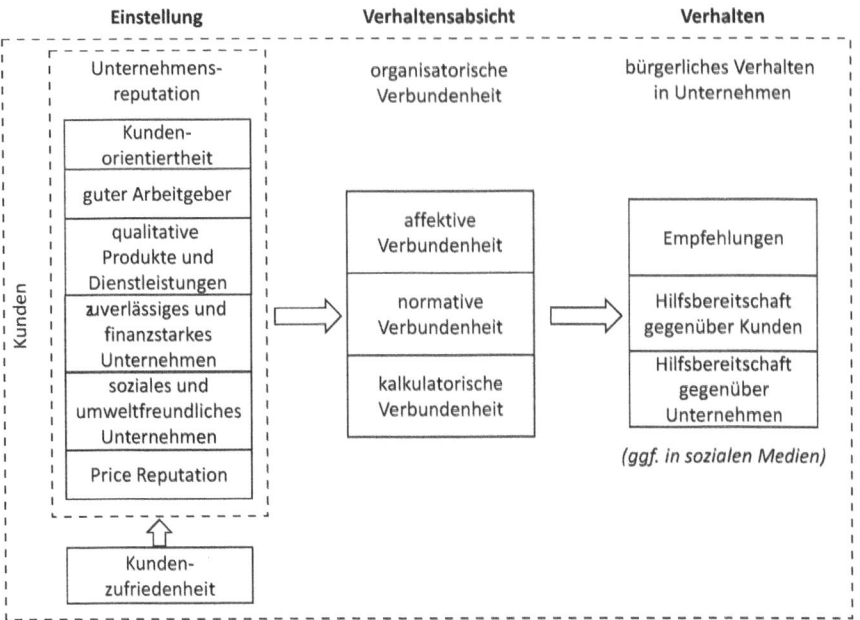

Abb. 2.3 Forschungsdesign für die Stakeholdergruppe KundInnen

Auffallend ist hier, dass nicht nur Unternehmensreputation anders gemessen wird, sondern dass auch ganz andere Formen bürgerlichen Verhaltens relevant werden, wenn KundInnen als Anspruchsgruppe betrachtet werden. Walsh und Beatty (2007) entwickelten eine Skala, um die Unternehmensreputation aus KundInnensicht zu messen, die hier Anwendung finden kann. Die Skala umfasst fünf Dimensionen: „KundInnenorientiertheit", „guter Arbeitgeber", „zuverlässiges und finanzstarkes Unternehmen", „qualitative Produkte und Dienstleistungen" sowie „soziales und umweltfreundliches Unternehmen". In neueren Werken wird diese Skala um eine Dimension erweitert, die sich an der Preispolitik des Unternehmens orientiert (vgl. Walsh et al. 2018). Dieser Aspekt wird von der Dimension „zuverlässiges und finanzstarkes Unternehmen" bisher nicht abgedeckt.

Die Zufriedenheitsvariable und die Fragen nach organisatorischer Verbundenheit sind die gleichen wie in der Studie, die auf Mitarbeitende fokussiert, müssen jedoch auf die Zielgruppe angepasst werden. Abschließend gilt es, geeignete Aspekte eines bürgerlichen Verhaltens auf KundInnenseite zu finden und auf den Kontext anzupassen. Goth (2005, S. 11) beispielsweise definiert bürgerliches Verhalten von KundInnen als „voluntary and discretionary behaviors that are not required for the successful production and/or delivery of the service but that, in the aggregate, help the service organization overall." Die angesprochene Skala von Goth (2005) umfasst daher die Dimensionen: „Empfehlungen", „Hilfsbereitschaft gegenüber anderen KundInnen" und „Hilfsbereitschaft gegenüber dem Unternehmen".

2.5 Implikationen und Blick auf soziale Medien

Diese konzeptionelle Arbeit präsentiert Modelle, die ManagerInnen helfen können, das bürgerliche Verhalten der Stakeholdergruppen Mitarbeitende und KundInnen in ihrem Unternehmen zu messen. Außerdem werden ManagerInnen in die Lage versetzt, Voraussetzungen für bürgerliches Verhalten von Mitarbeitenden und KundInnen zu erkennen und zu beeinflussen, um damit die Leistung, den Erfolg, die Effizienz und Effektivität des Unternehmens zu steigern (vgl. Podsakoff et al. 2009; Podsakoff und MacKenzie 1994). Zusätzlich trägt diese Arbeit dazu bei, die Bedeutung der Unternehmensreputation als immateriellen Unternehmenswert zu untermauern. Anhand der hergeleiteten Modelle können ManagerInnen weitere für Unternehmen interessante Stakeholdergruppen betrachten, wie beispielsweise Investoren oder potenzielle BewerberInnen.

Beispiel: United Airlines

United Airlines wurde gleich mehrfach von Mitarbeitendenverhalten getroffen, das sich über soziale Medien an KundInnen verbreitete. In 2012 zerbrachen Mitarbeitende in der Gepäckabfertigung die Gitarre des Musikers David Carroll. Dieser machte aus diesem Vorfall einen Song, welcher sich binnen weniger Tage millionenfach über die sozialen Kanäle verbreitete. 2017 wurde ein Arzt gewaltsam aus einem überbuchten Flugzeug entfernt. Der Rausschmiss wurde von Mitreisenden gefilmt und das Video zeigt, wie Sicherheitsleute den Arzt über den Boden des Kabinengangs zum Ausgang schleifen (vgl. Sonnabend 2017). Unter dem Hashtag #boycottunited machten viele KundInnen ihrem Ärger Luft und kündigten an, bereits gebuchte Tickets wieder zu stornieren. Außerdem folgte Hohn und Spott unter anderem in Form von ironischen Werbe-Tipps.

Durch die steigende Nutzung von sozialen Medien (siehe unter anderem Beitrag 1 in diesem Buch) bildet sich die Unternehmensreputation zu einem erheblichen Maße auch in Online-Welten. Durch soziale Medien steigen insbesondere die Transparenz und die Reichweite von reputationsbeeinflussenden Handlungen enorm (vgl. Ivens und Schaarschmidt 2015), was zur Folge hat, dass auch kleine Verstöße durch Mitarbeitende schnell einer großen potenziellen Kundschaft vor Augen geführt werden können. Dies betrifft große und bekannte Unternehmen sehr viel stärker als kleine und mittelständische. Ebenso sind Unterschiede zwischen Firmen im Business-to-Consumer-Bereich und Firmen im Business-to-Business-Bereich zu vermuten.

Diese Entwicklungen implizieren, dass auch das bürgerliche Verhalten sowohl von Mitarbeitenden als auch von KundInnen betroffen sein könnte. Zum einen entwickelt sich Unternehmensreputation auch in sozialen Medien, was wiederum die Wahrnehmung selbiger beeinflusst. Zum anderen kann sich das bürgerliche Verhalten in völlig neuen Formen zeigen, beispielsweise im Schreiben von Bewertungen auf Unternehmensportalen (bei Mitarbeitenden) oder bei Produktbewertungsplattformen (bei KundInnen) (vgl. Schaarschmidt und Walsh 2018). Grundsätzliche theoretische Überlegungen, wie beispielsweise die, die der Theorie der sozialen Identität entstammen, werden durch soziale Medien aber nicht außer Kraft gesetzt. Es zeigen sich gegebenenfalls nur andere Auswirkungen.

Vor dem Hintergrund der zunehmenden Einwirkung sozialer Medien auf Wahrnehmungen der Unternehmensreputation und bürgerlichem Verhalten empfehlen die Autoren ManagerInnen daher, die vorgestellten Modelle zu verwenden, aber gleichsam im Auge zu behalten, welche technischen und gesellschaftlichen Veränderungen in einem solchen Modell in der Zukunft berücksichtigt werden sollten.

Literatur

Alotaibi, A. G. (2001). Antecedents of organizational citizenship behavior: A study of public personnel in Kuwait. *Public personnel management, 30*(3), 363–376.

Allen, N. J., & Meyer, J. P. (1990). The measurement and antecedents of affective, continuance and normative commitment to the organization. *Journal of Occupational Psychology, 63*(1), 1–18.

Ashforth, B. E., & Mael, F. (1989). Social identity theory and the organization. *Academy of Management Review, 14*(1), 20–39.

Bansal, H. P., Irving, G., & Taylor, S. (2004). A three-component model of customer commitment to service providers. *Journal of the Academy of Marketing Science, 32*(3), 234–250.

Bartels, M., Boomsma, D. I., Hudziak, J. J., van Beijsterveldt, T. C. E. M., & van den Oord, E. J. C. G. (2007). Twins and the study of rater (Dis)agreement. *Psychological Methods, 12*(4), 451–466.

Bateman, T., & Organ, D. W. (1983). Job satisfaction and the good soldier: The relationship between affect and employee citizenship. *Academy of Management Journal, 26*, 587–595.

Becker, H. S. (1960). Notes on the concept of commitment. *American Journal of Sociology, 66*(1), 32–40.

Brief, A. P. (1998). *Attitudes in and around organizations.* Thousand Oaks: Sage.

Brief, A. P., & Motowidlo, S. J. (1986). Prosocial organizational behaviors. *Academy of Management Review, 11*, 710–725.

Barney, J. B. (2002). *Gaining and sustaining competitive advantage.* Reading: Addison Wesley.

Carmeli, A. (2005). Perceived external prestige, affective commitment, and citizenship behaviors. *Organization Studies, 26*(3), 443–464.

Cammann, C., Fichman, M., Jenkins, D., & Klesh, J. (1983). Assessing the attitudes and perceptions of organization members. In S. Seashore, E. Lawler, P. Mirvis, & C. Cammann (Hrsg.), *Assessing organizational change: A guide to methods, measures and practices* (S. 71–138). New York: Wiley.

Chu, W., & Chu, W. (1994). Signaling quality by selling through a reputable retailer: An example of renting the reputation of another agent. *Marketing Science, 13*(2), 177–189.

Cropanzano, R., & Mitchell, M. S. (2005). Social exchange theory: An interdisciplinary review. *Journal of Management, 31*(6), 874–900.

Davies, G., Chun, R., & Kamins, M. (2010). Reputation gaps and the performance of service organizations. *Strategic Management Journal, 31*(5), 530–574.

Dowling, G. R. (2004). Corporate reputations: Should you compete on yours? *California Management Review, 46*(3), 19–36.

Eberl, M., & Schwaiger, M. (2005). Corporate reputation: Disentangling the effects on financial performance. *European Journal of Marketing, 39,* 838–854.

Elstad, E., Christophersen, K. A., & Turmo, A. (2011). Social exchange theory as an explanation of organizational citizenship behaviour among teachers. *International Journal of Leadership in Education, 14*(4), 405–421.

Ersoy, N. C., Born, M. P., Derous, E., & van der Molen, H. T. (2012). The effect of cultural orientation and leadership style on self-versus other-oriented organizational citizenship behaviour in Turkey and the Netherlands. *Asian Journal of Social Psychology, 15*(4), 249–260.

Fishbein, M., & Ajzen, I. (1975). *Belief, attitude, intention, and behavior. An introduction to theory and research.* Reading: Addison-Wesley Pub. Co (Addison-Wesley series in social psychology).

Fombrun, C. J. (1996). *Reputation: Realizing value from the corporate image.* Boston: Harvard Business School Press.

Fombrun, C. J., & Shanley, S. (1990). What's in a name: Reputation-building and corporate strategy. *Academy of Management Journal, 33,* 233–258.

Fombrun, C. J., & van Riel, C. (1997). The reputational landscape. *Corporate Reputation Review, 1*(2), 5–13.

Fournier, S., & Mick, D. G. (1999). Rediscovering satisfaction. *Journal of Marketing, 63*(4), 5–23.

Fryxell, G. E., & Wang, J. (1994). The Fortune corporate "reputation" index: Reputation for what? *Journal of Management, 20*(1), 1–14.

Gardberg, N. A., & Fombrun, C. J. (2002). The global reputation quotient project: First steps towards a cross-nationally valid measure of corporate reputation. *Corporate Reputation Review, 4*(4), 303–307.

George, J. M., & Brief, A. P. (1992). Feeling good – Doing good: A conceptual analysis of the mood at work – Organizational spontaneity relationship. *Psychological Bulletin, 112,* 310–329.

Goth, M. (2005). Customers as good soldiers: Examining citizenship behaviors in internetservice deliveries. *Journal of Management, 31*(1), 7–27.

Gotsi, M., & Wilson, A. M. (2001). Corporate reputation management: Living the brand. *Management Decision, 39*(2), 99–104.

Hall, R. (1992). The strategic analysis of intangible resources. *Strategic Management Journal, 13*(2), 135–144.

Helm, S. (2013). A matter of reputation and pride: Associations between perceived external reputation, pride in membership, job satisfaction and turnover intentions. *British Journal of Management, 24*(4), 542–556.

Ivens, S., & Schaarschmidt, M. (2015). Does reputable employee behaviour in social networks affect customers' trust and word-of-mouth? An experimental study. In *Proceedings of the 23rd European Conference on Information Systems (ECIS)*, Münster, Germany.

Ivens, S., Walsh, G., & Schaarschmidt, M. (2015). Does being reputable drive customer equity? Evidence from E-Commerce. In *Proceedings of the 36th International Conference on Information Systems (ICIS)*, Forth Worth, TX, USA.

Ivens, S., Schaarschmidt, M., & Höber, B. (2017). Enemy in the house? Antecedents of employees' company-related bad mouthing in social media. In *Proceedings of the 23rd Americas Conference on Information Systems (AMCIS)*, Boston, MA, USA.

Kantor, R. M. (1968). Commitment and social organization: A study of commitment mechanisms in Utopian communities. *American Sociological Review, 33*(4), 499–517.

Keh, H. T., & Xie, Y. (2009). Corporate reputation and customer behavioral intentions: The roles of trust, identification and commitment. *Industrial Marketing Management, 37*(7), 732–742.

Li, N., Liang, J., & Crant, J. M. (2010). The role of proactive personality in job satisfaction and organizational citizenship behavior: A relational perspective. *Journal of Applied Psychology, 95*(2), 395–404.

Luria, G., Gal, I., & Yagil, D. (2009). Employees' willingness to report service complaints. *Journal of Service Research, 12*(2), 156–174.

Meyer, J. P., & Allen, N. J. (1997). *Commitment in the workplace: Theory, research and application.* Thousand Oaks: Sage.

Meyer, J. P., & Allen, N. J. (2006). A three-component conceptualization of organizational commitment: Some methodological considerations. *Human Resource Management Review, 1,* 61–98.

Michaelis, M., Woisetschläger, D., Backhaus, C., & Ahlert, D. (2008). The effects of country of origin and corporate reputation on initial trust: An experimental evaluation of the perception of Polish consumers. *International Marketing Review, 25,* 404–422.

Milgrom, P., & Roberts, J. (1982). Predation, reputation, and entry deterrence. *Journal of Economic Theory, 27*(2), 280–312.

Minkiewicz, J., Evans, J., Bridson, K., & Mavondo, F. (2011). Corporate image in the leisure services sector. *Journal of Services Marketing, 25,* 190–201.

Netemeyer, R. G., Boles, J. S., McKee, D. O., & McMurrian, R. (1997). An investigation into the antecedents of organizational citizenship behaviors in a personal selling context. *Journal of Marketing, 61*(3), 85–98.

Niehoff, B. P., & Moorman, R. H. (1993). Justice as a mediator of the relationship between methods of monitoring and organizational citizenship behavior. *Academy of Management Journal, 36*(3), 527–556.

Organ, D. W. (1988). *Organizational citizenship behavior: The good soldier syndrome.* Lexington: Lexington Books.

Owuamalam, C. K., & Zagefka, H. (2011). Downplaying a compromised social image: The effect of metastereotype valence on social identification. *European Journal of Social Psychology, 41,* 528–537.

Podsakoff, P. M., & MacKenzie, S. B. (1994). Organizational citizenship behaviors and sales unit effectiveness. *Journal of Marketing Research, 3*(1), 351–363.

Podsakoff, P. M., MacKenzie, S. B., Paine, J. B., & Bachrach, D. G. (2000). Organizational citizenship behaviors: A critical review of the theoretical and empirical literature and suggestions for future research. *Journal of Management, 26*(3), 513–563.

Podsakoff, P. M., MacKenzie, S. B., Lee, J.-Y., & Podsakoff, N. P. (2003). Common method biases in behavioral research: A critical review of the literature and recommended remedies (PDF). *Journal of Applied Psychology, 88*(5), 879–903.

Podsakoff, N. P., Blume, B. D., Whiting, S. W., & Podsakoff, P. M. (2009). Individual- and organizational-level consequences of organizational citizenship behaviors: A meta-analysis. *Journal of Applied Psychology, 94*(1), 122–141.

Porter, L. W., Steers, R. M., Mowday, R. T., & Boulian, P. V. (1974). Organizational commitment, job satisfaction, and turnover among psychiatric technicians. *Journal of Applied Psychology, 59,* 603–609.

Pugh, D. P., Groth, M., & Hennig-Thurau, T. (2011). Willing and able to fake emotions: A closer examination of the link between emotional dissonance and employee well-being. *Journal of Applied Psychology, 96*(2), 377–390.

Rindova, V., Williamson, I., Petkova, A., & Sever, J. (2005). Being good or being known: An empirical examination of the dimensions, antecedents, and consequences of organizational reputation. *Academy of Management Journal, 48,* 1033–1049.

Rose, C., & Thomsen, S. (2004). The impact of corporate reputation on performance: Some Danish evidence. *European Management Journal, 22*(2), 201–210.

Schaarschmidt, M. & Walsh, G. (2018). Social media-driven antecedents and consequences of employees' awareness of their impact on corporate reputation. *Journal of Business Research* (im Druck).

Schaarschmidt, M., Walsh, G., & Ivens, S. (2015). Perceived external reputation as a driver of organizational citizenship behavior: Replication and extension. *Corporate Reputation Review, 18*(4), 314–336.

Scholl, R. W. (1981). Differentiating organizational commitment from expectancy as a motivating force. *Academy of Management Review, 6,* 589–599.

Sluss, D. M., & Ashforth, B. E. (2007). Relational identity and identification: Defining ourselves through work relationships. *Academy of Management Review, 32*(1), 9–32.

Smidts, A., Pruyn, A. T. H., & Van Riel, C. B. M. (2001). The impact of employee communication and perceived external prestige on organizational identification. *Academy of Management Journal, 44*(5), 1051–1062.

Sonnabend, N. (2017). Spott für United Airlines „Drag and drop": Die Empörung über den brutalen Umgang mit einem United-Airline-Passagier ebbt in den sozialen Netzwerken nicht ab. Im Gegenteil: Nach Boykottaufrufen folgt nun viel Spott – und nicht ganz ernst gemeinte PR-Tipps. Handelsblatt, 12.04.2017. http://www.handelsblatt.com/unternehmen/handel-konsumgueter/spott-fuer-united-airlines-drag-and-drop/19663878.html. Zugegriffen: 1. Nov. 2018.

Van Dyne, L., Graham, J. W., & Dienesch, R. M. (1994). Organizational citizenship behavior: Construct redefinition, measurement, and validation. *Academy of management Journal, 37*(4), 765–802.

Vilela, B., Varela González, J. A., & Fernández Ferrín, P. (2010). Salespersons' self-monitoring: Direct, indirect, and moderating effects on salespersons' organizational citizenship behavior. *Psychology & Marketing, 27*(1), 71–89.

Walsh, G., & Beatty, S. E. (2007). Customer-based corporate reputation of a service firm: Scale development and validation. *Journal of the Academy of Marketing Science, 35,* 127–143.

Walsh, G., Bartikowski, B., & Beatty, S. E. (2014). Impact of customer-based corporate reputation on non-monetary and monetary outcomes: The roles of commitment and service context risk. *British Journal of Management, 26*(2), 166–185.

Walsh, G., Mitchell, V.-W., Jackson, P., & Beatty, S. E. (2009). Examining the antecedents and consequences of corporate reputation: A customer perspective. *British Journal of Management, 20,* 187–203.

Walsh, G., Schaarschmidt, M., & Ivens, S. (2018). Assessing the effects of multichannel service provider corporate reputation on customer new product adoption and RFM value. *Journal of Service Management, 29*(4), 680–702.

Wasti, A. A., & Can, Ö. (2008). Affective and normative commitment to organization, supervisor, and coworkers: Do collectivist values matter? *Journal of Vocational Behavior, 73,* 404–413.

Weiner, Y. (1982). Commitment in organizations: A normative view. *Academy of Management Review, 7,* 418–428.

Williams, L. J., & Anderson, S. E. (1991). Job satisfaction and organizational commitment as predictors of organizational citizenship and in-role behaviors. *Journal of Management, 17*(3), 601–617.

Dr. Stefan Ivens ist wissenschaftlicher Mitarbeiter in der Arbeitsgruppe von Jun.-Prof. Dr. Mario Schaarschmidt. In seiner Forschung beschäftigt er sich mit Auswirkungen des technologischen Wandels auf die unternehmerische Reputationsbildung.

Bernd Schneider ist wissenschaftlicher Mitarbeiter in der Arbeitsgruppe von Prof. Dr. Harald von Korflesch an der Universität Koblenz-Landau. Er ist zudem Leiter der ED-School, einer Einrichtung der Universität Koblenz-Landau zur Vermittlung von Design-Thinking-Ansätzen.

Herausforderungen der Kompetenzmessung mitarbeiterseitiger Nutzung sozialer Medien

Katharina Voll, Eva Hammes, Daniel Brylla und Gianfranco Walsh

Inhaltsverzeichnis

K. Voll
Birmingham, Großbritannien
E-Mail: Katharina.Voll@trelleborg.com

E. Hammes · D. Brylla
Jena, Deutschland
E-Mail: evakhammes@gmail.com

D. Brylla
E-Mail: daniel@brylla.org

G. Walsh (✉)
General Business Administration & Marketing, Friedrich-Schiller-Universität Jena, Jena, Deutschland
E-Mail: walsh@uni-jena.de

© Springer Fachmedien Wiesbaden GmbH, ein Teil von Springer Nature 2019
M. Schaarschmidt et al. (Hrsg.), *Online-Reputationskompetenz von Mitarbeitern*,
https://doi.org/10.1007/978-3-658-25487-2_3

▶ **Zusammenfassung** Es häufen sich die Fälle, in denen Mitarbeitende durch die leichtfertige Nutzung von sozialen Medien die Reputation ihres Arbeitgebers schädigen. Damit wächst auch der Bedarf, Handlungskompetenzen im Sinne von Fähigkeiten und Wissen im Umgang mit sozialen Medien zu erfassen, die im Einklang mit den Reputationszielen des Unternehmens stehen. Der vorliegende Beitrag beschreibt die speziellen Herausforderungen der Messung einer Reputationskompetenz von Mitarbeitenden im Umgang mit sozialen Medien und stellt erste qualitative Studienergebnisse vor. Es zeigt sich, dass die Reputationskompetenz von Mitarbeitenden im Umgang mit sozialen Medien ein mehrdimensionales Konstrukt ist und damit folgende Kompetenzen erforderlich sind: Technische Kompetenz, Sichtbarkeitskompetenz, Einbringungskompetenz (Fachwissen), Reflexionskompetenz und Kommunikationskompetenz.

3.1 Einleitung

In den letzten Jahren erlebte der Begriff der Kompetenz einen enormen Aufschwung. Insbesondere im betrieblichen Kontext nahm die Bedeutung von Kompetenzen zu. McClelland (1973) betont in diesem Zusammenhang, dass eine gute Arbeitsleistung nicht wesentlich durch eine hohe Intelligenz bestimmt wird, sondern als Folge von Kompetenz gesehen werden sollte. Kompetenzen sagen folglich Verhaltensweisen und Handlungen besser vorher als klassische Intelligenztests. Dabei ist es wichtig, Kompetenzen nicht isoliert zu betrachten, sondern innerhalb der Handlungssituation beziehungsweise des Kontextes, in dem eine Kompetenz auftritt (vgl. Kauffeld 2000).

Ein aktueller Kontext, der aufgrund seiner steigenden Bedeutung in der Kompetenzforschung Beachtung finden sollte, sind soziale Medien und deren Nutzung durch Mitarbeitende. In sozialen Medien ist jeder Mitarbeitende nicht nur als Privatperson, sondern zugleich auch als ein öffentlich wahrnehmbarer Vertreter des eigenen Arbeitgebers tätig und vermittelt unternehmensexternen Nutzern (oftmals ungewollt) einen Einblick ins Unternehmen, der über Sympathie, Vertrauenswürdigkeit oder Reputation des Unternehmens mitentscheidet. Mitarbeitende werden daher auch als „part time marketers", „corporate ambassadors" (vgl. Helm 2011) oder „employee brand" (vgl. Mangold und Miles 2007) betrachtet.

Eine Reihe von Beispielen zeigt jedoch, dass es offenbar Defizite in der angemessenen Nutzung von sozialen Medien gibt. Beiträge in sozialen Medien (zum Beispiel sogenannte Posts oder Tweets) von Mitarbeitenden mit reputationsschädigendem Inhalt für den Arbeitgeber nehmen immer mehr zu. So gaben 16 % der Nutzer von sozialen Medien in einer Studie an, bereits negativ über den eigenen Arbeitgeber berichtet zu haben (vgl. HRM Guide 2010). Jedoch müssen Äußerungen nicht notwendigerweise einen direkten

Unternehmensbezug aufweisen, um die Unternehmensreputation negativ zu beeinflussen. Beispielsweise versuchte ein Mitarbeiter von Mercedes-Benz nach den Terroranschlägen auf die Redaktionsräume der Satirezeitschrift Charlie Hebdo im Januar 2015, auf seiner Facebookseite die Attacken zu rechtfertigen, und löste damit allgemeine Empörung aus (vgl. Deutsche Welle 2015).

> **Beispiel: Bob Parsons**
>
> Die weitreichenden Folgen von reputationsschädigenden Beiträgen in sozialen Medien zeigt der Fall von Bob Parsons. Parsons ist ein Vietnam-Veteran und gefeierter Unternehmensgründer der GoDaddy-Gruppe (Domainregistrar und Webhoster). Im Jahr 2011 veröffentlichte er auf Twitter ein Video, in dem er einen Elefanten in Zimbabwe erschießt. Bob Parson trug dabei eine Baseball-Cap mit der Aufschrift GoDaddy. Darauf folgte ein öffentlicher Sturm der Entrüstung, verbunden mit einem erheblichen Reputationsverlust für sein Unternehmen und der Kündigung einer Vielzahl seiner Kunden (vgl. Freshminds 2011). Die Tierrechtsorganisation PETA zum Beispiel schloss ihren GoDaddy-Account und animierte andere dazu, dem Aufruf zu folgen. Der Fall zählt zu den 15 größten Social-Media-Desastern 2011 und führte dazu, dass Bob Parsons als Chief Executive Officer (CEO) zurücktreten musste (vgl. Buck 2011).

Die Versuche von Unternehmen, solchen Fällen entgegenzuwirken, erscheinen häufig hilflos, da Unternehmen ihren Mitarbeitenden nicht vorschreiben dürfen, wie sie sich in der Privatsphäre verhalten sollten. Es wird deshalb zunehmend wichtiger für Unternehmen, die eigenen Mitarbeitenden für den Umgang mit sozialen Medien in Bezug auf die Unternehmensreputation zu sensibilisieren. Trotz der Relevanz dieser mitarbeiterseitigen Kompetenz fehlen in der bisherigen Forschung sowohl Ansätze zur Messbarmachung als auch Untersuchungen zu Determinanten und Konsequenzen dieser spezifischen Kompetenz.

Ziel des vorliegenden Beitrags ist es daher, die Messung mitarbeiterseitiger Reputationskompetenz zu skizzieren und qualitative Ergebnisse vorzustellen, welche einen ersten Schritt hin zur Entwicklung eines Messinstruments für diese Kompetenz darstellen. Zu diesem Zweck werden die theoretischen Grundlagen im nachfolgenden Abschn. 3.2 erläutert. Dabei wird auf die allgemeine Bedeutung mitarbeiterseitiger Reputationskompetenzen und die Relevanz der Unternehmensreputation eingegangen, um anschließend die speziellen Herausforderungen sozialer Medien – insbesondere im Hinblick auf die Andersartigkeit des Mediums – zu skizzieren. Das Kapitel schließt mit der Begriffsdefinition der Reputationskompetenz von Mitarbeitenden im Umgang mit sozialen Medien. In Abschn. 3.3 wird die qualitative Untersuchung zur Reputationskompetenz beschrieben. Erste Ergebnisse, das heißt einzelne Dimensionen der Reputationskompetenz, werden vorgestellt. Abschn. 3.4 zeigt nächste Schritte in Richtung Skalenentwicklung auf, gibt Impulse für weitergehende Forschung und formuliert Handlungsempfehlungen.

3.2 Konzeptionelle Grundlagen zur Reputationskompetenz in sozialen Medien

3.2.1 Kompetenzen

Laut McClelland (1973) stellen Kompetenzen einen besseren Mess- beziehungsweise Testgegenstand zur Vorhersage zukünftiger Lebens- und Berufserfolge dar als Intelligenz. Dieser Perspektivenwechsel wird als Schlüsselpunkt in der Entwicklung der beruflichen Kompetenzbewegung angesehen (vgl. Wang und Wang 2007). Spencer und Spencer (1993, S. 9) definieren Kompetenz als ein grundlegendes Merkmal eines Individuums, das ursächlich für eine berufliche Leistung ist, welche entsprechend bestimmten Kriterien als effektiv beziehungsweise überragend bezeichnet werden kann. Verknüpft mit ihrer Kompetenzdefinition identifizierten die Autoren fünf Elemente von Kompetenz, die häufig als Eisberg-Modell (siehe Abb. 3.1) dargestellt werden: Wissen, Fähigkeiten, Selbstkonzept, Eigenschaften und Motive.

Wissen und Fähigkeiten sind die sogenannten oberflächlichen, sichtbaren Aspekte von Kompetenz, die relativ leicht zu erlernen sind, während Selbstkonzept, Eigenschaften und Motive verdeckte Charakteristika darstellen. Das Selbstkonzept umfasst die Einstellungen, Werte und das Selbstbild einer Person. Dagegen beziehen sich Eigenschaften auf die physischen und mentalen Aspekte eines Menschen, sich in einer bestimmten Weise und in sich ähnelnden Situationen konsistent zu verhalten. Unter Motiven wiederum sind wiederkehrende Gedanken und Wünsche zu verstehen, die Verhalten in bestimmten Situationen auslösen (vgl. Spencer und Spencer 1993; Wang und Wang 2007).

Abb. 3.1 Eisberg-Modell der Kompetenzdefinition. (Quelle: Nach Spencer und Spencer 1993)

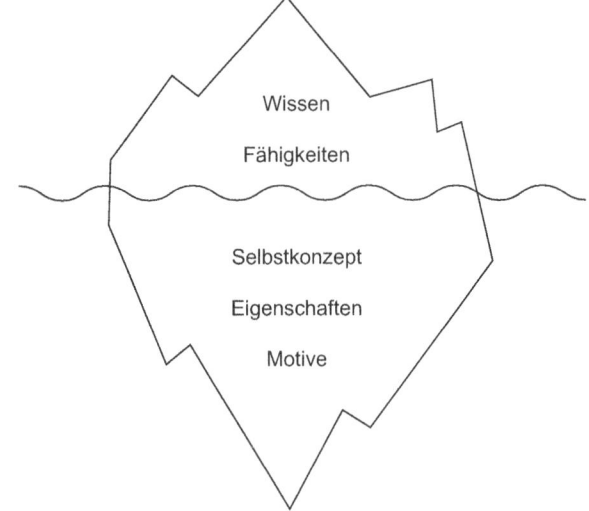

Auf der Grundlage dieser wesentlichen Unterscheidungen ist bis heute eine Vielzahl an Kompetenzdefinitionen entstanden, die sich je nach Schwerpunktsetzung in einzelnen Details unterscheiden. Meist werden Kompetenzen dabei als Wissen, Fähigkeiten oder Fertigkeiten beschrieben und damit als Disposition verstanden (vgl. Boyatzis 1982, 2008; Klett 2010; Rodriguez et al. 2002). Kompetenzen stellen in diesem Sinne Leistungsvoraussetzungen dar, die basierend auf kognitiven Elementen (Kenntnisse, Fertigkeiten, Fähigkeiten) Handlungsvoraussetzungen zur Bewältigung komplexer, meist beruflicher Aufgaben sind (vgl. Schaper 2008).

Aufgrund der großen Bedeutung individueller Mitarbeiterkompetenzen sind diese heute zentrales Element der Personalarbeit, was sowohl die Kompetenzerfassung bei der Einstellung neuer Mitarbeitender als auch die Kompetenzentwicklung bei bestehenden Mitarbeitenden betrifft (vgl. Armstrong 2003; Garavan und McGuire 2001). Nicht nur Stellenausschreibungen enthalten Beschreibungen erforderlicher Kompetenzen, auch Unternehmen legen Wert auf die Förderung ihrer Mitarbeitenden durch Schulungen und Trainings, um strategische Wettbewerbsvorteile zu schaffen (vgl. Bühner 2004; Ramlall 2006). So findet sich beispielsweise auch immer häufiger in der Marketingliteratur und der betrieblichen Praxis die Anforderung an Mitarbeitende, im Namen des Unternehmens als Botschafter unterstützend aufzutreten (vgl. Fisher-Buttinger und Vallaster 2008), um die Unternehmensreputation positiv zu beeinflussen (vgl. Gotsi und Wilson 2001a).

3.2.2 Unternehmensreputation

Unternehmensreputation ist seit über 40 Jahren ein wichtiger Bestandteil der wissenschaftlichen Forschung (vgl. Gotsi und Wilson 2001b). Eine gute Reputation signalisiert Qualität, beeinflusst das Kundenverhalten (vgl. Fombrun 1996; Walsh 2004) und wirkt sich auf die langfristigen Leistungen und die Profitabilität eines Unternehmens aus (vgl. Brown und Dacin 1997; Fombrun und Shanley 1990; Rindova et al. 2005). Ebenso wirkt sich eine gute Reputation sowohl auf die Kunden als auch auf die Loyalität der Mitarbeitenden aus (vgl. Gotsi und Wilson 2001a). Auch in der Praxis finden sich zahlreiche Beispiele für die ökonomische Bedeutung einer intakten oder beschädigten Unternehmensreputation. Zu nennen ist etwa die Brent-Spar-Affäre aus dem Jahr 1995, die dem Ölkonzern Shell massiven Schaden zufügte (vgl. Hüttl 2005) oder auch der Untergang des Tankers Exxon Valdez 1989, der einen fünfprozentigen Verlust des Unternehmenswertes von Exxon zur Folge hatte (vgl. Greenpeace 2005).

Unternehmensreputation beinhaltet die Einschätzung und Wahrnehmung eines Unternehmens von Interessengruppen, die außerhalb des jeweiligen Unternehmens stehen (vgl. Brown und Dacin 1997). Dabei kann die Bewertung der jeweiligen Anspruchsgruppe von unterschiedlichen Faktoren abhängen, wie zum Beispiel Qualität der erbrachten Leistung (vgl. Shapiro 1983), Vertrauen (vgl. Dowling 2000; Fombrun und Van Riel 1997), Zufriedenheit (vgl. Walsh et al. 2006; Walsh et al. 2009), Übernahme gesellschaftlicher Verantwortung (vgl. Fombrun und Shanley 1990; Freeman 1984) oder der ökonomischen Unternehmensleistung (vgl. Fombrun und Shanley 1990; Roberts und Dowling 2002). Die vermutlich wichtigste Anspruchsgruppe sind die Kunden, denn diese determinieren den ökonomischen Erfolg und somit die Zukunftsfähigkeit des Unternehmens. Da viele Konsumenten soziale Medien nutzen, dürfte diese kundenbezogene Unternehmensreputation (vgl. Walsh und Beatty 2007) beeinflusst werden, wenn Mitarbeitende sich in Bezug auf ihren Arbeitgeber positiv oder negativ äußern.

▶ **Kundenbezogene Unternehmensreputation** beschreibt die gesamte Bewertung eines Unternehmens durch einen Kunden basierend auf dessen Reaktionen gegenüber den Produkten und Dienstleistungen des Unternehmens, dem Kommunikationsstil, den Interaktionen mit dem Unternehmen sowie seinen Repräsentanten (wie Mitarbeitenden, Management, anderen Kunden) und Unternehmensaktivitäten (vgl. Walsh und Beatty 2007, S. 129).

Eine Untersuchung unter zehn DAX-Unternehmen ergab, dass durch die Reputation 22 % der Unternehmensumsätze erklärt werden können. Daraus kann geschlossen werden, dass die Reputation einen hohen Anteil an der Unternehmenswertschöpfung hat und somit einen bedeutenden Teil des Unternehmenswertes darstellt. Alan Greenspan, ehemaliger Vorsitzender der US-Notenbank, fasst die Bedeutung von Unternehmensreputation prägnant zusammen: „In der heutigen Zeit, in der Ideen zunehmend die physikalische Erstellung von wirtschaftlichen Werten ersetzt, wird der Wettbewerb um Reputation eine treibende Kraft [...]" (Greenspan 1999). Entsprechend der steigenden Praxisbedeutung ist auch der wissenschaftliche Bedarf nach Reputationsforschung gestiegen. Barnett et al. (2006) zeigen, dass sich im Vergleich zum Jahr 2000 die durchschnittliche Anzahl von Artikeln zum Thema Unternehmensreputation im Zeitraum von 2001 bis 2003 verdoppelt und im Vergleich zum Zeitraum 1990 bis 2000 fast verfünffacht hat. Einen wichtigen Forschungsaspekt stellen dabei die Berücksichtigung und Veränderungen des Kontexts dar, in dem die Unternehmensreputation betrachtet wird (vgl. Horster 2012).

3.2.3 Herausforderungen sozialer Medien

Ein Kontext, der für die Reputation von Unternehmen immer relevanter wird, sind soziale Medien. Das liegt vor allem daran, dass sie sich im Alltag der konsumrelevanten Zielgruppen durchgesetzt haben (vgl. Ceyp und Scupin 2013). Allein in Deutschland nutzen 31 Mio. Menschen Facebook, 21 Mio. davon täglich (vgl. Roth 2017). Abb. 3.2 zeigt die weltweite Entwicklung der Nutzung sozialer Medien.

Die große Verbreitung sozialer Medien hat dazu geführt, dass die bisher vorherrschende Informationshoheit der Unternehmen gebrochen ist (vgl. Ceyp und Scupin 2013). Durch das Aufkommen des Web 2.0, des sogenannten „Mitmach-Webs", hat sich

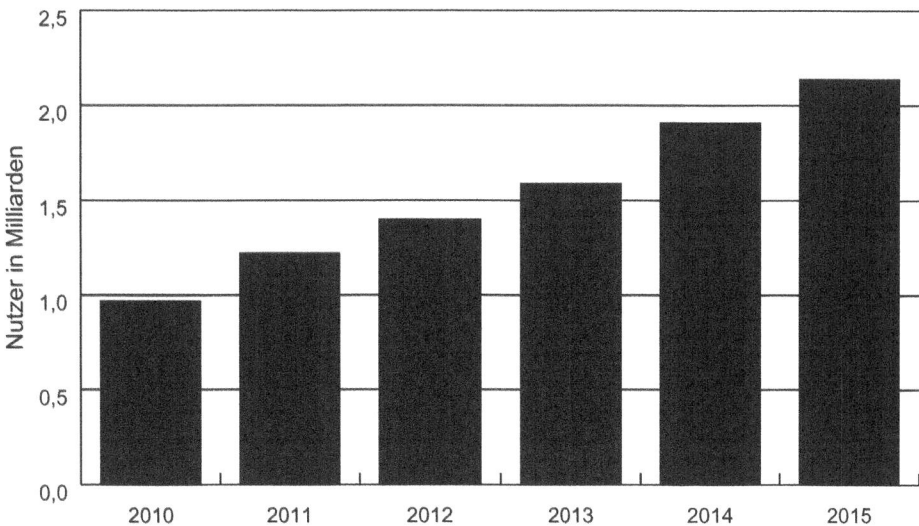

Abb. 3.2 Anzahl der Nutzer sozialer Netzwerke weltweit. (Quelle: In Anlehnung an Statista 2015)

die Beeinflussung der Unternehmenswahrnehmung durch Kunden und Mitarbeitende zunehmend verstärkt (vgl. Walsh und Klinner-Möller 2010). In sozialen Medien können Informationen in „Many-to-many"-Netzwerken innerhalb kürzester Zeit und mit sehr geringem Streuverlust an eine Vielzahl von Personen global verbreitet werden. Allein das soziale Netzwerk Facebook zählte im Juli 2018 weltweit 2,34 Mrd. Nutzer, wovon 1,47 Mrd. täglich das soziale Netzwerk nutzen (vgl. Facebook 2018). Twitter verzeichnete 2016 monatlich mehr als 320 Mio. Nutzer mit einer Milliarde Besuchen pro Monat (vgl. Twitter 2016).

Beispiel: Restaurantkette Taco Bell

Ebenso wie die Reaktion eines verärgerten oder unzufriedenen Kunden ein Unternehmen in eine Krise stürzen kann, kann auch ein unüberlegtes und strategieloses Vorgehen einzelner Mitarbeitender in sozialen Medien das Unternehmen dauerhaft gefährden (vgl. Ceyp und Scupin 2013). In solchen Fällen ist es wichtig, korrekt zu reagieren, wie der Fall der Restaurantkette Taco Bell im Juni 2013 zeigt. Ein Mitarbeiter ließ sich dabei filmen, wie er einen Stapel Tacos ableckte. Ein Foto des Vorfalls kam in Umlauf und verbreitete sich rasend. Zahlreiche Kunden empörten sich öffentlich auf der Facebook-Seite von Taco Bell, sodass weitere Kunden von dem Vorfall erfuhren (vgl. Steinke 2014). Durch Diskussionen in Blogs und auf Plattformen wie Reddit erreichte das Foto immer mehr Menschen (Jansen 2013). Innerhalb von 18 h hatte die Pressestelle den Fall recherchiert und veröffentlichte eine Stellungnahme zu dem Vorfall. Darin wird erklärt, dass die abgeleckten Tacos zu

Trainingszwecken eingesetzt wurden und weggeworfen werden sollten. Weiterhin stellen sie klar, dass das Verhalten des Mitarbeiters inakzeptabel sei. Auf jeden Kommentar zu dem Thema (auf der Facebook-Seite) antworteten die Mitarbeitenden respektvoll mit individueller Anrede (vgl. Steinke 2014). Trotz der reputationsschädigenden Wirkung gilt dieser Fall als Beispiel für gutes Krisenmanagement seitens eines Unternehmens.

Das Beispiel von Taco Bell zeigt eindrücklich, wie schnell und wirksam sich das Fehlverhalten von Mitarbeitenden in sozialen Medien verbreiten und damit die Reputation des Unternehmens schädigen kann. Um den möglichen negativen Folgen von mitarbeiterseitigem Fehlverhalten entgegenzuwirken, reagieren Unternehmen mit verschärften Social-Media-Guidelines oder drohen sogar mit Kündigungen. So ist eine PR-Managerin in New York wegen folgenden öffentlichen Tweets mit rassistischem Inhalt innerhalb von Stunden gekündigt worden: „Fliege nach Afrika. Hoffentlich bekomme ich kein Aids. Mache nur Spaß. Bin weiß." (Tagesspiegel 2013). Auch die Anwendung von technischen Tools, welche Mitarbeitenden helfen sollen, soziale Medien nicht unüberlegt, sondern mit Bedacht zu nutzen, finden eine immer weitere Verbreitung in Unternehmen. Die Browser-Erweiterung „TweetFired: a reminder" wurde beispielsweise entwickelt, um Mitarbeitende vor unbedachten Tweets zu warnen. Mit dem Begrüßungstext: „Denken Sie daran: Sie sind nur einen Tweet davon entfernt, gefeuert zu werden." sollen Mitarbeitende an die möglichen Folgen ihrer Äußerungen erinnert werden (vgl. Prophet 2015).

Aber nicht nur für Mitarbeitende, sondern auch für Bewerber können das Verhalten und der Auftritt in sozialen Medien weitreichende Folgen haben. Laut einer Umfrage aus dem Jahr 2015 mit mehr als 2000 Personalverantwortlichen nutzen 52 % der Arbeitgeber soziale Netzwerke, um Bewerber zu überprüfen (Grasz 2015). Insgesamt fanden 48 % der Personalverantwortlichen Gründe dafür, Kandidaten aufgrund ihrer personenbezogenen Informationen aus sozialen Medien abzulehnen. Die fünf häufigsten Gründe für eine Ablehnung sind in Abb. 3.3 dargestellt.

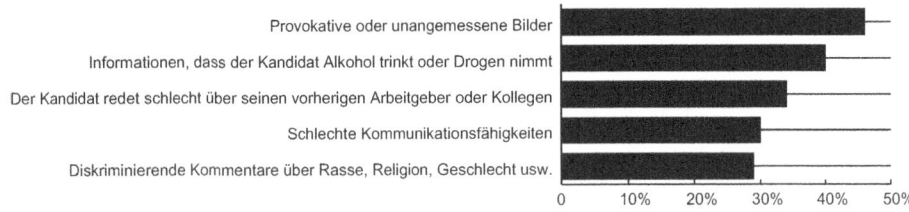

Abb. 3.3 Die fünf häufigsten Gründe für eine Ablehnung von Bewerbern aufgrund von Informationen aus den sozialen Medien. (Quelle: Grasz 2015)

Auf der anderen Seite fanden 32 % der befragten Personalverantwortlichen auch Gründe dafür, einen Bewerber einzustellen. Unter anderem aufgrund eines professionellen Gesamtbildes und/oder einer guten Übereinstimmung mit der Unternehmenskultur (Grasz 2015). So zeigt sich, dass in sozialen Medien Reputationen sowohl aufgebaut als auch zerstört werden können (vgl. Ollier-Malaterre und Rothbard 2015).

3.2.4 Besonderheiten der Interaktion in sozialen Medien

Die Interaktion und Sichtbarkeit von Informationen in der virtuellen Welt beziehungsweise in sozialen Medien unterscheidet sich in vielerlei Hinsicht von der Offline-Welt. Soziale Medien stellen eine vermittelnde Technologie dar, durch die Menschen gewollt und ungewollt öffentliche Aufmerksamkeit erlangen können (vgl. Boyd 2007; Walsh und Klinner-Möller 2010). Es ergeben sich vier Eigenschaften für diesen neuen öffentlichen Raum: Persistenz, Suchbarkeit, Replizierbarkeit sowie unsichtbares Publikum.

1. *Persistenz* bedeutet, dass die Informationen in sozialen Medien über die Zeit bestehen bleiben und einfach auffindbar sind (vgl. Ollier-Malaterre und Rothbard 2015). Die Persistenz ermöglicht die asynchrone Kommunikation über Zeit und Raum hinweg und so neuen Kontakten auch Zugriff auf alles bis dato Veröffentlichte (vgl. Boyd 2007).
2. *Suchbarkeit* wird durch die Persistenz der Informationen in sozialen Medien ermöglicht. So können personenbezogene Informationen in aggregierter Form dargestellt und einfach zugänglich gemacht werden. Alle einzelnen Informationen kombiniert ergeben ein Gesamtbild, welches für den Nutzer so nicht direkt erkennbar ist und welches er sich eventuell anders vorstellt (vgl. Ollier-Malaterre und Rothbard 2015).
3. *Replizierbarkeit* ist gegeben, da soziale Medien öffentlich beziehungsweise semi-öffentlich sind und es daher einfach ist, Informationen oder Konversationen mit einer Person zu teilen oder zu kopieren und somit einer breiten Masse zugänglich zu machen. Über diese Formen der Veröffentlichung hat der Nutzer nur bedingt Kontrolle, sodass beispielsweise seine professionelle Glaubwürdigkeit leicht untergraben werden kann (vgl. Ollier-Malaterre und Rothbard 2015).
4. Das *unsichtbare Publikum* beschreibt die Anzahl unsichtbarer Zuschauer/Nutzer. Im Normalfall haben Menschen lediglich zwischen fünf und zehn Personen im Kopf, wenn sie einen Beitrag veröffentlichen. In sozialen Medien jedoch gibt es eine große Anzahl unsichtbarer Zuhörer, die oft vergessen werden (vgl. Boyd 2007). Während die Informationen bei persönlichen Gesprächen direkt auf den Kontakt zugeschnitten werden, sind Informationen, die in sozialen Medien veröffentlicht werden, häufig nicht auf das gesamte Publikum zugeschnitten. Während üblicherweise die physische Umgebung (vgl. Boyd 2007) sowie der Gesichtsausdruck, die Körpersprache und Tonlage Hinweise darauf geben, welches Verhalten angemessen ist, fehlen diese Anhaltspunkte im Internet (vgl. Ollier-Malaterre und Rothbard 2015).

Soziale Medien instrumentalisieren das Bedürfnis der Nutzer, „ihre Meinung zu verbreiten, sich als Person zu positionieren und zu profilieren" (Markschläger und Werle 2012, S. 91). Dabei versuchen sie, ihren Mitgliedern das Gefühl zu geben, unter ihresgleichen zu sein (vgl. Markschläger und Werle 2012) und damit das unsichtbare Publikum auszublenden. Dadurch kann ein falsches Gefühl von Intimität erzeugt werden, was dazu führt, dass Nutzer mehr offenlegen, als sie sollten (vgl. Ollier-Malaterre und Rothbard 2015). Die Besonderheiten von Interaktionen in sozialen Medien und die daraus resultierenden Informationen erfordern neue Handlungskompetenzen, die im Mangelfall leicht zu ungewollten Reputationsschäden für den Nutzer und auch für das Unternehmen führen können.

3.2.5 Definition Reputationskompetenz

Die vorangegangenen Abschnitte haben verdeutlicht, dass Mitarbeiteräußerungen in sozialen Medien zu einem kritischen Faktor für Unternehmen und ihre Reputation geworden sind. Aber auch die Anforderungen an die Mitarbeitenden sind in diesem Zusammenhang gestiegen. Sie sollen Markenbotschafter sein, die das eigene Unternehmen in sozialen Medien repräsentieren (vgl. Fisher-Buttinger und Vallaster 2008). Die Steuerungsmechanismen von Unternehmen in Form von Social-Media-Guidelines und anderen Vorschriften haben jedoch ihre Grenzen. Die private Nutzung von sozialen Medien durch Arbeitnehmer kann sich auf den Arbeitgeber auswirken – Unternehmen hingegen dürfen ihren Mitarbeitenden aber keine Vorschriften machen, die sich auf deren Privatleben beziehen. Insofern stellt die mitarbeiterseitige Nutzung von sozialen Medien eine Herausforderung für Unternehmen dar.

Unternehmensreputation ist ein sensibles Konstrukt, das sowohl durch gezielte als auch durch unvorsichtige und nicht bewusst schädigende Äußerungen von Mitarbeitenden beeinflusst werden kann; diese können entweder beruflich oder privat getätigt worden sein. Entsprechend scheint ein verändertes Bewusstsein und Verhalten von den Mitarbeitenden selbst notwendig. Helm (2011, S. 658) fordert beispielsweise, dass Mitarbeitende gewisse Einstellungen und Verhaltensweisen annehmen müssen, um Botschafter ihres Unternehmens zu werden, die die Reputation schützen und den Firmenwert zugunsten des Unternehmens ausweiten. Dieser Ruf nach qualifizierten Mitarbeitenden im Umgang mit sozialen Medien geht über die einfache Formulierung von Social-Media-Guidelines durch Unternehmen hinaus. Vielmehr sollten Unternehmen die eigenen Mitarbeitenden für den Umgang mit sozialen Medien sensibilisieren, damit diese die Unternehmensreputation durch ihre Handlungen schützen und stärken.

Diese auf Seite der Mitarbeitenden vorliegende Qualifikation soll im Folgenden als Reputationskompetenz bezeichnet werden. Der Begriff Reputationskompetenz verknüpft damit das auf individueller Ebene der Mitarbeitenden vorhandene Wissen und die Fähigkeiten für reputationsorientiertes Handeln in sozialen Medien. Die zuvor zusammengetragenen Aspekte führen damit zu folgender Definition von Reputationskompetenz:

▶ **Reputationskompetenz** ist definiert als das Wissen, die Fähigkeiten und Fertigkeiten von Mitarbeitenden, soziale Medien beruflich und privat zu nutzen, ohne die Reputation des Arbeitgebers zu schädigen (vgl. Schaarschmidt et al. 2015; Walsh et al. 2016).

Reputationskompetenz bezeichnet somit reputationsorientiertes und damit erfolgreiches Handeln von Mitarbeitenden in sozialen Medien. Das heißt, nur Mitarbeitende mit ausreichend vorhandener Reputationskompetenz sind in der Lage, soziale Medien reputationsfördernd zu nutzen. Da es sich um eine Kompetenz handelt, bei der eine Vielzahl von personalen Erfolgsfaktoren in einem komplexen Konstrukt zusammengefasst werden, weisen einzelne Mitarbeitende Unterschiede hinsichtlich ihrer Reputationskompetenz auf.

Mitarbeitende mit einer hohen Reputationskompetenz verfügen über ein ausgeprägtes Wissen hinsichtlich der Auswirkungen persönlicher und beruflicher Äußerungen in sozialen Medien auf die Reputation ihres Arbeitgebers und können dieses Wissen mittels vorhandener Fähigkeiten und Fertigkeiten erfolgreich in Handlungen umsetzen. Im Gegensatz dazu besitzen Mitarbeitende mit einer niedrigen Reputationskompetenz nur wenig bis gar kein Wissen über solche Auswirkungen und können eventuell vorhandenes Wissen aufgrund mangelnder Fähigkeiten und Fertigkeiten auch nur bedingt in entsprechende reputationsorientierte Handlungen umsetzen.

Da es sich bei Reputationskompetenz um ein Bündel von Fähigkeiten handelt, bietet sich für Unternehmen zudem die Möglichkeit, den Qualifizierungsstand ihrer Mitarbeitenden zu erfassen und durch geeignete Maßnahmen wie Trainings und Schulungen gezielt zu verbessern.

3.3   Qualitative Untersuchung zur Reputationskompetenz

Dieses Kapitel stellt den Kern dieses Beitrags dar und präsentiert erste qualitative Ergebnisse, die helfen sollen, das Konstrukt der mitarbeiterseitigen Reputationskompetenz messbar zu machen. Ziel dieses ersten Schrittes der Entwicklung eines Messinstruments ist es, einzelne Dimensionen von Reputationskompetenz von Mitarbeitenden in sozialen Medien zu identifizieren und zu definieren. Daraus ergibt sich die Notwendigkeit, die Charakteristiken zu identifizieren, die ein reputationskompetentes Verhalten ausmachen (vgl. zum Beispiel Bartram 2005; Schippmann et al. 2000). Im Folgenden werden deshalb die Datensammlung, also der Ablauf der qualitativen Interviews, sowie das Vorgehen der qualitativen Inhaltsanalyse beschrieben.

3.3.1   Datensammlung

Ziel der qualitativen Studie war es, ein Verständnis für das Phänomen der Reputationskompetenz in sozialen Medien zu entwickeln. Zu diesem Zweck wurden individuelle

Tiefeninterviews über zwei Wochen mit 30 Vollzeitbeschäftigten durchgeführt, die sich selbst als aktive Nutzer der sozialen Medien beschreiben.

Der Interviewleitfaden wurde auf Basis bestehender Literatur rund um die Themen soziale Medien und Reputation erstellt. Für die Interviews wurde ein phänomenologischer Ansatz gewählt, bei welchem die Probanden positive und negative Verhaltensweisen in sozialen Medien beschreiben sollten (Walsh und Klinner-Möller 2010). Dabei wurden sie gebeten, über ihre Erfahrungen in sozialen Medien ausführlich zu berichten. Somit konnte ein erstes Verständnis über die Nutzung und Bedeutung von sozialen Medien gewonnen werden.

Die Probanden wurden anhand von zwei Screener-Fragen ausgewählt. Demnach war eine Person qualifiziert, wenn sie in sozialen Medien (zum Beispiel Facebook, Twitter, Instagram) angemeldet war und diese aktiv (das heißt täglich) nutzte. Der Interviewleitfaden begann mit allgemeinen Fragen zur Nutzung von sozialen Medien. Von Interesse war, welche sozialen Medien genutzt werden und wozu. Dabei sollten die Probanden ihr Posting-Verhalten beschreiben, über welche Ereignisse sie öffentliche Posts, Kommentare beziehungsweise Beiträge verfassen und warum sie dies tun. Weiterhin wurden die Probanden gefragt, was sie über die Nutzung von sozialen Medien wissen beziehungsweise was man ihrer Meinung nach wissen sollte, wenn man diese benutzt. Es folgten weitere Fragen über das Kommunikationsverhalten sowie über die Vorstellung von falschem Verhalten in sozialen Medien. Vertiefend wurde dann auf das Äußerungsverhalten in sozialen Medien in Verbindung mit dem Arbeitgeber eingegangen. Dabei ging es um mögliche Auswirkungen, die durch ihr Verhalten in sozialen Medien entstehen könnten. Außerdem wurden die Probanden gebeten, sich Situationen vorzustellen, in denen sie bereit wären, sich negativ in sozialen Medien über ihren Arbeitgeber zu äußern.

Der Aufbau des Fragebogens erfolgte trichterförmig, sodass auf allgemeine Fragen spezifischere folgten, wobei das Interview semi-strukturiert verlief und die Probanden somit ihre eigene Sicht auf das Thema einbringen konnten (vgl. Flick 2006). Die Interviews wurden aufgezeichnet und transkribiert. Wie Tab. 3.1 zeigt, waren von den 30 Interviewpartnern 46,67 % männlichen und 53,33 % weiblichen Geschlechts. Die Altersspanne reichte von 19 bis 42 Jahren. Das am häufigsten genutzte soziale Medium war

Tab. 3.1 Demografika der Probanden

Merkmal	Ausprägung	Häufigkeit (in %, N = 30)
Geschlecht	Männlich	46,67
	Weiblich	53,33
Alter	13–19	6,67
	20–29	53,33
	30–39	36,67
	40–49	3,33

Facebook, welches alle Probanden nutzten, gefolgt von Xing, Instagram und Experten-foren. Die Dauer der Interviews betrug im Durchschnitt 30 min.

3.3.2 Ergebnisse der Interviews

Die Interviews wurden in Anlehnung an Mayring (2000) inhaltsanalytisch ausgewertet. Bei der qualitativen Inhaltsanalyse wird das zu untersuchende Material (zum Beispiel Gesprächsprotokolle, Dokumente, Videobänder) nach inhaltsanalytischen Regeln und damit methodisch kontrolliert ausgewertet. Krippendorff (1969, S. 103) definiert die Inhaltsanalyse als „die Anwendung von replizierbaren und validen Methoden, um spezi-fische Schlussfolgerungen aus Texten oder anderen Quellen zu ziehen".

Die Analyse der qualitativen Interviews zeigt, dass es sich bei Reputationskompetenz in sozialen Medien um ein mehrdimensionales Kompetenzkonstrukt handelt. Insgesamt wurden fünf verschiedene Dimensionen identifiziert, die im Nachfolgenden vorgestellt werden. Wie Abb. 3.4 zeigt, umfassen die fünf Facetten der Reputationskompetenz von

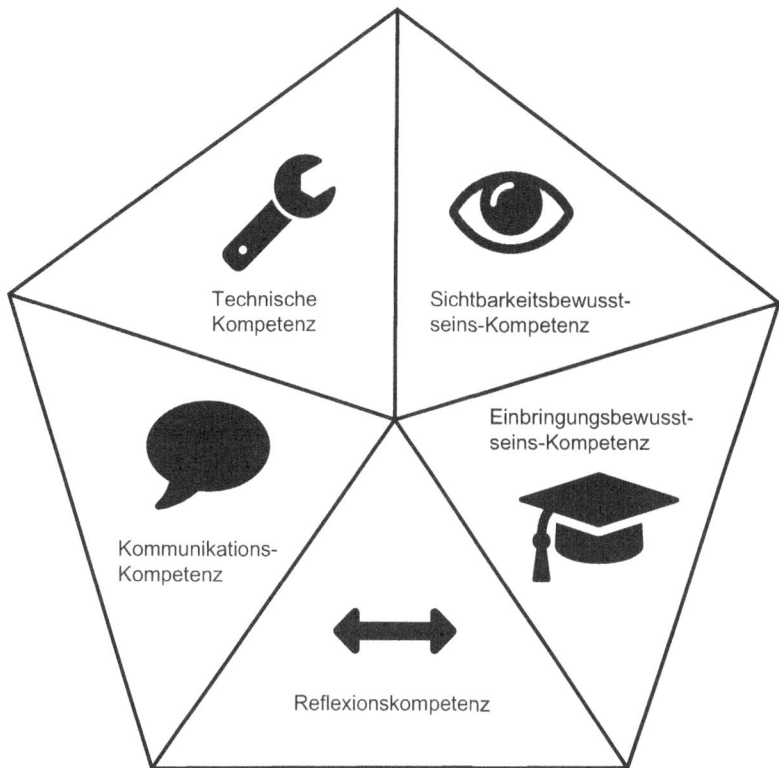

Abb. 3.4 Fünf Dimensionen der Reputationskompetenz in sozialen Medien

Mitarbeitenden in sozialen Medien die Technische Kompetenz (Funktionswissen), die Sichtbarkeitskompetenz (Strukturwissen), die Einbringungskompetenz (Fachwissen), die Reflexionskompetenz und die Kommunikationskompetenz. Tab. 3.2 gibt eine Übersicht über die Kompetenzen sowie eine Definition und ein Beispiel für jede Dimension.

Die *technische Kompetenz (Funktionswissen)* beschreibt das Wissen und die Fähigkeiten von Mitarbeitenden hinsichtlich der technischen Einstellungsmöglichkeiten im Rahmen von sozialen Medien (zum Beispiel die Änderung von Profileinstellungen, Einstellungen hinsichtlich der Profilsichtbarkeit oder Verlinkungsoptionen). In den Interviews wurden beispielsweise Situationen genannt, in denen Probanden ihre Profileinstellungen änderten, ohne zu merken, dass man sie so als Mitarbeitende ihres Unternehmens identifizieren konnte. So beschreibt beispielsweise Markus (19 Jahre, Auszubildender): „Also es ist ziemlich kompliziert, ja, teilweise Einstellungen zu ändern und erstmal drin zu sein mit offener Einstellung. Das kann sich natürlich negativ auf das Unternehmen auswirken." Damit zeichnet sich die Dimension „technische Kompetenz"

Tab. 3.2 Dimensionen der mitarbeiterseitigen Reputationskompetenz in sozialen Medien

Dimension	Definition	Beispiel
Technische Kompetenz (Funktionswissen)	Fähigkeit, soziale Medien und alle Einstellungen und technischen Merkmale der jeweiligen Plattform kompetent zu nutzen.	*„Ich bin mir nicht ganz sicher, wie man die Privacy-Settings bei Facebook einstellt." –Jana, 27 Jahre*
Sichtbarkeitskompetenz (Strukturwissen)	Fähigkeit zu verstehen, dass Kommunikation in sozialen Medien für andere sichtbar ist, einschließlich Fremder.	*„Wenn ich etwas poste, denke ich nicht wirklich darüber nach, wer es sehen oder lesen wird." –Sophia, 23 Jahre*
Einbringungskompetenz (Fachwissen)	Fähigkeit, nur mit hinreichendem Wissen an Diskussionen in sozialen Medien teilzunehmen.	*„Wenn man was sagt, das unbegründet oder einfach falsch ist, sieht das schlecht für die Person aus, die es sagt." –Richard, 28 Jahre*
Reflexionskompetenz	Bewusstsein, dass eigene Beiträge in sozialen Medien ungewollte Effekte haben können.	*„Manche Leute posten etwas, das sie dann eventuell verfolgt. Zum Beispiel in Bewerbungsgesprächen, wenn Bewerber zu ihren Postings befragt werden, dann sind sie immer überrascht." –Karsten, 40 Jahre*
Kommunikationskompetenz	Die Fähigkeit, formalsprachlich, das heißt grammatikalisch korrekt in sozialen Medien zu kommunizieren.	*„Ich habe nur eine vage Idee von den Kommunikationsregeln in sozialen Medien." –Jana, 27 Jahre*

durch eine gewisse Nähe zu bestehenden Konstrukten in der Literatur aus, wie zum Beispiel IT-Kompetenz, IT-Wissen oder Medienkunde (vgl. Baacke 1999; Cho und Menor 2012; Schorb 2009; Tippins und Sohi 2003).

Die *Sichtbarkeitskompetenz (Strukturwissen)* beinhaltet das Wissen um die Reichweite von Kanälen und Inhalten sowie die weitreichende Vernetzung von Akteuren in sozialen Medien. Insbesondere mangelndes Wissen über die Vernetzung von verschiedenen Kanälen, das heißt verschiedenen sozialen Medien untereinander, kann dabei nach Ansicht einiger Interviewpartner die Reputation von Unternehmen wesentlich beeinflussen. So erklärt beispielsweise Benjamin (30 Jahre, kaufmännischer Mitarbeiter Import/Export): „Das Problem ist, dass viele nicht verstehen, dass man durch ‚Liken' anderen zeigt, welchen Content man angeschaut hat". Ähnlich wie bei der technischen Kompetenz geht es also um Wissen über die (technischen) Funktionsweisen der Systeme von sozialen Medien beziehungsweise Netzwerken, wobei hier die Wirkung der Vernetzung im Vordergrund steht.

Die *Einbringungskompetenz (Fachwissen)* bezieht sich auf den Wahrheitsgehalt der von Nutzern in sozialen Medien veröffentlichten Informationen und Nachrichten. So erklärt beispielsweise Anke (37 Jahre, Partnerin einer Unternehmensberatung) auf die Frage nach reputationsschädigenden Äußerungen von Mitarbeitenden in sozialen Medien: „Und Fachwissen glaube ich auch. Also schreibst du da nur Bullshit rein oder hast du wirklich Ahnung davon. Also über Dinge schreiben, die aus irgendeiner Lebenserfahrung kommen". Darüber hinaus sehen einige Interviewpartner die Mitarbeitenden selbst in der Pflicht, ihre geposteten Nachrichten auf ihren Wahrheitsgehalt zu prüfen. So betont Claudia (26 Jahre, Sekretärin), dass „man immer ein bisschen vorsichtig sein [sollte]. Es ist halt schnell immer weit verbreitet, auch über soziale Medien und man weiß oftmals erst mal gar nicht, wie und was überhaupt der Wahrheit entspricht. Das muss man schon erst prüfen".

Einige Interviewpartner betonen zudem die Wichtigkeit, das eigene Handeln in sozialen Medien zu reflektieren, was als *Reflexionskompetenz* beschrieben wird. Als Ziel dieses Reflexionsaktes wird häufig die Vermeidung möglicher nachteiliger Situationen für die eigene Person oder auch den Arbeitgeber genannt. Julia (29 Jahre, Versicherungskauffrau) beispielsweise betont: „Man muss nachdenken. Wenn man am Freitag krank macht und Fotos von der Party auf Facebook postet, könnte das auffallen." Aber auch die Struktur sozialer Medien ist Teil des Reflexionsprozesses und wird von einigen Probanden hinterfragt. Julia (29 Jahre, Versicherungskauffrau) erklärt: „Also erstmal überlegen und dann ja nochmal dreimal überlegen, will ich das wirklich, dass das ganz viele wissen. Weil es wissen ja dann nicht nur deine Freunde, sondern die Freunde deiner Freunde, wenn die das dann zum Beispiel liken." Reflexionsfähigkeit beschreibt also die Fähigkeit von Mitarbeitenden, das eigene Handeln in sozialen Medien zu analysieren und kritisch zu beurteilen sowie die Folgen des eigenen Handelns abzuschätzen. Dies gilt gleichbedeutend für das Verfassen eigener Beiträge in sozialen Medien wie auch für das Lesen von und Interagieren mit fremden Inhalten.

Kommunikationskompetenz beinhaltet zum einen die Fähigkeit, formal-sprachlich, das heißt grammatikalisch korrekt in sozialen Medien zu kommunizieren. Dies entspricht der Auffassung von Jonas et al. (2002), die betonen, dass eine kompetente Nutzung von sozialen Medien die Fähigkeit und das Wissen umfasst, wie eine textbasierte Nachricht eindeutig und formal ansprechend zu formulieren ist. Entsprechende Aussagen aus den Interviews belegen die Bedeutung von formal korrekten Äußerungen in sozialen Medien. David (30 Jahre, Redakteur) betont, dass „es natürlich auch negative Folgen haben [kann], wenn man nicht so nachdenkt und nur Mist da reinschreibt, ein Rechtschreibfehler nach dem anderen".

Zum anderen sind mit *Kommunikationskompetenz* aber auch das Wissen und die Fähigkeit von Mitarbeitenden gemeint, höflich und respektvoll in sozialen Medien zu kommunizieren. Neben formal korrekten Äußerungen spielt somit das Wie der Kommunikation in sozialen Medien eine große Rolle. Dies liegt im Wesentlichen in den Besonderheiten der Kommunikation in sozialen Medien begründet: Im Gegensatz zu einer persönlichen und direkten Kommunikationssituation ist die Kommunikation in sozialen Medien meist indirekt, schriftlich, asynchron an mehrere Empfänger gerichtet und findet in der Regel nicht face-to-face statt (vgl. Jonas et al. 2002). Auch in den geführten Interviews wurde dieser Aspekt immer wieder aufgegriffen und betont, dass die Kulturvielfalt in sozialen Medien eine höfliche und respektvolle Kommunikation notwendig macht. Matthias (36 Jahre, Wissenschaftler) erklärt beispielsweise: „Ähm ja und das man eben anderen auf den Schlips tritt, dass man halt kulturspezifisches in Blogs und Foren oder so nicht falsch macht. Das wirkt sich sonst natürlich auch auf meinen Arbeitgeber aus."

3.4 Ausblick

„Kompetenzen können als Fähigkeiten des Menschen interpretiert werden, effektiv mit seiner Umwelt zu interagieren" (Kauffeld 2000, S. 35). Aufgrund der Neuartigkeit und der steigenden Verbreitung von sozialen Medien erfordert der Umgang eine kritische Auseinandersetzung und neue Fähigkeiten. Soziale Medien bergen Herausforderungen, die sich von klassischen Kommunikationsformen unterscheiden. Es ist deshalb naheliegend, dass es Unterschiede zwischen verschiedenen Menschen dahin gehend gibt, wie sie mit diesen Herausforderungen umgehen. So weisen manche Nutzer Defizite in diesem Bereich auf, wie die zahlreichen Beispiele im vorliegenden Beitrag veranschaulichen. Diese Defizite gefährden nicht nur die Reputation des Einzelnen, sondern sie können auch der Reputation von Unternehmen schaden. Eine Sensibilisierung der Mitarbeitenden in Form von Schulungen wäre eine Möglichkeit, diesem Problem entgegenzuwirken. Doch bevor eine entsprechende Strategie entwickelt werden kann, sollten Arbeitgeber die vorhandenen Fähigkeiten ihrer Mitarbeitenden messen, um ein differenziertes Bild der gegenwärtigen Situation zu bekommen und gezielt Maßnahmen ergreifen zu können.

Die vorliegende Studie leistet einen ersten Beitrag zur Messung von mitarbeiterseitiger Reputationskompetenz in sozialen Medien. Die Analyse von qualitativen Interviews hat ergeben, dass man die Reputationskompetenz von Mitarbeitenden in sozialen Medien in fünf Dimensionen untergliedern kann. Sie stellt damit eine qualitative Vorarbeit für die Entwicklung eines Messinstrumentes dar.

Im zweiten Schritt sollte eine reliable und valide Skala entwickelt werden, welche die fünf identifizierten Dimensionen mithilfe von sogenannten Items abfragt. Diese Items können aus den qualitativen Interviews entwickelt und in quantitativen Untersuchungen validiert werden. Auf Basis dieser Skala können weitere wissenschaftliche Untersuchungen klären, ob beispielsweise bestimmte Berufsgruppen oder Persönlichkeitseigenschaften mit besonderen Defiziten oder Dispositionen der Reputationskompetenz einhergehen. Für die Praxis können auf dieser Basis Schulungskonzepte abgeleitet werden, die genauer die Bedarfe abdecken und demografiesensible Aspekte berücksichtigen.

Reputationskompetenzen, die überwiegend auf Vermeidung von schädigendem Verhalten abzielen, können als notwendige Grundlage im Sinne von „Hygienefaktoren" verstanden werden. In einem dritten Schritt sollte jedoch ein weitergehendes Verständnis der Reputationskompetenz entwickelt werden, welches den Mitarbeitenden dazu befähigt, proaktiv die Reputation des Unternehmens zu stärken und zu verbessern. Es gilt daher zu untersuchen, ob und inwiefern diese fünf Dimensionen ausreichen, um auch reputationsförderliches Verhalten zu antizipieren.

Weiterführende Literatur
1. Biesalski (2012). *Corporate Reputation Score: Wie viel Umsatz schafft Reputation?* BIESALSKI & COMPANY GmbH. http://www.biesalski-company.com/CRS_serviceplan_corporate_reputation_BIESALSKI_COMPANY.pdf. Zugegriffen: 11. Juli 2017.
2. Miles, S. J., & Mangold, W. G. (2014). Employee voice: Untapped resource or social media time bomb? *Business Horizons, 57,* 401–411.

Literatur

Armstrong, M. (2003). *A handbook of human resource management practice.* London: Kogan Page.

Baacke, D. (1999). Medienkompetenz als zentrales Operationsfeld von Projekten. In D. Baacke, S. Kornblum, J. Lauffer, L. Mikos, & G. A. Thiele (Hrsg.), *Handbuch Medien: Medienkompetenz. Modelle und Projekte* (S. 31–35). Bonn: Bundeszentrale für politische Bildung.

Barnett, M. L., Jermier, J. M., & Lafferty, B. A. (2006). Corporate reputation: The definitional landscape. *Corporate Reputation Review, 9*(1), 26–38.

Bartram, D. (2005). The great eight competencies: A criterion-centric approach to validation. *Journal of Applied Psychology, 90,* 1185–1203.

Boyatzis, R. E. (1982). *The competent manager: A guide for effective management.* New York: Wiley.

Boyatzis, R. E. (2008). Competencies in the 21st century. *Journal of Management Development, 27*(1), 5–12.

Boyd, D. (2007). Social network sites: Public, private, or what? *Knowledge Tree, 13,* 1–7.

Brown, T. J., & Dacin, P. A. (1997). The company and the product: Corporate associations and consumer product responses. *Journal of Marketing, 61*(1), 68–84.

Buck, S. (2011). Top 15 most shocking social media disasters of 2011. http://mashable.com/2011/12/31/social-media-disasters-2011/#CMZMMAY0Zmqr. Zugegriffen: 11. Juli 2018.

Bühner, R. (2004). *Mitarbeiterkompetenzen als Qualitätsfaktor: Strategieorientierte Personalentwicklung mit dem House of Competence.* München: Hanser.

Ceyp, M., & Scupin, J.-P. (2013). *Erfolgreiches Social Media Marketing.* Wiesbaden: Springer Gabler.

Cho, Y. K., & Menor, L. J. (2012). A complementary resource bundle as an antecedent of E-Channel success in small retail service providers. *Journal of Service Research, 15*(1), 111–125.

Deutsche Welle. (2015). Mercedes-Benz Employee Under Fire Over Charlie 940 Hebdo Comments. http://www.dw.com/en/mercedes-benz-employee-under-fire-over-charlie-hebdo-comments/a-18212248. Zugegriffen: 11. Juli 2017.

Dowling, G. (2000). *Creating corporate reputations: Identity, image and performance.* Oxford: OUP.

Facebook. (2018). AllFacebook.de. https://allfacebook.de/toll/state-of-facebook. Zugegriffen: 29. Aug. 2018.

Fisher-Buttinger, C., & Vallaster, C. (2008). Brand ambassadors – Strategic diplomats or tactical promoters? In P. J. Kitchen (Hrsg.), *Marketing metaphors and metamorphosis* (S. 132–145). London: Palgrave Macmillan.

Flick, U. (2006). *An introduction to qualitative research.* London: Sage.

Fombrun, C. J. (1996). *Reputation: Realizing value from the corporate image.* Boston: Harvard Business School Press Books.

Fombrun, C. J., & Shanley, S. (1990). What's in a name: Reputation-building and corporate strategy. *Academy of Management Journal, 33,* 233–258.

Fombrun, C., & Van Riel, C. (1997). The reputational landscape. *Corporate Reputation Review, 1*(1/2), 5–13.

Freeman, R. E. (1984). *Strategic management: A stakeholder approach.* Boston: Cambridge University Press.

Freshminds. (2011). 5 examples where social media jeopardised online reputation. http://www.freshminds.net/2011/06/5-examples-where-social-media-jeopardised-online-reputation. Zugegriffen: 11. Juli 2018.

Garavan, T., & McGuire, D. (2001). Competencies and workplace learning: Some reflections on the rhetoric and the reality. *Journal of Workplace Learning, 13*(4), 144–164.

Gotsi, M., & Wilson, A. M. (2001a). Corporate reputation management: "Living the brand". *Management Decision, 39*(2), 99–104.

Gotsi, M., & Wilson, A. M. (2001b). Corporate reputation: Seeking a definition. *Corporate Communications: An International Journal, 6*(1), 24–30.

Grasz, J. (2015). CareerBuilder. http://www.careerbuilder.ca/share/aboutus/pressreleasesdetail.aspx?sd=6%2F26%2F2014&id=pr829&ed=12%2F31%2F2014. Zugegriffen: 11. Juli 2018.

Greenpeace. (2005). Brent Spar und die Folgen. http://www.greenpeace.de/sites/www.greenpeace.de/files/Brent_Spar_und_die_Folgen_1.pdf. Zugegriffen: 11. Juli 2018.

Greenspan, A. (1999). Transcending All Else is Being Principled. http://news.harvard.edu/gazette/1999/06.17/greenspan.html. Zugegriffen: 11. Juli 2018.

Helm, S. (2011). Employees' awareness of their impact on corporate reputation. *Journal of Business Research, 64,* 657–663.

Horster, E. (2012). *Reputation und Reiseentscheidung im Internet.* Dissertation. Wiesbaden: Springer Gabler.

HRM Guide. (2010). Managing workplace negativity. http://www.hrmguide.net/usa/commitment/negativity.htm. Zugegriffen: 11. Juli 2017.

Hüttl, M. (2005). *Der gute Ruf als Erfolgsgröße: Profitieren Sie von Ihrem Ansehen!* Berlin: Schmidt.

Jansen, J. (2013). *Wenn das Unternehmen eklig wird.* http://www.handelsblatt.com/unternehmen/dienstleister/krisenkommunikation-bei-taco-bell-wenn-das-unternehmen-eklig-wird/8296790.html. Zugegriffen: 11. Juli 2017.

Jonas, K. J., Boos, M., & Sassenberg, K. (2002). Unsubscribe, pleeezz!!!: Management and training of media competence in computer-mediated communication. *Cyberpsychology & Behavior, 5*(4), 315–329.

Kauffeld, S. (2000). Das Kasseler-Kompetenz-Raster (KKR) zur Messung der beruflichen Handlungskompetenz. In E. Frieling (Hrsg.), *Flexibilität und Kompetenz: Schaffen flexible Unternehmen kompetente und flexible Mitarbeiter* (S. 33–48). Münster: Waxmann.

Klett, F. (2010). The design of a sustainable competency-based human resources management: A holistic approach. *Knowledge Management & E-learning. An International Journal, 2*(3), 278–292.

Krippendorff, K. (1969). *Content analysis. An introduction to its methodology.* Beverly Hills: Sage.

Mangold, W. G., & Miles, S. J. (2007). The employee brand: Is yours an all-star? *Business Horizons, 50*(4), 423–433.

Markschläger, S., & Werle, E. (2012). Wie Social Branding in der Praxis erfolgreich eingesetzt werden kann und Verbraucher das Marketing von Unternehmen machen. In M. Schulten, A. Mertens, & A. Horx (Hrsg.), *Social Branding* (S. 83–96). Wiesbaden: Springer Gabler.

Mayring, P. (2000). *Qualitative Inhaltsanalyse. Forum Qualitative Sozialforschung, 1*(2), 1–10.

McClelland, D. C. (1973). Testing for competence rather than for "intelligence". *American Psychologist, 28*(1), 1–14.

Ollier-Malaterre, A., & Rothbard, N. P. (2015). Social media or social minefield? Surviving in the new cyberspace era. *Organizational Dynamics, 44,* 26–34.

Prophet, I. (2015). Die Abmahnung ist nur einen Tweet entfernt. http://www.spiegel.de/karriere/berufsleben/twitter-die-abmahnung-ist-nur-einen-tweet-entfernt-a-1021918.html. Zugegriffen: 11. Juli 2018.

Ramlall, S. J. (2006). Identifying and understanding HR competencies and their relationship to organizational practices. *Applied H.R.M. Research, 11*(1), 27–38.

Rindova, V. I., Williamson, A., & Petkova, S. J. (2005). Being good or being known: An empirical examination of the dimensions, antecedents, and consequences of organizational reputation. *Academy of Management Journal, 48,* 1033–1049.

Roberts, P. W., & Dowling, G. R. (2002). Corporate reputation and sustained superior financial performance. *Strategic Management Journal, 23*(12), 1077–1093.

Rodriguez, D., Patel, R., Bright, A., Gregory, D., & Gowing, M. K. (2002). Developing competency models to promote integrated human resource practices. *Human Resource Management, 41*(3), 309–324.

Roth, P. (2017). Offizielle Facebook Nutzerzahlen für Deutschland (Stand: September 2016). http://allfacebook.de/zahlen_fakten/erstmals-ganz-offizielle-facebook-nutzerzahlen-fuer-deutschland. Zugegriffen: 29. Aug. 2018.

Schaarschmidt, M., von Kortzfleisch, H., & Walsh, G. (2015). *Vorhabensbeschreibung zum Verbundprojekt: Erfassung, Aufbau und Stärkung der Reputationskompetenz von Mitarbeitenden im arbeitsprozessintegrierten Umgang mit sozialen Medien (Web 2.0)*. Koblenz: Universität Koblenz-Landau (Unveröffentlichtes Manuskript).

Schaper, N. (2008). (Arbeits-)psychologische Kompetenzforschung. In M. Fischer & G. Spöttl (Hrsg.), *Forschungsperspektiven in Facharbeit und Berufsbildung: Strategien und Methoden der Berufsbildungsforschung* (S. 91–115). Frankfurt a. M.: Peter Lang.

Schippmann, J. S., Ash, R. A., Battista, M., Carr, L., Eyde, L. D., & Hesketh, B. (2000). The practice of competency modeling. *Personnel Psychology, 53,* 703–740.

Schorb, B. (2009). Gebildet und kompetent. Medienbildung statt Medienkompetenz? *merz. Medien + Erziehung, Zeitschrift für Medienpädagogik, 53*(5), 50–56.

Shapiro, C. (1983). Premiums for high quality products as returns to reputations. *The Quarterly Journal of Economics, 98*(4), 659–679.

Spencer, L. M., Jr., & Spencer, S. M. (1993). *Competence at work: Models for superior performance*. New York: Wiley.

Statista. (2015). Anzahl der Nutzer sozialer Netzwerke weltweit in den Jahren 2010 bis 2015 sowie eine Prognose bis 2020 (in Milliarden). http://de.statista.com/statistik/daten/studie/219903/umfrage/prognose-zur-anzahl-der-weltweiten-nutzer-sozialer-netzwerke/. Zugegriffen: 11. Juli 2018.

Steinke, L. (2014). *Bedienungsanleitung für den Shitstorm: Wie gute Kommunikation die Wut der Masse bricht*. Wiesbaden: Springer Gabler.

Tagesspiegel. (2013). Wie eine PR-Managerin mit einem Tweet ihre Karriere ruinierte. http://www.tagesspiegel.de/weltspiegel/rassismus-auf-twitter-wie-eine-pr-managerin-mit-einem-tweet-ihre-karriere-ruinierte/9255718.html. Zugegriffen: 11. Juli 2018.

Tippins, M. J., & Sohi, R. S. (2003). IT competency and firm performance: Is organizational learning a missing link? *Strategic Management Journal, 24,* 745–761.

Twitter. (2016). Our mission: To give everyone the power to create and share ideas and information instantly, without barriers. https://about.twitter.com/de/company. Zugegriffen: 29. Sept. 2017.

Walsh, G. (2004). *Das Management von Unternehmensreputation: Grundlagen, Messung und Gestaltungsperspektiven am Beispiel von Unternehmen des liberalisierten Gasmarkts*. Aachen: Shaker.

Walsh, G., & Beatty, S. E. (2007). Customer-based corporate reputation of a service firm: Scale development and validation. *Journal of the Academy of Marketing Science, 35*(1), 127–143.

Walsh, G., & Klinner-Möller, N. (2010). Die kundenseitige Wahrnehmung von Diskriminierung bei der Dienstleistungserbringung: Konstruktion und Validierung eines Messinstruments. *Marketing ZFP, 32,* 218–234.

Walsh, G., Dinnie, K., & Wiedmann, K.-P. (2006). How do corporate reputation and customer satisfaction impact customer defection? A study of private energy customers in Germany. *Journal of Services Marketing, 20*(6), 412–420.

Walsh, G., Mitchell, V.-W., Jackson, P. R., & Beatty, S. E. (2009). Examining the antecedents and consequences of corporate reputation: A customer perspective. *British Journal of Management, 20,* 187–203.

Walsh, G., Schaarschmidt, M., & von Kortzfleisch, H. (2016). Employees' company reputation-related social media competence: Scale development and validation. *Journal of Interactive Marketing, 36,* 46–59.

Wang, L., & Wang, H. (2007). *Developing competency model for middle managers in medium-sized manufacturing sector*. International conference on management science and engineering, Jiaozuo, Henan (S. 774–778).

Katharina Voll studierte Betriebswirtschaftslehre an der Friedrich-Schiller-Universität Jena mit dem Studienschwerpunkt „Strategy, Management and Marketing". Nach dem Studienabschluss absolvierte sie ein internationales Trainee-Programm bei einem großen deutschen Einzelhändler und ist seitdem im internationalen Einkauf für verschiedene Unternehmen tätig.

Dr. Eva Hammes ist wissenschaftliche Mitarbeiterin am Lehrstuhl für Allgemeine Betriebswirtschaftslehre und Marketing an der Friedrich-Schiller-Universität Jena. Ihre Forschungsschwerpunkte beinhalten Dienstleistungsmarketing und sozial-psychologische Konstrukte im Kontext der Medienrezeption.

Daniel Brylla ist wissenschaftlicher Mitarbeiter am Lehrstuhl für Allgemeine Betriebswirtschaftslehre und Marketing an der Friedrich-Schiller-Universität Jena. Sowohl in wissenschaftlicher als auch in selbstständiger Tätigkeit befasst er sich mit Visuellem Marketing im Kontext elektronischer Medien.

Prof. Dr. Gianfranco Walsh ist Professor für Allgemeine Betriebswirtschaftslehre und Marketing an der Friedrich-Schiller-Universität Jena. Seine Forschungsschwerpunkte liegen in den Bereichen Dienstleistungsmarketing, Dienstleistungsmanagement, elektronischer Handel sowie Reputationsmanagement.

Reputationskompetenz von Mitarbeitenden in sozialen Medien: Erkenntnisse aus einer Onlineumfrage

4

Janka Kensik

Inhaltsverzeichnis

J. Kensik (✉)
Berge & Meer Touristik GmbH, Rengsdorf, Deutschland
E-Mail: j.kensik@kensik.com

© Springer Fachmedien Wiesbaden GmbH, ein Teil von Springer Nature 2019
M. Schaarschmidt et al. (Hrsg.), *Online-Reputationskompetenz von Mitarbeitern*,
https://doi.org/10.1007/978-3-658-25487-2_4

▶ **Zusammenfassung** Der vorliegende Beitrag thematisiert die Bedeutung
sowie die Potenziale sozialer Medien und sozialer Netzwerke für Unternehmen. In diesem Kontext werden insbesondere die Gefahren, welche durch
die mitarbeiterseitige Nutzung sozialer Netzwerke für die Reputation eines
Arbeitgebers entstehen, betrachtet. Diesbezüglich wird ein Einblick in das
Thema Reputationskompetenz, welche für die Fähigkeit der Mitarbeitenden
steht, sich im Einklang mit den arbeitgeberseitigen Reputationszielen verhalten zu können, gegeben. Entsprechend stehen die Themen Unternehmensreputation und Reputationskompetenz im Fokus dieses Beitrages.
Die Ergebnisse einer branchenübergreifend durchgeführten Onlineumfrage
zur Nutzung sozialer Medien und zur Reputationskompetenz von Mitarbeitenden liefern einen weiteren Einblick zum Thema.

4.1 Bedeutung und Potenziale sozialer Medien als Kommunikationskanal für Unternehmen

4.1.1 Problemstellung

Soziale Medien spielen eine immer größere Rolle. Facebook[1] beispielsweise ist mit
2,1 Mrd. aktiven Nutzern[2] das weltweit größte soziale Netzwerk, gefolgt von dem
videobasierten Netzwerk YouTube (vgl. Statista 2018, S. 7; allfacebook.de 2018). Hinsichtlich der privaten Internetnutzung wurde in einer repräsentativen Erhebung festgestellt, dass in Deutschland 87 % der privaten Haushalte das Internet nutzen (vgl.
Statistisches Bundesamt 2017b, S. 17). Ihre Teilnahme an sozialen Netzwerken im
Internet bestätigten 55 % der Befragten (vgl. Statistisches Bundesamt 2017b, S. 19).
Soziale Medien und soziale Netzwerke werden heutzutage jedoch nicht nur für private,
sondern auch für unternehmerische Zwecke genutzt. Im ersten Quartal des Jahres 2017
nutzten 46 % aller Unternehmen in Deutschland mit Internetzugang und mit mindestens
10 Mitarbeitenden soziale Medien (vgl. Statistisches Bundesamt 2017a, S. 8). Laut der
im Jahr 2017 erhobenen Daten des Statistischen Bundesamtes sind 41 % der befragten
Unternehmen mit mindestens 250 Mitarbeitenden in sozialen Netzwerken[3] wie

---

[1]Das soziale Netzwerk Facebook wird täglich weltweit von 1,4 Mrd. Menschen genutzt (allface-
book.de 2018). In Deutschland zählt das Netzwerk ca. 30 Mio. Nutzer (Statista 2018, S. 11).

[2]Nutzer werden als aktive Nutzer gewertet, wenn sie mindestens monatlich Facebook nutzen (allfa-
cebook.de 2018).

[3]Definition von sozialen Netzwerken: „Soziale Netzwerke sind über das Internet verbundene Netzgemeinschaften (Online-Communities), die in erster Linie der Pflege und dem Ausbau sozialer
Kontakte dienen. Übliche Funktionselemente sind ein eigenes Benutzerprofilbild, persönliche
Kontaktlisten und Nutzergruppen. Häufig werden soziale Netzwerke auch nach der Art der Nutzung
unterschieden: für hauptsächlich private Kontakte (z. B. Facebook und Google+) oder vorrangig für
geschäftliche Kontakte (z. B. LinkedIn und Xing)." (Statistisches Bundesamt 2017a, S. 6).

beispielsweise Facebook, Xing oder LinkedIn vertreten (vgl. Statistisches Bundesamt 2017a, S. 8).

Viele Menschen informieren sich täglich online über Produkte und Leistungen von Unternehmen, bewerten und kommentieren diese und hinterlassen somit digitale Spuren. Soziale Netzwerke bieten diesbezüglich unter anderem eine Plattform, um persönliche Meinungen zu äußern. Das Recht der freien Meinungsäußerung, verankert in Artikel 5 des Grundgesetzes der Bundesrepublik Deutschland, erlaubt es grundsätzlich – innerhalb des geltenden Rechts – „seine Meinung in Wort, Schrift und Bild frei zu äußern und zu verbreiten und sich aus allgemein zugänglichen Quellen ungehindert zu unterrichten. […] Eine Zensur findet nicht statt." (Deutscher Bundestag 1949, Artikel 5, Absatz 1, GG). In diesem Sinne können die Stakeholder eines Unternehmens (zum Beispiel KundInnen oder Mitarbeitende) ein Unternehmen sowie seine Leistungen grundsätzlich – für alle mit dem entsprechenden Zugang sichtbar – kommentieren. Entsprechend ergreifen viele Nutzer sozialer Netzwerke wie beispielsweise von Facebook, Twitter oder Instagram diese Möglichkeit und veröffentlichen im Internet für alle sichtbar eigene Textbeiträge, Bilder und Videos sowie Meinungen. Neutrale Beiträge, Lob oder auch Kritik werden somit weltweit zugänglich gemacht und möglicherweise dauerhaft dokumentiert. Die Reaktionsmöglichkeiten seitens der Unternehmen auf derartige Äußerungen im Internet sind beschränkt. Es ist in diesem Zusammenhang zu berücksichtigen, dass nicht nur resultierend aus den Aktivitäten eines Unternehmens selbst, sondern auch durch online getätigte Äußerungen und Handlungen von externen Akteuren die Reputation eines Unternehmens beeinflusst werden kann. Die Reputation eines Unternehmens kann daher durch soziale Medien eventuell gestärkt oder auch geschwächt werden, wobei Reputation als „das auf Erfahrungen gestützte Ansehen, das ein Individuum oder eine Organisation bei anderen Akteuren hat" (Suchanek o. J.), definiert werden kann. Anderseits muss auch die Rolle von gänzlich Außenstehenden des Unternehmens bedacht werden und dass sich diese Personen unter anderem auch aufgrund von Veröffentlichungen in sozialen Netzwerken ein Bild über ein Unternehmen sowie dessen Produkte und/oder Dienstleistungen machen.

Im Fokus des Forschungsvorhabens *Webutatio*, welches das Thema Reputationskompetenz untersucht, stehen Mitarbeitende und deren private sowie berufliche Aktivitäten in sozialen Netzwerken. Beabsichtigte oder auch unbeabsichtigte negative Kommunikation in sozialen Medien könnte im schlimmsten Fall ernst zu nehmende Konsequenzen für die Reputation und möglicherweise auch für den Erfolg eines Unternehmens nach sich ziehen. Doch nicht nur die Folgen für das Unternehmen können gravierend sein, sondern auch die Folgen für die Mitarbeitenden. In der Vergangenheit gab es bereits Fälle, in denen ein Arbeitsverhältnis aufgrund von Äußerungen in sozialen Netzwerken gekündigt wurde (vgl. Diercks 2016). Im Umkehrschluss können Unternehmen jedoch durch positive Meinungsäußerungen und reputationsförderndes Verhalten seitens der Mitarbeitenden in sozialen Netzwerken in der Außenwirkung auch an Attraktivität und Vertrauen hinzugewinnen, zum Beispiel im Rahmen der Mitarbeiterwerbung (vgl. Groll 2011). Die vielfältigen Kommunikations- und Aktionsoptionen im privaten und im beruflichen Umfeld der Nutzer mit teilweise enormer Reichweite aufgrund der individuellen Anzahl der Kontakte, können für die Entwicklung der Unternehmensreputation Fluch und Segen zugleich sein und somit für Unternehmen eine Chance und gleichzeitig ein Risiko darstellen. Wie bereits angemerkt, ist das Verhalten der Angestellten in sozialen Medien vom Arbeitgeber jedoch in der Regel weder vermeidbar noch steuerbar, da auch die Privatsphäre der Mitarbeitenden gewahrt werden muss. Um auf Basis qualitativer und quantitativer Forschungsergebnisse neue Erkenntnisse und geeignete Maßnahmen für die Praxis abzuleiten, haben sich universitäre Forschende und Unternehmen in dem Verbundprojekt dieser Problematik angenommen. Der Fokus liegt hierbei auf der Erfassung, dem Aufbau und der Stärkung der mitarbeiterseitigen Reputationskompetenz im Umgang mit sozialen Medien. Reputationskompetenz wird in diesem Kontext als die Fähigkeit der Mitarbeitenden verstanden, sich konform mit den Reputationszielen ihres Arbeitgebers in sozialen Medien zu verhalten und entsprechend die Reputation des Arbeitgebers nicht zu schädigen (vgl. Walsh et al. 2016).

Da das Interesse, die Wissensstände sowie die Fähigkeiten im Umgang mit sozialen Medien aller Mitarbeitenden eines Unternehmens in der Regel nicht einheitlich sind, ist eine differenzierte Betrachtung der Zusammenhänge und Einflussfaktoren notwendig. Das Forschungsprojekt untersucht daher unter anderem, ob persönliche Eigenschaften wie zum Beispiel das Alter, das Geschlecht und/oder der Ausbildungsgrad eines/einer Mitarbeitenden einen Einfluss auf die Ausprägung der mitarbeiterseitigen Reputationskompetenz haben. Den Forschungsrahmen bilden die Forschungserkenntnisse aus 1) halbstrukturierten Interviews mit Mitarbeitenden verschiedener Abteilungen und insbesondere mit Mitarbeitenden aus Personalabteilungen sowie Jobsuchenden, 2) die Erkenntnisse aus Kompetenz-Workshops mit Mitarbeitenden der Praxispartner im Projekt sowie 3) die Ergebnisse einer branchenübergreifenden Onlineumfrage. Gegenstand dieses Beitrags ist die zuletzt genannte fragebogenbasierte Onlineumfrage.

4.1.2 Social-Media-Plattformen und ihre Besonderheiten

Die individuelle Reichweite der Mitteilungen über die jeweiligen genutzten Social-Media-Kanäle hängt einerseits von der Größe der spezifischen Netzwerkgemeinschaft einer Plattform ab und andererseits auch von den nutzerspezifischen Sichtbarkeitsbeschränkungen (z. B. Gruppenzugehörigkeit). Jeder Nutzer hat in der Regel sein eigenes Netzwerk bestehend aus Freunden, der Familie, KollegInnen sowie anderen Interessierten, die alle Aktivitäten verfolgen. Darüber hinaus hat jeder Nutzer die Möglichkeit, innerhalb des eigenen Netzwerkes zu steuern, wer das persönliche Profil einsehen kann und welche Aktivitäten für bestimmte Personen beziehungsweise Personengruppen sichtbar sein sollen.

Die Aktivitäten in sozialen Medien finden inzwischen zu einem großen Teil über mobile Endgeräte statt. Im 1. Quartal 2017 nutzten 81 % der Personen mit Informations- und Kommunikationstechnologien in privaten Haushalten in Deutschland das Internet mobil, beispielsweise mittels eines Smartphones (vgl. Statistisches Bundesamt 2017b, S. 25). In diesem Zusammenhang sind auch Messenger-Dienste wie WhatsApp oder Facebook Messenger zu nennen, welche weltweit im Januar 2018 von jeweils 1,3 Mrd. Menschen aktiv genutzt wurden (vgl. Statista 2018). Betrachtet man den deutschsprachigen Raum, nutzten im Jahr 2017 etwa 55 % der deutschsprachigen Bevölkerung täglich den Messenger-Dienst WhatsApp, wobei die Social-Media-Plattform Facebook 21 % der Befragten nutzten, gefolgt von den Plattformen Instagram, Snapchat und Twitter mit einem prozentualen Nutzungsanteil im jeweils einstelligen Bereich (vgl. ARD/ ZDF 2017). Im Rahmen einer im Mai 2017 durchgeführten internen Umfrage bei der Berge & Meer Touristik GmbH gaben fast drei Viertel der 134 an der Umfrage teilnehmenden Mitarbeitenden an, die Social-Media-Plattform Facebook häufig bis sehr häufig aus privaten und/oder beruflichen Zwecken zu nutzen. Des Weiteren nutzten nach eigenen Angaben 20 % der Befragten die Business-Plattform XING häufig bis sehr häufig. Da circa 80 % der Mitarbeitenden das berufsbezogene soziale Netzwerk LinkedIn und den Mikroblogging-Dienst Twitter nicht nutzen, sind folglich auf diesen Plattformen nur wenige der Mitarbeitenden des Unternehmens aktiv. Die Zahlen machen deutlich, dass in den sozialen Medien inzwischen ein wesentlicher Teil der privaten und beruflichen Kommunikation stattfindet, verbunden mit allen Vor- und Nachteilen einer viralen Kommunikations- und Dokumentationstransparenz in Echtzeit.

Weltweit haben Unternehmen die Marketing-Potenziale der sozialen Medien für sich erkannt. Eine weltweite Befragung unter ca. 5700 Marketingverantwortlichen ergab, dass 61 % der Befragten das soziale Netzwerk Facebook als die für ihr Unternehmen wichtigste Social-Media-Plattform ansehen (vgl. Statista und Social Media Examiner 2017). Wie bereits erläutert, nutzten im Vergleich dazu in Deutschland im Jahr 2017 laut einer Erhebung des Statistischen Bundesamtes 46 % aller Unternehmen in Deutschland mit Internetzugang und mit mehr als 10 Beschäftigten soziale Netzwerke (vgl. Statistisches Bundesamt 2017a, S. 8). Im Jahr 2016 betrug diese Zahl 36 % (vgl. Statistisches Bundesamt 2016, S. 8). Hinsichtlich der Gründe der Nutzung von sozialen Medien im Unternehmenskontext wurden folgende Nutzungszwecke ermittelt (vgl. Statistisches Bundesamt 2017a, S. 31)[4]:

- Gestaltung des Unternehmensprofils oder Darstellung der Produkte (z. B. Werbung, Neueinführung von Produkten auf dem Markt) (81 %)
- Gewinnung von neuem Personal (60 %)
- Erhalt von KundInnenanfragen, -kritik und -meinungen sowie deren Beantwortung (54 %)
- KundInneneinbindung in die Entwicklung oder Innovation von Waren oder Dienstleistungen (23 %)

---

[4]Die Ergebnisse beziehen sich auf den Anteil in Prozent an den Unternehmen mit Nutzung von Social Media und mit mindestens zehn Beschäftigten (vgl. Statistisches Bundesamt 2017a, S. 31).

- Austausch von Meinungen, Ansichten oder Fachwissen innerhalb des Unternehmens (23 %)
- Zusammenarbeit mit Geschäftspartnern (z. B. Lieferanten) oder anderen Organisationen (z. B. öffentliche Behörden, Forschungsinstitute) (22 %)

Wie die Umfrageergebnisse zeigen, haben die sozialen Medien für Unternehmen unter anderem im Wettbewerb um qualifizierte Arbeits- und Nachwuchskräfte eine bedeutende Stellung eingenommen. Dieser Eindruck wird durch Umfrageergebnisse einer Studie des Staufenbiel Instituts und Kienbaum untermauert. Die Studie hat gezeigt, dass Unternehmen sich über folgende Social-Media-Kanäle und Apps präsentieren: Xing (88 %), Facebook (72 %), kununu (69 %), LinkedIn (60 %), YouTube (50 %), Twitter (40 %), Instagram (17 %), Google+ (16 %), Truffls (6 %) und WhatsApp (5 %) (vgl. Staufenbiel Institut und Kienbaum 2016, S. 18).[5] Im Rahmen des Recruitings werden folgende Kanäle genutzt (Staufenbiel Institut und Kienbaum 2016, S. 19):

- Online-Anzeigen (85 %)
- Eigene Karriere-Webseite (79 %)
- Karriere-Events und Messen (71 %)
- Mitarbeiter werben Mitarbeiter (60 %)
- Postings in sozialen Netzwerken (52 %)
- Eigener Talentpool (50 %)
- Active Sourcing (49 %)
- Print-Stellenanzeigen (40 %)

Die Ergebnisse zeigen, dass die sozialen Medien zu einem wichtigen Kanal für Recruiter und Personalverantwortliche im Wettbewerb um qualifizierte Nachwuchs- und Arbeitskräfte geworden sind. Social-Media-Plattformen sollten daher entsprechend bedient werden. Die Arbeitgeberbewertungsplattform kununu unterstützt beispielsweise Arbeitssuchende dabei, anhand von Unternehmensbewertungen die für die jeweiligen BewerberInnen attraktiven Arbeitgeber zu identifizieren (vgl. Könsgen et al. 2018). Bewertet werden unter anderem die Arbeitsatmosphäre, das Vorgesetztenverhalten, der Kollegenzusammenhalt, die Work-Life-Balance oder das Image (kununu 2018). Erhalten Unternehmen von ihren Mitarbeitenden schlechte Bewertungen und Weiterempfehlungsraten auf Arbeitgeberbewertungsplattformen, kann diese Transparenz die Akquise qualifizierter Mitarbeitender erschweren und möglicherweise sogar das Unternehmen schwächen. Neben den Produkt-, Leistungs- und Servicequalitäten sind die Arbeitgeberqualitäten ein weiterer wichtiger Faktor, die den Ruf eines Unternehmens formen und im sogenannten „War for Talents", dem Kampf um qualifiziertes Fachpersonal, die Position gegenüber der Konkurrenz stärken (vgl. Könsgen et al. 2018; Michaels et al. 2001).

---

[5]Es waren Mehrfachnennungen möglich.

4.1.3 Der Einfluss sozialer Medien auf die Unternehmensreputation

Reputation lässt sich unter anderem als „das von Außenstehenden wahrgenommene Ansehen eines Unternehmens" (vgl. Schwalbach 2000, S. 287) definieren.[6] Eine positive Unternehmensreputation ist ein meist über Jahre aufgebauter, wertvoller und fragiler Unternehmenswert, der durch Krisen und/oder negative Publicity innerhalb kürzester Zeit gefährdet oder gar zerstört werden kann. Eine möglichst hohe Reputation zu erreichen und/oder diese zu erhalten, kann als allgemeingültiges Unternehmensziel angesehen werden. Es ist außerdem hervorzuheben, dass eine hohe Reputation „Vertrauenswürdigkeit, Glaubwürdigkeit, Berechenbarkeit und Verlässlichkeit" voraussetzt (Schwalbach 2000). Konzerne, wie beispielsweise die TUI Group oder die BMW Group, verfolgen und kommunizieren ihre nachhaltigen Ansätze hinsichtlich Produktion, Umweltschutz und Personalentwicklung explizit (vgl. TUI Group 2018; BMW Group 2018). Diese und weitere positive Aspekte müssen von Außenstehenden als herausragend wahrgenommen werden, damit ein stabiles, vertrauensvolles Ansehen entsteht, welches gleichzeitig einen wertvollen Wettbewerbsvorteil und immateriellen Vermögenswert darstellt (vgl. Schwalbach 2000, S. 287 f.).

Soziale Medien bieten Unternehmen eine große Bandbreite an Werbe- und Marketingmaßnahmen. Unternehmens-Fan-Pages auf Plattformen mit tagesaktuellen Bildern und Beiträgen, Twitter-Nachrichten, YouTube-Videos, Gewinnspiele, Blogs, Kampagnen etc., laden die Social-Media-Nutzer ein, dem Unternehmen mit seinen Informationen und Angeboten zu folgen. Kommentar- und Bewertungsfunktionen erlauben den Nutzern eine sekundenschnelle Reaktion und den Unternehmen ein ebenso schnelles Feedback, beispielsweise zum Unternehmen selbst, zu seinen Produkten oder zu seinen Dienstleistungen. Die direkte Nähe zu KundInnen und Interessensgruppen kann sich als Vorteil herausstellen. Fallen Reaktionen jedoch negativ aus, kann auch schnell ein Sturm der Entrüstung, ein sogenannter „Shitstorm" folgen, an dem sich viele Nutzer beteiligen und welcher ebenfalls großes Aufsehen erregen und sich negativ auf die Reputation des Unternehmens auswirken kann (vgl. Brinkmann 2012).

4.1.4 Nutzen und Aufbau von Reputationskompetenz in Unternehmen

In Abschn. 4.1.1 wurde Reputationskompetenz als die Kompetenz verstanden, sich als Mitarbeitender konform mit den unternehmensseitigen Reputationszielen des eigenen Arbeitgebers verhalten zu können (vgl. Walsh et al. 2016), wobei sich Reputations-

---

[6]Wie bereits erwähnt, kann Reputation auch als „das auf Erfahrungen gestützte Ansehen, das ein Individuum oder eine Organisation bei anderen Akteuren hat" (Suchanek o. J.) definiert werden.

kompetenz aus den Kompetenzdimensionen Sichtbarkeitskompetenz, Technische Kompetenz, Einbringungskompetenz, Reflexionskompetenz und Kommunikationskompetenz zusammensetzt.

Dimensionen von Reputationskompetenz

- **Sichtbarkeitskompetenz:** Unter Sichtbarkeitskompetenz wird verstanden, dass Mitarbeitende die Fähigkeit besitzen zu erkennen, dass ihre Kommunikation in sozialen Medien für andere Personen sichtbar ist, beispielsweise für Freunde, aber – je nach Profileinstellungen – auch für Personen außerhalb des direkten Netzwerkes des Mitarbeitenden. In diesem Kontext hat der Mitarbeitende ein Bewusstsein darüber, dass beispielsweise das Nutzerprofil sowie gepostete Fotos etc. für andere Nutzer des entsprechenden sozialen Netzwerks einsehbar sind.
- **Technische Kompetenz:** Technische Kompetenz bezeichnet die Fähigkeit, dass Mitarbeitende soziale Medien und deren Einstellungsmöglichkeiten sowie technische Merkmale einer Social-Media-Plattform kompetent nutzen können. Der Mitarbeitende ist dementsprechend mit den technischen Aspekten des von ihm genutzten sozialen Netzwerks vertraut und kann selbstständig Änderungen in den Einstellungen durchführen.
- **Einbringungskompetenz:** Mit Einbringungskompetenz wird die mitarbeiterseitige Fähigkeit bezeichnet, sich nur mit ausreichendem Fachwissen über eine bestimmte Thematik an Diskussionen in sozialen Medien beziehungsweise sozialen Netzwerken zu beteiligen.
- **Reflexionskompetenz:** Unter Reflexionskompetenz versteht man das Bewusstsein eines Mitarbeitenden darüber, dass seine in sozialen Medien veröffentlichten Beiträge ungewollte Effekte hervorrufen können. Dies bedeutet, dass der Mitarbeitende darüber nachdenkt, welche Konsequenzen sein Handeln in sozialen Netzwerken zur Folge haben kann und auch überdenkt, wie sein Auftreten in den sozialen Medien von anderen Nutzern aufgefasst werden könnte.
- **Kommunikationskompetenz:** Die Kommunikationskompetenz bezeichnet die Fähigkeit, den entsprechenden sozialen Medien angepasst zu kommunizieren und sich angemessen ausdrücken zu können. Dies beinhaltet beispielsweise einen adäquaten Umgangston sowie Respekt und Höflichkeit.

Auf Basis der im Rahmen des Forschungsprojektes durchgeführten qualitativen Interviews und Workshops konnten Faktoren identifiziert werden, die einen potenziellen Einfluss auf die Reputationskompetenz von Mitarbeitenden aufweisen. Es ist davon auszugehen, dass identifizierte Reputationskompetenzdefizite mit geeigneten Schulungsmaßnahmen behoben werden können und infolgedessen das Bewusstsein für einen verantwortungsvollen Umgang mit sozialen Medien geschärft werden kann, um somit einer möglichen Gefährdung der Unternehmensreputation entgegenzuwirken. Als eine erste Maßnahme kann ein unternehmensinterner Leitfaden für die Kommunikation in sozialen Medien – eine sogenannte Social-Media-Guideline – dazu beitragen, den Mitarbeitenden wichtige Regeln beziehungsweise Hinweise zur Verfügung zu stellen, wie sich das Unternehmen die Kommunikation von Unternehmensvertretern wie beispielsweise den Mitarbeitenden gegenüber KundInnen, Dienstleistern und sonstigen Interessensgruppen wünscht. Ein solcher Leitfaden kann zum einen die Philosophie der Social-Media-Kommunikation sowie die Social-Media-Ziele des Unternehmens benennen und darüber hinaus Vorschläge für das richtige Engagement von Mitarbeitenden im Online-Medium aus Unternehmenssicht bieten. Mitarbeiter erkennen,

dass sie als mögliche „Markenbotschafter" des Unternehmens und seiner Produkte
agieren. Die Einbindung der Mitarbeitenden bei der Erarbeitung einer solchen unternehmensinternen Richtlinie hinsichtlich des gewünschten Verhaltens bei der beruflichen
Nutzung sozialer Medien kann ein Weg sein, ein breites Bewusstsein sowie Akzeptanz
für das Thema Reputationskompetenz zu schaffen. Um sicherzustellen, dass im Umgang
mit sozialen Medien auf die eigene Reputation sowie auf die Reputation des Arbeitgebers geachtet wird, stellt beispielsweise die Berge & Meer Touristik GmbH, einer der
Praxispartner im Projekt Webutatio, ihren Mitarbeitenden eine Social-Media-Guideline
zur Verfügung.

Die Schulungsmöglichkeiten für Mitarbeitende sind vielfältig. In diesem Zusammenhang liegt ein Fokus des Forschungsprojektes auf der Entwicklung eines Blended-Learning-Konzepts, welches den Mitarbeitenden eine geeignete und differenzierte Auswahl
beziehungsweise Kombination an Online- und Offline-Lerneinheiten bieten soll. Ein
dem Schulungsangebot vorangestellter Online-Selbsttest kann die Möglichkeit einer
Einschätzung der individuellen Reputationskompetenz bieten. Auf Basis des individuellen Testergebnisses können anschließend die Kompetenzdimensionen von Reputationskompetenz identifiziert und darauf aufbauend ein individuelles Schulungsprogramm
zusammengestellt werden. Unternehmen, die ihre Mitarbeitenden für die Bedeutung
ihrer individuellen Reputationskompetenz für das Unternehmen sensibilisieren, wirken
so einer möglichen Reputationsschädigung entgegen, beziehungsweise können zu einer
Sicherung der Unternehmensreputation beitragen. Es ist davon auszugehen, dass eine
ausgeprägte Reputationskompetenz von Mitarbeitenden den Ruf eines Unternehmens
stärken kann, beispielsweise indem die Marketing-, Marken-, Image- oder Personal-
strategien aktiv unterstützt werden. Eine solche Reputationsstärkung kann beispielsweise
durch das Teilen oder Bewerben von Social-Media-Beiträgen des Unternehmens oder
mit Unterstützung einer positiven Unternehmensbewertung auf Arbeitgeberbewertungsplattformen wie Kununu entstehen. Welche Methode zum Aufbau der mitarbeiterseitigen
Reputationskompetenz im Unternehmen am geeignetsten ist, hängt von den mitarbeiter-
spezifischen Vorlieben und den organisatorischen Gegebenheiten im Unternehmen ab.
Ebenso kann die Benennung eines „Reputationsbeauftragten" möglicherweise dazu beitragen, das Thema Reputationskompetenz nachhaltig im Unternehmen zu etablieren,
sofern dieses nicht ohnehin schon im Aufgabenbereich einer Unternehmensabteilung
(z. B. Marketing oder PR) liegt.

4.2 Onlineumfrage unter Mitarbeitenden

Im den folgenden Abschnitten wird die im Rahmen des Projektes durchgeführte Onlineumfrage zur Messung der mitarbeiterseitigen Reputationskompetenz präsentiert. Es
wird in diesem Kontext auf das methodische Vorgehen, die Stichprobe sowie auf ausgewählte Umfrageergebnisse eingegangen. Da dieser Beitrag einen Überblick über ein
Teilgebiet der Arbeiten im Projektverbund bieten soll, werden nur ausgewählte Ergebnisse präsentiert.

4.2.1   Methodisches Vorgehen

Zur Messung der mitarbeiterseitigen Reputationskompetenz wurde von Vertretern der Projektpartner Berge & Meer Touristik GmbH und Universität Koblenz-Landau ein Online-Fragebogen erstellt. Dieser Fragebogen zielte auf die Erhebung von Daten zur individuellen Reputationskompetenz von Mitarbeitenden sowie auf die Erhebung von Daten zur individuellen Social-Media-Aktivität in Verbindung mit demografischen Daten ab. Entsprechend baute der Online-Fragebogen auf den Ergebnissen der vorangegangenen interviewbasierten, qualitativen Studie auf und bezog explizit die im Rahmen des Projektes entwickelte Messskala für Reputationskompetenz (RKSM-Skala) ein (vgl. Walsh et al. 2016). Nach Erstellung des Online-Fragebogens wurde dieser aus wissenschaftlicher Sicht durch Mitarbeitende der universitären Projektpartner sowie aus der Anwenderperspektive durch Mitarbeitende der Praxispartner einem Pre-Test unterzogen. Im Anschluss wurden die Anmerkungen – soweit mit dem Umfrageziel übereinstimmend – in die finale Version des Fragebogens eingearbeitet. Die Datenerhebung erfolgte von September 2017 bis November 2017.

Ziel der Onlineumfrage war es, soziodemografische Daten über die Teilnehmenden zu ermitteln sowie Daten hinsichtlich ihrer individuellen Nutzung sozialer Medien und ihrer individuellen Reputationskompetenz zu erhalten. Auf Basis der erhobenen soziodemografischen Merkmale wurde beispielsweise eine Vergleichbarkeit von jüngeren zu älteren Befragten, von männlichen zu weiblichen Befragten oder hinsichtlich Probanden unterschiedlicher geografischer Herkunft angestrebt. In diesem Kontext ist explizit auf das Forschungsdesign im Projekt hinzuweisen, welches sich einerseits aus qualitativen, interviewbasierten Daten und andererseits aus einer quantitativen, fragebogenbasierten Erhebung zusammensetzt. Es wurde ein möglichst generalisierbares Ergebnis angestrebt und in diesem Sinn war die Intention, die Erkenntnisse der qualitativen Studie in bestimmten Bereichen zu vertiefen und/oder zu festigen.

4.2.2   Stichprobe

Da einige der Mitarbeitenden bereits als Interviewpartner im Rahmen der qualitativen Erhebung das Projekt unterstützten, kamen möglicherweise einige der Teilnehmenden der Onlineumfrage bereits vorher mit dem Thema „Messung von Reputationskompetenz" in Kontakt. Diese Informationsasymmetrie unter den Teilnehmenden birgt jedoch keine negativen Auswirkungen für die Ergebnisse der Studie, da alle Teilnehmenden bei Bedarf mit dem notwendigen Zusatzwissen, beispielsweise in Form von Erläuterungen oder Definitionen, unmittelbar bei der Fragestellung auf den gleichen Wissensstand gebracht wurden. Die Anonymität der Befragten wurde zu jeder Zeit gewährleistet.

Der Link zum Online-Fragebogen wurde zunächst an die Mitarbeitenden der Praxis-partner im Projekt Webutatio versandt, welche auf freiwilliger Basis an der Umfrage teilnehmen konnten. Ein Fokus auf bestimmte Gruppen von Mitarbeitenden oder Abteilungen wurde in diesem Zusammenhang nicht gelegt. Darüber hinaus wurde die Umfrage in den privaten und beruflichen Netzwerken der Projektmitarbeitenden ver-breitet. In diesem Kontext wurde auch darauf geachtet, Umfrageteilnehmende aller Altersgruppen und möglichst vieler Berufe und Branchen in die Umfrage mit einzu-beziehen. Der Fragebogen enthielt zu Beginn eine Filterfrage, wodurch die generelle private oder berufliche Nutzung sozialer Medien durch die Befragten als Voraussetzung zur Teilnahme an der vollständigen Befragung festgelegt wurde. Eine Verneinung die-ser Filterfrage führte zur automatischen Beendigung der Umfrage. Die finale Stich-probe enthielt insgesamt 110 Umfrageteilnehmende, wovon 71 % der Teilnehmenden weiblich und 29 % männlich waren. Das durchschnittliche Alter der Teilnehmenden betrug 33,8 Jahre, wobei die Altersspanne insgesamt von 17 Jahren bis 64 Jahren reichte. Bezüglich des höchsten Bildungsgrades der Teilnehmenden gab mit 55 % mehr als die Hälfte an, einen Fachhochschul- beziehungsweise Hochschulabschluss (inkl. Universitätsabschluss) zu besitzen. Darüber hinaus arbeiteten 81 % der Befragten in einem Unternehmen mit 250 oder mehr Mitarbeitenden, was der Umfrage – gemäß der Anzahl der Beschäftigten (vgl. Europäische Union 2015, S. 43; Institut für Mittelstands-forschung Bonn o. J.) – einen starken Bezug zu großen Unternehmen verleiht. Die Teil-nehmenden der Umfrage können zusätzlich aufgrund ihrer Nutzung sozialer Medien weiter beschrieben werden. Bezüglich einer mindestens einmal wöchentlichen Nutzung zeigen die Umfrageergebnisse, dass 103 der 110 Teilnehmenden den Instant-Messaging-Dienst WhatsApp nutzen, gefolgt von Facebook (92 von 110 Teilnehmenden), YouTube (75 von 110 Teilnehmenden), Instagram (46 von 110 Teilnehmenden), Xing (45 von 110 Teilnehmenden), LinkedIn (18 von 110 Teilnehmenden), Google+ (17 von 110 Teil-nehmenden) und Twitter (15 von 110 Teilnehmenden).

4.2.3 Umfrageergebnisse

Die Umfragedaten wurden anhand folgender Themen aufbereitet: 1) Arbeitgeber-reputation, 2) Reputationskompetenz der Befragten und 3) Schulung von Reputations-kompetenz.

4.2.3.1 Arbeitgeberreputation

Unter anderem war es ein Ziel der Umfrage, die Reputation des Arbeitgebers aus der Arbeitnehmersicht festzustellen. Es ist in diesem Zusammenhang explizit darauf hinzu-weisen, dass Mitarbeitende aus sehr unterschiedlichen Unternehmen und Branchen an der Umfrage teilgenommen haben. Die Teilnehmenden wurden aufgefordert, die Reputa-tion ihres Arbeitgebers auf einer 7er-Likert-Skala aus ihrer Sicht zu bewerten. Es konn-ten Bewertungen von „sehr gering" (Wert = 1) über „neutral" (Wert = 4) bis „sehr hoch"

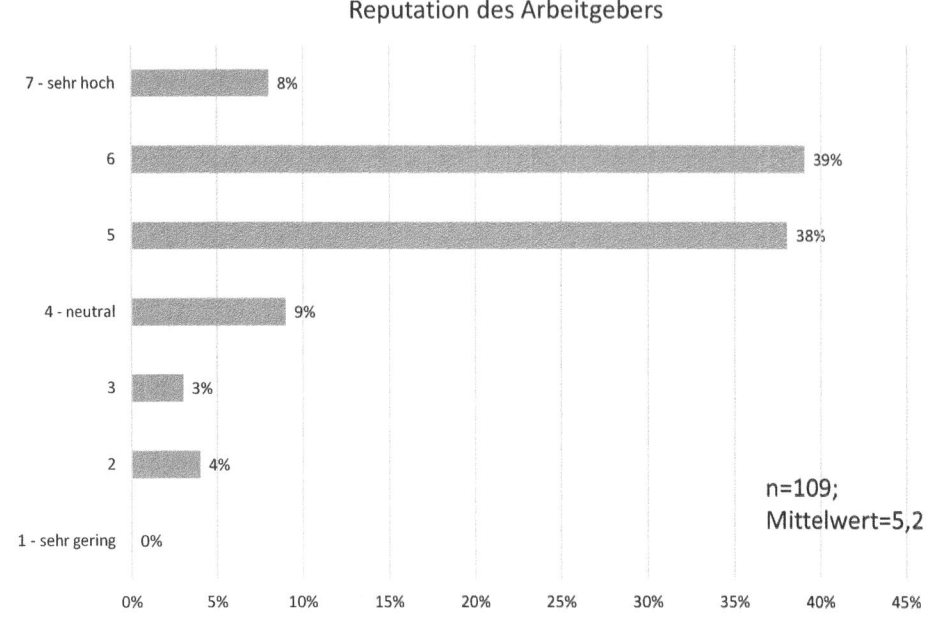

Abb. 4.1 Mitarbeiterseitige Einschätzung der Arbeitgeberreputation (n = 109; eigene Darstellung)

(Wert = 7) ausgewählt werden. Abb. 4.1 zeigt die Umfrageergebnisse hinsichtlich der mitarbeiterseitigen Einschätzung der Reputation ihres aktuellen Arbeitgebers.

Die Ergebnisse zeigen, dass die Mitarbeitenden die Reputation sehr stark im positiven Bereich verorteten und mit 39 % die Mehrheit der Befragten die Reputation ihres Arbeitgebers mit dem Wert 6 von 7 bewertete, welches als eine hohe Einschätzung der Arbeitgeberreputation interpretiert werden kann. Mit 38 % wurde der Wert 5 als zweithäufigster Wert ausgewählt. Darüber hinaus bewerteten 9 % der Teilnehmenden die Arbeitgeberreputation mit „neutral" und 8 % sogar mit „sehr hoch".

Hinsichtlich der Auswirkungen einer positiven Unternehmensreputation konnte festgestellt werden, dass für 46 % der Befragten eine positive Reputation einen großen Einfluss (Wert 6 von 7) bei der Einschätzung eines Unternehmens als potenziellen zukünftigen Arbeitgeber hat. Für 17 % der Umfrageteilnehmenden hat eine positive Reputation einen sehr großen Einfluss bei dieser Entscheidung, was der dritthäufigsten Antwort entspricht. Als zweithäufigste Antwort wurde mit 29 % der Wert 5 ausgewählt. Der Mittelwert wurde bei 5,7 ermittelt. Im Vergleich wählten im Hinblick auf den Einfluss einer negativen Reputation eines potenziellen Arbeitgebers 39 % der Umfrageteilnehmenden den Wert 6 aus, was einem hohen Einfluss einer negativen Reputation eines potenziellen Arbeitgebers bei der Stellensuche entspricht. Einen sehr großen Einfluss und somit die stärkste Ausprägung gaben 31 % der Befragten an. Es kann daher geschlussfolgert werden, dass eine positive Unternehmensreputation einen wichtigen

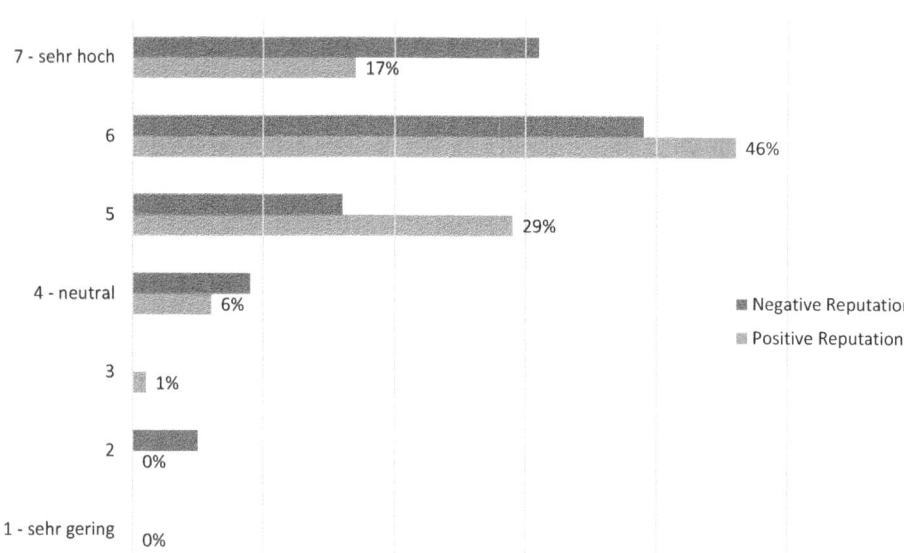

Abb. 4.2 Einfluss der Unternehmensreputation eines potenziellen Arbeitgebers bei der Stellensuche (bzgl. positiver Ausprägung, n = 109; bezüglich negativer Ausprägung: n = 108; eigene Darstellung)

Faktor bei der Suche nach neuen Mitarbeitenden darstellt; somit ist sie beim Werben um neue Mitarbeitende für ein Unternehmen von hoher Bedeutung. Abb. 4.2 zeigt die Ergebnisse hinsichtlich des Einflusses einer positiven wie auch negativen Unternehmensreputation eines potenziellen Arbeitgebers bei der Stellensuche.

Darüber hinaus wird von 37 % der Umfrageteilnehmenden der individuelle Einfluss auf die Arbeitgeberreputation – positiv oder negativ – von den Befragten primär als mäßig eingeschätzt, gefolgt von der Einschätzung, dass 19 % der Befragten meinten, dass sie durch soziale Medien einen hohen Einfluss auf die Arbeitgeberreputation hätten (Wert 6 von 7). Die Frage, ob sich die Befragten vorstellen könnten, ihre Aktivitäten in sozialen Medien dazu zu nutzen, die Reputation ihres Arbeitgebers zu stärken oder zu schwächen, beantworteten 45 % der Befragten mit „Ja", 25 % mit „Nein" und 29 % mit „Vielleicht". Hinsichtlich einer tatsächlichen Äußerung in sozialen Medien über den Arbeitgeber konnte festgestellt werden, dass sich 59 % der Befragten bisher noch gar nicht über ihren Arbeitgeber in sozialen Medien geäußert haben, 35 % sich positiv geäußert haben, fünf Prozent sich neutral geäußert haben und zwei Prozent der Befragten sich positiv wie auch negativ geäußert haben. Eine rein negative Äußerung der Befragten konnte nicht festgestellt werden.

4.2.3.2 Reputationskompetenz der Befragungsteilnehmenden

Die Umfrage ergab, dass 36 % der Befragten ihren Arbeitgeber in ihrem Social-Media-Profil angeben, 36 % den Arbeitgeber nicht angeben und 27 % diese Angabe teilweise, das heißt nicht in allen ihren Social-Media-Profilen, preisgeben. Der relativ hohe Anteil Befragter, der den Namen des Arbeitgebers nennt, unterstreicht die Wichtigkeit des Themas hinsichtlich einer potenziellen Gefahr der Reputationsschädigung seitens der Mitarbeitenden. Dennoch kann dieses Ergebnis nur einen ersten Eindruck der Situation vermitteln, da einige der Umfrageteilnehmenden möglicherweise nur auf berufsbezogenen sozialen Netzwerken vertreten sind und daher praktisch immer ihren Arbeitgeber angeben. Die Umfrageteilnehmenden wurden außerdem gebeten, ihre eigene Reputationskompetenz auf einer 7er-Likert-Skala einzuschätzen. Ein Viertel der Teilnehmenden bewertete die eigene Reputationskompetenz mit mäßig (Wert=4 von 7). Den Wert 5 von 7 wählten 16 %, den Wert 6 von 7 wählten 23 % der Teilnehmenden. Als „sehr hoch" bewerteten sechs Prozent der Befragten ihre individuelle Reputationskompetenz. Die Befragten wurden zusätzlich aufgefordert, die Reputationskompetenz ihrer Kolleginnen und Kollegen einzuschätzen. Hinsichtlich der stärksten negativen Ausprägung bewerteten sechs Prozent der Umfrageteilnehmenden ihre eigene Reputationskompetenz als „sehr gering". Im Vergleich wurde die Reputationskompetenz der Kolleginnen und Kollegen nur von einem Prozent als „sehr gering" eingeschätzt. Die genauen Daten sind der Abb. 4.3 zu entnehmen.

Wie aus Abb. 4.3 ersichtlich ist, schätzten 23 % in der Selbsteinschätzung ihre eigene Reputationskompetenz als „hoch" (Stufe 6) ein. Im Vergleich dazu schätz-

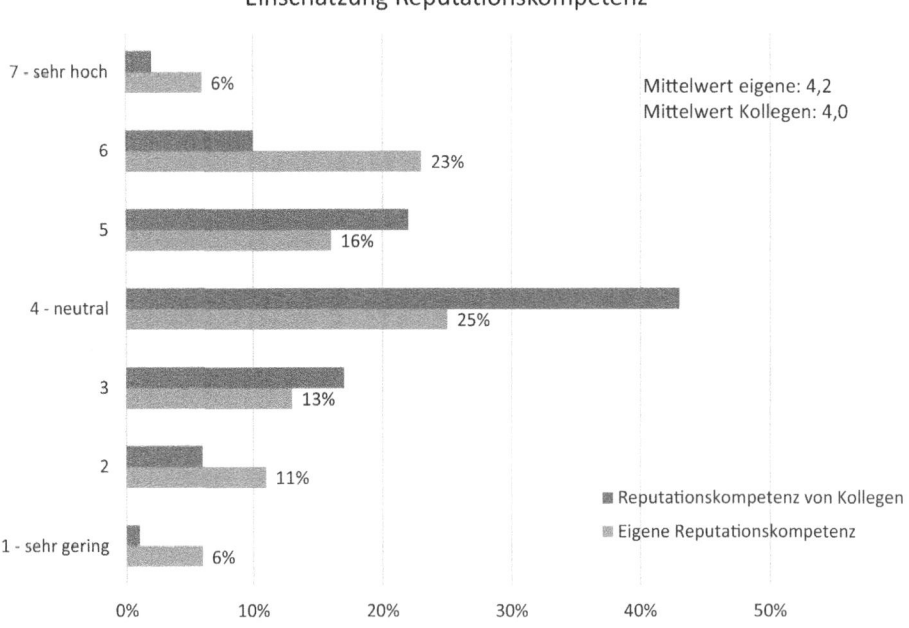

Abb. 4.3 Einschätzung der Reputationskompetenz (Eigene Reputationskompetenz: n = 108; Reputationskompetenz von Kollegen: n = 105)

ten nur zehn Prozent der Umfrageteilnehmenden die Reputationskompetenz ihrer Kolleginnen und Kollegen als „hoch" ein. In diesem Kontext attestierten 43 % der Befragten ihren Kolleginnen und Kollegen eine mäßige Reputationskompetenz. Es ist zu beachten, dass bezüglich der Bewertung der eigenen Reputationskompetenz 25 % ihre eigene Reputationskompetenz als „mäßig" einstuften. Hinsichtlich einer „sehr hohen" Reputationskompetenz wurde die eigene Reputationskompetenz von sechs Prozent der Teilnehmenden als „sehr hoch" eingeschätzt, wobei die Reputationskompetenz von Kolleginnen und Kollegen nur von zwei Prozent der Befragten mit „sehr hoch" eingeschätzt wurde. In diesem Kontext muss darauf hingewiesen werden, dass die Reputationskompetenz aller Kolleginnen und Kollegen im Durchschnitt abgefragt wurde, das heißt, beispielsweise die explizite Frage nach der Reputationskompetenz eines/einer Mitarbeitenden im Bereich Öffentlichkeitsarbeit wäre eventuell höher eingeschätzt worden.

Wie bereits erläutert, kann das Konstrukt Reputationskompetenz in die Kompetenzdimensionen Sichtbarkeitskompetenz, Technische Kompetenz, Einbringungskompetenz, Reflexionskompetenz und Kommunikationskompetenz unterteilt werden. Mithilfe der im Rahmen der Arbeitspakete der Friedrich-Schiller-Universität Jena erarbeiteten Mess-Skala können diese Kompetenzdimensionen online in einem Selbsttest ermittelt werden. Um aus wissenschaftlicher Sicht die Reputationskompetenz der Teilnehmenden bewerten zu können, ist die Durchführung des Selbsttests durch die Umfrageteilnehmenden essenziell. In Abb. 4.4 sind die Ausprägungen der einzelnen Kompetenzdimensionen der Befragten dargestellt.

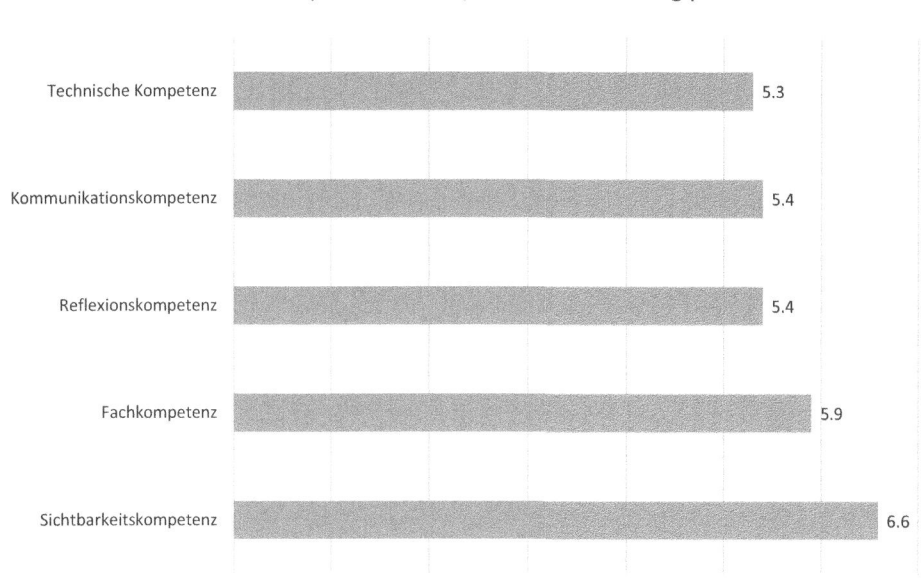

Abb. 4.4 Kompetenzdimensionen der Befragten

Die Auswertung zeigt, dass auf einer Skala von 1 (keine Kompetenz) bis 7 (volle Kompetenz) für alle Kompetenzdimensionen ein Wert höher als 5 ermittelt wurde. Die Umfrage hat außerdem gezeigt, dass der höchste Wert (Wert 6,6) für die Kompetenzdimension Sichtbarkeitskompetenz festgestellt wurde. Eine hohe Sichtbarkeitskompetenz der Befragten bedeutet, dass sich die Umfrageteilnehmenden selbst so einschätzen, dass sie die Fähigkeit besitzen zu erkennen, dass ihre Kommunikation in sozialen Medien für andere sichtbar ist. Diese Befragten sind sich beispielsweise darüber bewusst, dass Freunde und möglicherweise auch Fremde die geposteten Beiträge einsehen können. Der zweithöchste Wert wurde mit 5,9 von 7 für die Kompetenzdimension Einbringungskompetenz ermittelt. Dieser hohe Wert lässt darauf schließen, dass die Umfrageteilnehmenden sehr mit den technischen Einstellungsmöglichkeiten der von ihnen genutzten sozialen Netzwerke vertraut sind. Die Werte für Reflexionskompetenz, Kommunikationskompetenz und Technische Kompetenz wurden jeweils mit 5,3 oder 5,4 bewertet. Es kann festgehalten werden, dass die Selbsteinschätzung zur individuellen Reputationskompetenz insgesamt sehr hohe Werte ergab.

4.2.3.3 Schulung der mitarbeiterseitigen Reputationskompetenz

Ein Ziel des Forschungsprojektes ist es, ein Konzept zur Schulung von Reputationskompetenz in Form eines Blended-Learning-Konzeptes zu erstellen. Die hier dargestellten Forschungsergebnisse tragen zur Grobkonzeption dieses Schulungskonzeptes bei, da insbesondere gefragt wurde, ob die Befragten zu einer Messung ihrer individuellen Reputationskompetenz bereit wären und welche Fördermaßnahmen seitens der Befragten wünschenswert wären. Hinsichtlich der grundsätzlichen Bereitschaft, an einer Messung der individuellen Reputationskompetenz durch den Arbeitgeber teilzunehmen, gaben 35 % der Befragten an, mit einer solchen Messung einverstanden zu sein, 24 % der Befragten wären nicht bereit an einer entsprechenden Messung teilzunehmen und 41 % wären vielleicht bereit ihre Reputationskompetenz durch den Arbeitgeber messen zu lassen.

Bezüglich der Bereitschaft an einer Fördermaßnahme zur Stärkung der eigenen, individuellen Reputationskompetenz wurde einerseits nach der Bereitschaft zu einer privaten Schulung und andererseits nach der Bereitschaft zu einer Schulung als berufliche Weiterbildung gefragt. Die Befragung ergab, dass 20 % der Befragten zu einer Schulung in der Freizeit und 40 % zu einer Schulung als berufliche Weiterbildungsmaßnahme bereit wären. Nicht bereit zu einer beruflichen Weiterbildung wären hingegen 19 % der Befragten und 41 % wären eventuell zu einer Schulung im beruflichen Kontext bereit. Im Privaten würden 45 % und damit annähernd die Hälfte der Teilnehmenden eine Schulungsmaßnahme ablehnen; 34 % wären eventuell zu einer privaten Schulung bereit. Hinsichtlich der Schulungsmethoden präferierten die Befragten sehr stark die Option von Präsenz-Workshops, gefolgt von Webinaren, Präsenz-Vorträgen sowie Online-Workshops und Blended Learning. Eine Reputationskompetenz-Schulung sollte daher die Wünsche und Bedürfnisse der Teilnehmenden berücksichtigen und nach Möglichkeit individuell in Zusammenarbeit mit dem Arbeitgeber konzipiert werden. Darüber hinaus wurden die Teilnehmenden gefragt, ob sie daran interessiert wären, als Reputationsbeauftragte im Unternehmen zu fungieren und somit Ansprechperson für Kolleginnen und Kollegen zu sein. Diese Idee wurde jedoch von den Befragten nicht unterstützt, da nur 15 % der Befragten an einer solchen Position interessiert wären. 60 % wären nicht daran interessiert und 26 % wären vielleicht daran interessiert, die Position eines Reputationsbeauftragten zu erfüllen.

4.3 Zusammenfassung und Ausblick

Die einleitenden Ausführungen dieses Beitrages haben einerseits die Wichtigkeit einer positiven Unternehmensreputation und andererseits die Gefahren durch eine nicht ausreichende mitarbeiterseitige Reputationskompetenz aufgezeigt. In diesem Kontext wurden auch die Kompetenzdimensionen von Reputationskompetenz – Sichtbarkeitskompetenz, Technische Kompetenz, Einbringungskompetenz, Reflexionskompetenz und Kommunikationskompetenz – eingeführt und erläutert. Entsprechend des Themas Reputationskompetenz wurde die mitarbeiterseitige wie auch die unternehmensseitige Nutzung sozialer Medien und sozialer Netzwerke aus verschiedenen Perspektiven betrachtet. Beispielsweise wurde explizit auch auf die unternehmensseitigen Gründe der Nutzung sozialer Medien eingegangen. Des Weiteren wurde unter anderem auch die Bedeutung einer positiven Unternehmensreputation in Bezug auf die Suche sowie die erfolgreiche Anwerbung von neuen Mitarbeitenden thematisiert.

Es muss betont werden, dass aufgrund der geringeren Anzahl an Umfrageteilnehmenden (n = 110) keine repräsentativen Umfrageergebnisse erzielt werden konnten. Entsprechend wurde davon Abstand genommen, demografiebezogene Schlüsse, beispielsweise hinsichtlich geschlechterbezogener Aussagen oder Rückschlüsse bezüglich bestimmter Altersgruppen, zu ziehen. Nichtsdestotrotz konnte mittels der Umfrage ein einleitender Blick auf das Thema Reputationskompetenz und seine Kompetenzdimensionen gewonnen werden. Die Umfrage hat als Ergebnis des Selbsttests ein hohes Maß an Reputationskompetenz bei den Teilnehmenden festgestellt. Dies gilt insbesondere für die Kompetenzdimension Sichtbarkeitskompetenz. Darüber hinaus konnte auch eine Offenheit gegenüber dem Thema Reputationskompetenz festgestellt werden, welche sich aus der Bereitschaft zu Schulungsmaßnahmen folgern lässt. Als eine mögliche Schulungsmaßnahme wurde im Rahmen des Forschungsprojektes Webutatio ein Blended-Learning-Konzept entwickelt. Bei dieser Art der Schulung werden verschiedene Lernformen kombiniert, beispielsweise Präsenz- und Online-Lerneinheiten. Die Lerneinheiten können speziell auf die Bedürfnisse und Wünsche der Teilnehmenden und der Unternehmen abgestimmt werden. Generell müssen Unternehmen entscheiden, ob sie die individuelle Förderung in den einzelnen Kompetenzdimensionen der Reputationskompetenz als private oder berufliche Angelegenheit ansehen und entsprechend Arbeitszeit zur Verfügung stellen möchten. Es ist in diesem Kontext immer darauf zu achten, dass die Privatsphäre der Mitarbeitenden gewahrt bleibt und sich die Mitarbeitenden vom Arbeitgeber gefördert und nicht bevormundet fühlen. Die gewonnenen Erkenntnisse sollen unter anderem auch die weitere Entwicklung des Blended-Learning-Konzeptes unterstützen.

Fazit

Es kann festgehalten werden, dass die Umfrageteilnehmenden im Selbsttest bereits eine hohe Reputationskompetenz zeigten und dennoch die Bereitschaft zur weiteren Verbesserung der individuellen Reputationskompetenz haben. Da eine mitarbeiterseitige Schädigung der Unternehmensreputation schwerwiegende Folgen nach sich ziehen kann, sollten Unternehmen die Möglichkeit einer auf die Mitarbeitenden sowie auf das Unternehmen individuell zugeschnittenen Schulung in Betracht ziehen. Die Gefahr einer Schädigung der Unternehmensreputation kann minimiert werden; zum einen durch das Schaffen eines erhöhten Problembewusstseins, zum anderen durch die Stärkung der mitarbeiterseitigen Reputationskompetenz. Wenn von einer Schulung abgesehen wird, können Unternehmen den Mitarbeitenden dennoch mit einer Social-Media-Guideline eine erste Hilfestellung an die Hand geben und somit zu einer bewussten und verantwortungsvollen Nutzung sozialer Medien beitragen.

Literatur

allfacebook.de. (2018). Nutzerzahlen: Facebook, Instagram, Messenger und WhatsApp, Highlights, Umsätze, uvm. (Stand Februar 2018). https://allfacebook.de/toll/state-of-facebook. Zugegriffen: 21. Aug. 2018.

ARD/ZDF-Onlinestudie (2017). WhatsApp/Onlinecommunities: Nutzung von WhatsApp und Onlinecommunitys 2016 und 2017. http://www.ard-zdf-onlinestudie.de/whatsapponlinecommunities. Zugegriffen: 23. Okt. 2018.

BMW Group (2018). Unternehmensgruppe. https://www.bmwgroup.com/de/verantwortung/nachhaltiges-wirtschaften.html. Zugegriffen: 3. Aug. 2018.

Brinkmann, B. (13. Januar 2012). Dieser Shitstorm ist Wurst. *Süddeutsche Zeitung*. http://www.sueddeutsche.de/digital/vegetarier-wettern-gegen-ing-diba-dieser-shitstorm-ist-wurst-1.1256820. Zugegriffen: 3. Aug. 2018.

Deutscher Bundestag. (1949). Grundgesetz für die Bundesrepublik Deutschland. https://www.bundestag.de/gg. Zugegriffen: 21. Aug. 2018.

Diercks, N. (2016). Kündigung wegen Äußerungen in Social Media – Gleiches Spiel, anderes Ergebnis: Das Urteil des Arbeitsgericht Herne. https://diercks-digital-recht.de/2016/10/kuendigung-wegen-aeusserungen-in-social-media-gleiches-spiel-anderes-ergebnis-des-arbeitsgericht-herne-az-5-ca-280615/. Zugegriffen: 21. Okt. 2018.

Europäische Union. (2015). Benutzerleitfaden zur Definition von KMU. http://www.dlr.de/pt-lf/Portaldata/50/Resources/dokumente/lufo-v/lufo_v-3/3b_Benutzerleitfaden_EU-KOM_KMU_Stand_2015_DE.pdf. Zugegriffen: 27. Okt. 2018.

Groll, T. (2011). Wenn aus Facebookfans Bewerber werden. www.zeit.de/karriere/beruf/2011-10/personalsuche-soziale-netzwerke/komplettansicht. Zugegriffen: 21. Aug. 2018.

Institut für Mittelstandsforschung Bonn (IfM Bonn). (o. J.). KMU-Definition der Europäischen Kommission. https://www.ifm-bonn.org/definitionen/kmu-definition-der-eu-kommission/. Zugegriffen: 26. Okt. 2018.

Könsgen, R., Schaarschmidt, M., Ivens, S., & Munzel, A. (2018). Finding meaning in contradiction on employee review sites – Effects of discrepant online reviews on job application intentions. *Journal of Interactive Marketing, 43,* 165–177.

Kununu. (2018). Unternehmenshomepage. https://www.kununu.com. Zugegriffen: 21. Okt. 2018.

Michaels, E., Handfield-Jones, H., & Axelrod, B. (2001). *The war for talent.* Boston: Harvard Business School Press.

Schwalbach, J. (2000). *Image, Reputation und Unternehmenswert. Transnational Communication in Europe. Research and Practice* (S. 287–297). Vistas: Berlin.

Statista. (2018). Dossier: Soziale Netzwerke. Statista-Dossier zum Thema Soziale Online-Netzwerke.

Statista und Social Media Examiner. (2017). Welche Social Media Plattform ist für Ihr Unternehmen am wichtigsten? https://de.statista.com/statistik/daten/studie/463928/umfrage/wichtigste-social-media-plattformen-fuer-marketingverantwortliche/. Zugegriffen: 23. Okt. 2018.

Statistisches Bundesamt. (2016). IKT in Unternehmen und Arbeitsstätten 2016. https://www.destatis.de/DE/Publikationen/Thematisch/UnternehmenHandwerk/Unternehmen/Informationstechnologie Unternehmen5529102167004.pdf?__blob=publicationFile. Zugegriffen: 23. Okt. 2018.

Statistisches Bundesamt. (2017a). Unternehmen und Arbeitsstätten: Nutzung von Informations- und Kommunikationstechnologien in Unternehmen – 2017. https://www.destatis.de/DE/Publikationen/Thematisch/UnternehmenHandwerk/Unternehmen/InformationstechnologieUnternehmen5529102177004.pdf?__blob=publicationFile. Zugegriffen: 22. Aug. 2018.

Statistisches Bundesamt. (2017b). Wirtschaftsrechnungen: Private Haushalte in der Informationsgesellschaft – Nutzung von Informations- und Kommunikationstechnologien. https://www.destatis.de/DE/Publikationen/Thematisch/EinkommenKonsumLebensbedingungen/PrivateHaushalte/PrivateHaushalteIKT2150400177004.pdf?__blob=publicationFile. Zugegriffen: 22. Aug. 2018.

Staufenbiel Institut, & Kienbaum. (2016). Recruiting Trends 2017: Was HR-Verantwortliche wissen müssen. https://www.staufenbiel.de/fileadmin/fm-dam/PDF/Studien/RecruitingTrends_2017.pdf. Zugegriffen: 20. Febr. 2018.

Suchanek, A. (o. J.). Gabler Wirtschaftslexikon, Stichwort: Reputation. http://wirtschaftslexikon.gabler.de/Archiv/9313/reputation-v7.html. Zugegriffen: 21. Aug. 2018.

TUI Goup. (2018). Unternehmensgruppe. https://www.tuigroup.com/de-de/nachhaltigkeit/strategie. Zugegriffen: 3. Aug. 2018.

Walsh, G., Schaarschmidt, M., & von Kortzfleisch, H. (2016). Employees' company reputation-related social media competence: Scale development and validation. *Journal of Interactive Marketing, 36,* 46–59.

Janka Kensik ist Teamleiterin Projektbüro bei der Berge & Meer Touristik GmbH in Rengsdorf. Ihr Aufgabengebiet umfasst die Implementierung und Weiterentwicklung des Projekt- und Portfoliomanagements im Unternehmen. Janka Kensik studierte Betriebswirtschaftslehre an der Johannes-Gutenberg Universität in Mainz mit den Schwerpunkten Marketing und Statistik. Berufserfahrung sammelte sie als wissenschaftliche Mitarbeiterin im Fachbereich Tourismusmanagement an der Internationalen Hochschule (IUBH) in Bad Honnef.

Konsequenzen fehlender Mitarbeiterreputationskompetenz in sozialen Medien

Eine qualitative Erhebung aus Sicht von Unternehmensvertretern

5

Alexander Rahtjen, Eva Hammes, Daniel Brylla und Gianfranco Walsh

Inhaltsverzeichnis

A. Rahtjen · E. Hammes · D. Brylla
Jena, Deutschland
E-Mail: a-rahtjen@web.de

E. Hammes

D. Brylla
E-Mail: daniel@brylla.org

G. Walsh (✉)
General Business Administration & Marketing, Friedrich-Schiller-Universität Jena,
Koblenz, Deutschland
E-Mail: walsh@uni-jena.de

© Springer Fachmedien Wiesbaden GmbH, ein Teil von Springer Nature 2019
M. Schaarschmidt et al. (Hrsg.), *Online-Reputationskompetenz von Mitarbeitern*,
https://doi.org/10.1007/978-3-658-25487-2_5

▶   **Zusammenfassung** Aufgrund des steigenden Einflusses sozialer Medien
     sowohl im privaten als auch im beruflichen Umfeld sehen sich Unternehmen
     mit neuen Herausforderungen konfrontiert. So kann sich mitarbeiterseitiges
     Fehlverhalten in sozialen Medien aufgrund fehlender Kompetenzen nega-
     tiv auf die Reputation des Unternehmens auswirken. Allerdings ist der
     Zusammenhang zwischen derlei Mitarbeiterverhalten und Unternehmens-
     reputation bislang weitgehend unerforscht. Im Rahmen einer qualitativen
     Interviewstudie wurden mögliche Konsequenzen von Fehlverhalten in sozia-
     len Medien für Mitarbeitende und Unternehmen identifiziert. Dazu haben
     elf Unternehmensvertreter jeweils acht reale Szenarien von Fehlverhalten
     in sozialen Medien, die unterschiedliche Kompetenzdefizite repräsentieren,
     bewertet. Dabei konnten verschiedene Konsequenzen ermittelt werden. So
     müssen Mitarbeitende nach einem Fehlverhalten unter anderem fast immer
     mit einem Vorgesetztengespräch rechnen. Bezogen auf das Unternehmen
     sehen die Unternehmensvertreter in vielen Fällen eine Gefährdung der Repu-
     tation und daraus resultierend die Notwendigkeit der öffentlichen Distan-
     zierung. Als Größen, die die negativen Konsequenzen für Mitarbeitende und
     Unternehmen verstärken oder dämpfen können, wurden unter anderem die
     Bereiche Thema, Plattform und Sichtbarkeit, Reichweite, Unternehmens-
     bezug, Stellung/Position im Unternehmen und Kurzfristigkeit identifiziert. Die
     vorgestellten Ergebnisse sind relevant für das Reputationsmanagement von
     Unternehmen.

5.1   Einleitung

Soziale Medien nehmen einen immer größer werdenden Stellenwert im Alltag der Menschen ein. So betrug die tägliche Nutzungsdauer von sozialen Medien im Jahr 2015
weltweit im Durchschnitt 109 min pro Tag pro Nutzer, was einem Gesamtzuwachs von
14 % seit 2012 entspricht (vgl. GlobalWebIndex 2016). Auch der Anteil der Nutzer stieg
im selben Betrachtungszeitraum rapide an, von 1,4 Mrd. auf 2,14 Mrd. Menschen (vgl.
eMarketer 2016). Soziale Medien zeichnen sich vor allem durch die Verbreitung von
Informationen in Echtzeit aus, wobei Informationen mit einer breiten Masse von Menschen geteilt und diskutiert werden können (vgl. Walsh et al. 2011).

Um an dieser Entwicklung zu partizipieren, nutzen mittlerweile viele Unternehmen soziale Medien, beispielsweise als Marketingplattform, zur Steigerung der Bekanntheit und des Umsatzes oder als neue Möglichkeit, mit Kunden, Lieferanten und Geschäftspartnern in Kontakt zu treten (vgl. Boniversum und bevh 2016; Culnan et al. 2010, S. 243). Dabei ist die Beteiligung der Mitarbeitenden in den sozialen Medien für die Unternehmen von enormer Bedeutung. Konkret können Mitarbeitende – als die wichtigsten Vertreter ihrer Organisation – an der positiven Außendarstellung des Unternehmens mitwirken (vgl. Dreher 2014, S. 345).

Diese Beteiligung kann allerdings auch mit Risiken verbunden sein. Infolge der immer stärkeren digitalen Vernetzung vermischen sich privates und berufliches Leben in der digitalen Welt: Mitarbeitende interagieren mit Kollegen, Vorgesetzten und anderen Personen des beruflichen Netzwerkes im gleichen Umfeld wie mit Freunden – die Grenzen zwischen Berufs- und Privatleben verschwimmen dabei (vgl. Ollier-Malaterre et al. 2013, S. 645). Veröffentlichte Informationen können demnach auch von Personen, für die diese Informationen nicht bestimmt waren, gesehen und interpretiert werden (vgl. Ollier-Malaterre et al. 2013, S. 648). Das kann sowohl für denjenigen, der die Information teilt, als auch für dessen Arbeitgeber problematisch werden. So gibt es bereits zahlreiche Beispiele für Fehltritte von Unternehmen und Mitarbeitenden in sozialen Medien, die zu negativen Reaktionen in der Öffentlichkeit führten. Solche Ereignisse können sich für Unternehmen in der Schädigung ihrer Unternehmensreputation oder in Einbußen der finanziellen Kennzahlen widerspiegeln (vgl. Kietzmann et al. 2011, S. 241 f.). Insbesondere der Einfluss von Mitarbeiteräußerungen im Umfeld sozialer Medien auf den Reputationsbildungsprozess von Unternehmen gilt dabei als unbestritten (vgl. Dreher 2014, S. 344; Walsh et al. 2016, S. 46).

Um die für den Unternehmenserfolg relevante Unternehmensreputation zu schützen, implementieren immer mehr Unternehmen sogenannte „Social-Media-Guidelines" oder schulen ihre Mitarbeitenden im Umgang mit sozialen Medien (vgl. Kaplan und Haenlein 2010, S. 65). Die Notwendigkeit von Regeln und Schulungen im Umgang mit sozialen Medien erwächst aus ihrer vermeintlich leichten Anwendung. Die einfache Handhabung von sozialen Medien birgt die Gefahr, dass Menschen Informationen ungewollt oder unbewusst einer breiten Masse zur Verfügung stellen. Auch wenn die Inhalte nicht unbedingt anstößig sind und wenn es sich bei den Rezipienten um Freunde oder Bekannte handelt, werden emotionale Äußerungen, die zum Beispiel Sarkasmus enthalten, in sozialen Medien sehr häufig fehlinterpretiert, sodass negative Reaktionen entstehen können (vgl. Galinsky et al. 2006; Riordan und Trichtinger 2016).

Ein solch sorgloser Umgang mit sozialen Medien ist insbesondere dann problematisch, wenn Mitarbeitenden eine gewisse Kompetenz im Umgang mit sozialen Medien fehlt und das Verhalten auf den Arbeitgeber zurückfällt, was wiederum der Reputation des Unternehmens schaden kann.

Um einen systematischen Einblick darüber zu erhalten, wie sich geringe oder fehlende mitarbeiterseitige Kompetenzen im Umgang mit sozialen Medien 1) auf die bestehende Unternehmensreputation und 2) auf den Arbeitnehmer auswirken könnten und 3) welche Größen diese Wirkung potenziell verstärken oder verringern, wird im Folgenden eine qualitative Analyse vorgestellt, in der anhand von elf Experteninterviews mit Unternehmensvertretern diese Thematik erörtert wird.

5.2   Konzeptionelle Grundlagen zur Reputationskompetenz in sozialen Medien

5.2.1   Reputation

Reputation kann für Unternehmen eine wertvolle immaterielle Ressource darstellen: Kunden ziehen diese heran, um Produktentscheidungen zu treffen, und potenzielle Mitarbeitende beeinflusst sie bei der Unternehmenswahl. Darüber hinaus ermöglicht eine gute Unternehmensreputation, höhere Preise am Markt zu erzielen, und sie gilt als Wettbewerbsvorteil gegenüber der Konkurrenz (vgl. Fombrun und Shanley 1990, S. 233; Helm 2013, S. 543; Walsh und Beatty 2007, S. 127 f.). Unternehmensreputation kann nach Gotsi und Wilson (2001, S. 29) wie folgt definiert werden:

▶ A corporate reputation is a stakeholder's overall evaluation of a company over time. This evaluation is based on the stakeholder's direct experiences with the company, any other form of communication and symbolism that provides information about the firm's actions and/or a comparison with the actions of other leading rivals (Gotsi und Wilson 2001, S. 29).

Gemäß dieser Definition stellt die Unternehmensreputation also die Gesamteinschätzung eines Unternehmens aus Sicht eines Stakeholders dar, wie zum Beispiel eines Kunden, Mitarbeitenden, Kapitalgebers oder Wettbewerbers. Diese Gesamteinschätzung basiert auf Aspekten wie unmittelbaren Erfahrungen, Kommunikation und Symbolismus des Unternehmens, die Rückschlüsse auf die Handlungsfähigkeit insbesondere im Vergleich zur Konkurrenz erlauben.

In Anlehnung an Fombrun und van Riel (2004) kann die Wirkungsweise von Reputation mit der eines Magneten verglichen werden. Eine gute Reputation „zieht" Kunden, Kapitalgeber und Mitarbeitende an. Gegenüber Wettbewerbern allerdings wirkt Reputation „abstoßend" (s. Abb. 5.1, dargestellt als Magnete gleicher Pole), sie kann aktuelle Konkurrenz fernhalten und für potenzielle Konkurrenten eine Markteintrittsbarriere darstellen (vgl. Musteen et al. 2010, S. 499; Roberts und Dowling 2002, S. 1079; Walsh et al. 2009, S. 193). Deshalb kann Reputation als Wettbewerbsvorteil beziehungsweise Differenzierungsmöglichkeit gegenüber Wettbewerbern angesehen werden. Da im vorliegenden Kontext vor allem die Wirkung der Reputation auf Mitarbeitende und Kunden untersucht wird, wird im Folgenden auf diese beiden Stakeholder eingegangen.

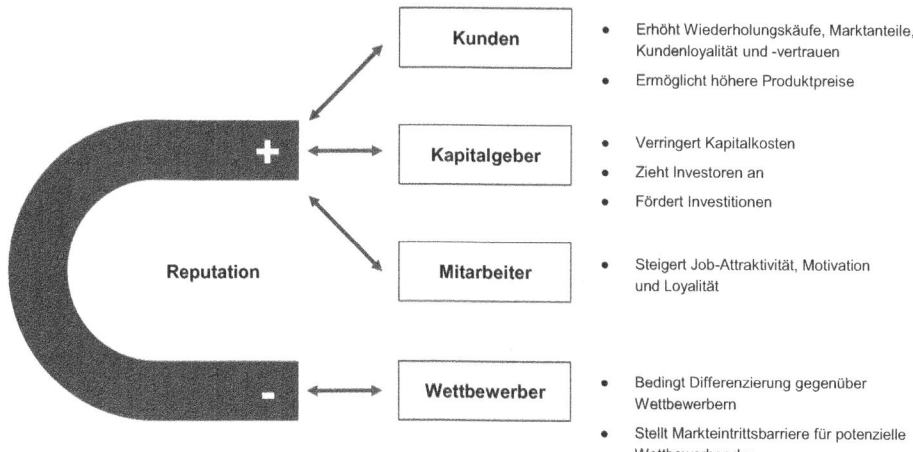

Abb. 5.1 Magnetische Wirkung von Reputation. (Quelle: In Anlehnung an Fombrun und van Riel 2004)

Die Anziehungskraft beziehungsweise der positive Effekt von Reputation auf Kunden ist auf die Unsicherheit bei der Kaufentscheidung zurückzuführen, wenn sie nicht über alle relevanten Informationen für die Kaufentscheidung verfügen, Anbieter- und Produktmerkmale also nur schwer erkennbar sind. Anbieter- und Produktmerkmale ermöglichen dem Kunden, Rückschlüsse auf die Eigenschaften, genauer die Leistungsqualität, des Gutes zu ziehen (vgl. Cable und Turban 2003, S. 2245; Martini 2008, S. 141; Walsh et al. 2013, S. 46). Unternehmensreputation stellt neben Werbung, Garantien und Preisen solch einen Indikator für die Leistungsqualität von Gütern dar (vgl. Fombrun und Shanley 1990, S. 234; Walsh und Beatty 2007, S. 130; Walsh et al. 2009, S. 193). Kunden erwarten demnach, dass ein Unternehmen mit guter Reputation qualitativ hochwertige Güter anbietet (vgl. Schwalbach 2004, S. 1266; Shapiro 1983, S. 659). Eine positive Reputation ermöglicht somit indirekt, höhere Produktpreise zu erzielen (vgl. Fombrun und Shanley 1990, S. 233; Graham und Bansal 2007, S. 197; Schwaiger et al. 2010, S. 89). Weiterhin schenken potenzielle Kunden eher denjenigen Unternehmen Vertrauen, die mit positiver Reputation assoziiert werden, als Unternehmen, die keine entsprechende Reputation besitzen, da von ehrlichen und zuverlässigen Unternehmen ausgegangen wird (vgl. Kietzmann et al. 2011, S. 247; McWilliams und Siegel 2001, S. 120). Unternehmensreputation hat damit einen positiven Einfluss auf kundenbezogene Variablen wie Vertrauen und Loyalität (vgl. Caruana und Ewing 2010, S. 1104; Chun 2005, S. 104; Rokka et al. 2014, S. 804; Walsh und Beatty 2007, S. 128). Folglich neigen zufriedene Kunden eher dazu, positive Mundpropaganda (Word-of-Mouth) zu betreiben (vgl. Chun 2005, S. 104; Walsh et al. 2009, S. 197). Dies kann dazu führen, dass Kunden als Unternehmensadvokaten auftreten und das Unternehmen infolgedessen Marktanteile halten oder gar ausbauen kann (vgl. Schwaiger et al. 2010, S. 89; Walsh und Beatty 2007, S. 130 f.). Zusammenfassend kann positive Unternehmensreputation komplexitätsreduzierend im Kaufentscheidungsprozess wirken (vgl. Chun 2005, S. 104; Eisenegger 2005, S. 35; Schwalbach 2004, S. 1263). Weiterhin beeinflusst sie die Kaufabsichten der Kunden und kann so zu einer höheren Wiederkaufrate führen (vgl. Roberts und Dowling 2002, S. 1079; Rokka et al. 2014, S. 804; Schwaiger 2004, S. 2004; Schwaiger et al. 2010, S. 89).

5.2.2 Soziale Medien und Unternehmensreputation

Soziale Medien können sowohl auf individueller als auch auf organisationaler Ebene Einfluss auf die Reputation nehmen (vgl. Kietzmann et al. 2011, S. 250). Verschiedene Arten der Interaktion zwischen unterschiedlichen Stakeholdern und Unternehmen werden durch soziale Medien vereinfacht, verändert und sichtbar gemacht (vgl. Rokka et al. 2014, S. 813). Diese neue Art der Interaktion bietet einerseits die Chance, die Reputation zu stärken, birgt andererseits aber auch die Gefahr, die Reputation zu schädigen.

Auf individueller Ebene verändern soziale Medien die Beurteilung von potenziellen Mitarbeitenden, also die professionelle Reputation von Individuen. Ollier-Malaterre und Rothbard (2015, S. 27 f.) erörtern beispielsweise fünf Ursachen dafür, warum soziale Medien die Karriere fördern, aber auch zerstören können. Dazu zählen

1. die Kollision zwischen professioneller und persönlicher Umwelt,
2. nicht für einen Rezipienten intendierte, geteilte Informationen,
3. die Vielzahl durchsuchbarer Informationen,
4. fehlende Mimik und damit fehlende Signale, die der Interpretation von Inhalten helfen sowie das unsichtbare Publikum („invisible audience") und
5. der Kontrollverlust über Inhalte.

Wenn professionelle und private Welten zunehmend miteinander verschwimmen, kann sich dies aber nicht nur auf die Reputation des/der Angestellten auswirken, sondern auch auf den Arbeitgeber. Dies zeigt sich beispielsweise, wenn ein persönlicher Kommentar eines Freundes im sozialen Netzwerk den Mitarbeitenden in Verlegenheit bringt, weil alle weiteren Bekanntschaften, und damit auch professionelle Kontakte, diesen sehen können. Je nach Inhalt kann sich dies auf die Unternehmensreputation auswirken (vgl. Ollier-Malaterre et al. 2013, S. 648).

Neben der individuellen Reputation wird ebenso die Reputation der Organisation von sozialen Medien beeinflusst (vgl. Culnan et al. 2010, S. 257; Kietzmann et al. 2011, S. 241; Kim und Ko 2012, S. 1481). So nimmt Aula (2010, S. 44) an, dass sich mittels sozialer Medien das Spektrum der Reputationsrisiken erweitert hat. Beispielsweise können Nutzer in sozialen Medien nicht verifizierte, einseitige oder falsche Informationen einstellen und dadurch den Absatz von Produkten gefährden (vgl. Kaplan und Haenlein 2010, S. 62; Kietzmann et al. 2011, S. 242). Möglich ist das auch, weil sich Posts oder

Videos schnell verbreiten, das Unternehmen eventuell verzögert reagiert und somit Produkte oder Marken geschädigt werden. Reputationsrisiken können deshalb unter anderem in Zusammenhang mit der Echtzeitverbreitung von Informationen und der digitalen Mundpropaganda (Electronic Word-of-Mouth, eWOM) gesehen werden (vgl. Gruber et al. 2015, S. 164; Kietzmann et al. 2011, S. 241 f.; Rokka et al. 2014, S. 814). Darüber hinaus ist es Konsumenten im Web 2.0 möglich, aktiv zu handeln: Sie können darauf reagieren, wie Unternehmen agieren, und potenziell ein weltweites Publikum erreichen. Weiterhin hat sich die Informationssuche im Kaufentscheidungsprozess von Offlinequellen hin zu elektronischen Quellen verschoben, wodurch Konsumenten zusätzliche Produktinformationen durch Kommentare anderer Verbraucher sammeln können (vgl. Dijkmans et al. 2015, S. 58; Park und Lee 2009, S. 61 f.). Eine steigende Zahl von Konsumenten sucht Informationen in elektronischen Netzwerken und trifft immer häufiger anhand dieser Informationen eine Kaufentscheidung (vgl. Kim und Ko 2012, S. 1481). Unternehmen kommunizieren daher zunehmend online mit ihren Stakeholdern (vgl. Culnan et al. 2010, S. 242 f.; Dijkmans et al. 2015, S. 58). Zum Beispiel kann ein Unternehmen in Echtzeit an „Gesprächen" von Kunden teilnehmen und innerhalb dieser Konversationen auch mit potenziellen Kunden weltweit in Kontakt treten. Dies ist mit geringeren Kosten als bei herkömmlichen Kommunikationsmethoden verbunden (vgl. Dekay 2012, S. 295; Hanna et al. 2011, S. 2; Kaplan und Haenlein 2012, S. 67).

Insbesondere der Stakeholdergruppe der Mitarbeitenden kann in diesem Zusammenhang eine erhöhte Bedeutung zukommen. Mittels ihrer Social-Media-Nutzung können sie Einfluss auf die Unternehmensreputation nehmen, weil sie das Unternehmen nach außen hin verkörpern (vgl. Dreher 2014, S. 344; Walsh et al. 2016, S. 46). Sie kennen das Unternehmen und stellen somit glaubwürdige und authentische Repräsentanten dar, die mittels ihrer Beiträge Produkte und Reputation des Unternehmens zu schützen vermögen (vgl. Dekay 2012, S. 195). Die Beteiligung von Mitarbeitenden in sozialen Medien kann die Reichweite der externen Kommunikation verstärken und wertvolle Beziehungen zu Stakeholdern weltweit auf- und ausbauen. Dadurch kann sich die Unternehmenssichtbarkeit erhöhen und infolge einer transparenten und ehrlichen Kommunikation die Unternehmensreputation gesteigert werden (vgl. Dreher 2014, S. 345). Des Weiteren kann die Kundenzufriedenheit steigen, wenn Mitarbeitende mit Kunden in sozialen Medien in Kontakt treten und unter anderem Probleme lösen oder generelle Fragen beantworten (vgl. Miles und Mangold 2014, S. 410). Deshalb sind Mitarbeitende gerade im Kontakt mit Kunden, ob digital oder offline, als Reputationsmanager wahrnehmbar. Darüber hinaus agieren sie teilweise nicht nur während der Arbeitszeit als Markenbotschafter in sozialen Medien, sondern auch außerhalb dieser (vgl. Rokka et al. 2014, S. 814). Ein Grund dafür ist, dass professionelle und private Welten in Folge der Vernetzung in sozialen Medien immer mehr verschwimmen. Menschen sind beispielsweise mit Kunden, potenziellen Kunden, Kollegen und Freunden auf einer Plattform gleichermaßen verbunden und können dadurch auf diese Einfluss nehmen (vgl. Ollier-Malaterre et al. 2013, S. 645; Rokka et al. 2014, S. 824).

5.2.3 Potenzielle negative Einflüsse sozialer Medien auf die Unternehmensreputation

Allerdings bedingen soziale Medien auch den Verlust von Kontrolle, da nicht alle Inhalte regulierbar oder überwachbar sind. Agiert ein/e Mitarbeitende/r abseits der formulierten Kommunikationsstrategie, kann dies bereits ein Risiko für die Unternehmensreputation sein und beispielsweise zu Vertrauens- und Glaubwürdigkeitsverlusten in Folge inkonsistenter Kundenansprachen führen. Ebenso bieten soziale Medien einen Raum für Emotionen von Mitarbeitenden, in dem sie sowohl ihre Zufriedenheit als auch Frustration zum Ausdruck bringen können (vgl. Dreher 2014, S. 345 f.). Mitarbeitende können also eine Bedrohung hinsichtlich der Unternehmensreputation darstellen, wenn sie sich entsprechend in sozialen Medien verhalten, egal ob dies beabsichtigt oder unbeabsichtigt passiert (vgl. Rokka et al. 2014, S. 805; Walsh et al. 2016, S. 47).

Aus den neuen Möglichkeiten und den potenziellen Gefahren von sozialen Medien resultieren Herausforderungen für Arbeitgeber hinsichtlich Ausbildung und Training der Mitarbeitenden (vgl. Tijdens und Steijn 2005, S. 61). Dahin gehend kann von Mitarbeiterreputationskompetenz in sozialen Medien gesprochen werden. In diesem Zusammenhang beschreiben Walsh et al. (2016) die mitarbeiterseitige Reputationskompetenz in sozialen Medien. Diese Kompetenz betrifft das Wissen und die Fähigkeiten von Mitarbeitenden, sich in den sozialen Medien so zu verhalten, dass die Reputation des Arbeitgebers nicht gefährdet wird (vgl. Walsh et al. 2016, S. 46). Insgesamt werden fünf Kompetenzdimensionen beschrieben.

Diese Dimensionen umfassen eine *technische Kompetenz* im Umgang mit sozialen Medien, die *Sichtbarkeitskompetenz,* die beschreibt, wie bewusst einem Nutzer ist, wer seine Beiträge sehen kann, eine *Einbringungskompetenz,* welche beschreibt, ob ein Nutzer sich an Diskussionen beteiligt, auch wenn ihm das nötige Hintergrundwissen fehlt, die *Reflexionskompetenz* sowie die *Kommunikationskompetenz* in sozialen Medien. Diese Unterteilung ermöglicht es Unternehmen, ihre Mitarbeitenden hinsichtlich der jeweiligen Ausprägung gezielter zu schulen (vgl. Walsh et al. 2016, S. 55).

5.3 Qualitative Untersuchung

Ziel der qualitativen Untersuchung ist es, Konsequenzen resultierend aus geringen oder fehlenden mitarbeiterseitigen Kompetenzen in sozialen Medien aus Sicht der Unternehmensvertreter für 1) die bestehende Unternehmensreputation und 2) den Arbeitnehmer zu untersuchen und 3) zu identifizieren, welche Einflussgrößen diese Wirkung verstärken oder verringern können. Im Folgenden wird das Vorgehen dieser qualitativen Untersuchung vorgestellt und die Ergebnisse werden diskutiert.

5.3.1 Szenarien

Um potenzielle Konsequenzen für Mitarbeitende sowie für die Reputation eines Unternehmens möglichst realitätsnah abfragen zu können, basieren die Experteninterviews dieser Studie auf acht Szenarien, die tatsächliches Mitarbeiterverhalten in sozialen Medien abbilden. Bei den Szenarien handelt es sich um echte Fälle von Fehlverhalten in sozialen Medien, die zum Beispiel in Internetblogs bekannt gemacht wurden. Spezifische Informationen zu Unternehmen und Personen wurden umgeschrieben beziehungsweise verallgemeinert, damit die Szenarien zu den zu interviewenden Unternehmensvertretern und deren Unternehmenskontext passen. Außerdem wurden die Experten darauf hingewiesen, dass die Person in der jeweiligen Situation eine/n hypothetische/n Mitarbeiter/in darstellt, wodurch das Szenario leichter bewertbar erscheint.

Im Folgenden werden die acht Szenarien dargestellt und jeweils kurz die Schwächen in der Reputationskompetenz (vgl. Walsh et al. 2016, S. 51) diskutiert.

1. Szenario

Ein Mitarbeiter ist seit vier Wochen aufgrund eines Bandscheibenvorfalls krankgeschrieben. Dieser postet allerdings nun auf Facebook ein Hochzeitsfoto. Auf diesem ist zu sehen, wie er seine hochschwangere Frau auf Händen hält und durch ein Herz trägt. Auf dem Mitarbeiterprofil ist das Unternehmen als Arbeitgeber angegeben und für jede befreundete Person sichtbar.

2. Szenario

Der Ehemann einer Mitarbeiterin postet ein Bild auf Facebook. Dieses Foto ist eine Bildmontage, auf der ein Fisch dargestellt ist. Der Fisch ist mit dem Unternehmenslogo und dem Namen der Geschäftsleitung versehen. Zusätzlich schreibt der Ehemann zu diesem Facebookpost: „Der Fisch fängt immer am Kopf zu stinken an."

Unter dem Bild ist zu sehen, dass die Mitarbeiterin das Bild ihres Ehemanns auf Facebook gelikt hat. Zwar hat die Mitarbeiterin dieses Bild nicht selbst auf Facebook verbreitet, wohl aber mit einer „Gefällt mir"-Angabe versehen. Dies können sowohl alle befreundeten Personen der Mitarbeiterin als auch die Freunde des Ehemanns sehen. Auch Kollegen und Kunden sind unter dem Personenkreis, sehen also, wer das Bild geteilt und gelikt hat. Die Mitarbeiterin gibt weiterhin an, dass nicht sie selbst „Gefällt mir" geklickt habe, sondern ihr Ehemann, da dieser Zugang zu ihrem Account habe.

3. Szenario

Eine Mitarbeiterin ist recht aktiv auf Twitter und postet ein bis zwei Meldungen pro Tag. Ihrem Profil kann auch der aktuelle Arbeitgeber entnommen werden. Aktuell hat sie Urlaub und ist auf dem Weg nach Südafrika, als sie folgende Tweets während ihrer Zwischenlandung veröffentlicht:

„Schräger deutscher Kerl: Du bist in der First Class. Es ist 2014. Verwende Deo. – Innerer Monolog, als ich seinen Körpergeruch inhaliere. Danke Gott für Pharmazeutika."

„Chili–Gurkensandwiches – schlechte Zähne. Zurück in London!"

„Ich bin auf dem Weg nach Afrika. Hoffentlich bekomme ich kein AIDS. Ich mach' nur Spaß. Ich bin weiß."

Nachdem sie den letzten Beitrag veröffentlicht hat, wird dieser von einem Blogger mit ca. 15.000 Followern weiter geteilt und so einer Vielzahl an Leuten zugänglich gemacht. In der Öffentlichkeit werden die Mitarbeiterin und ihr Arbeitgeber dafür scharf kritisiert.

4. Szenario

Eine Mitarbeiterin schreibt einen ausführlichen Beitrag auf Twitter über ihren Arbeitsplatz und ihre Unzufriedenheit hinsichtlich ihres Gehalts. Dabei ist der Beitrag an den Geschäftsführer gerichtet, wobei sie erwähnt, dass dieser den Artikel von ihm bestimmt nicht lesen werde, weil er ihr auf Twitter nicht folgen würde. In dem Beitrag schildert sie, nicht genügend Geld zu verdienen, um ausreichend Lebensmittel kaufen zu können. Dazu stellt sie einen Vergleich an: Ihr Arbeitgeber habe vor Kurzem ein Unternehmen für mehrere Millionen Euro gekauft, aber bezahle seinen Mitarbeitenden nicht genug für das tägliche Leben. 80 % des Gehalts müsse sie für die Miete ausgeben. Sie wohne 50 km vom Arbeitsplatz entfernt. Außerdem müsse sie mit den öffentlichen Verkehrsmitteln zur Arbeit kommen, wofür sie ebenfalls bezahlen müsse.

5. Szenario

Ein Mitarbeiter teilt auf Facebook einen Beitrag der Regionalzeitung und kommentiert diesen. Der Titel des Zeitungsbeitrages lautet: „Ex-Zentralrats-Generalsekretär der Juden wird Verfassungsschutzchef in Thüringen". Dazu schreibt der Mitarbeiter:

„Was soll das Judenpack in deutschen Ämtern ?? Dieses Gesockse wollten noch nie etwas gutes für Deutschland, vor allem nicht nach dem angeblichen Holocaust !!! Wir sehen doch was dieses Judenpack in der deutschen Politik macht, siehe diese kriminelle dreckige Lobbyistenhure Merkel (polnische Jüdin)"

Auf dem Profil des Mitarbeiters kann man den aktuellen Arbeitgeber entnehmen, der Beitrag ist für alle befreundeten Personen des Verfassers ersichtlich.

6. Szenario

Der Betriebsrat eines Unternehmens hatte nach dem Anschlag in Paris (13. November 2015) auf das französische Satiremagazin „Charlie Hebdo" mit umstrittenen Äußerungen auf seiner privaten Facebookseite für Aufruhr gesorgt: *„Jeder Mensch zahlt für seine Taten! Die einen früher, die anderen später … Fuck Charlie Hebdo"*

7. Szenario

Ein Mitarbeiter postete auf Facebook ein Foto, das das Eingangstor des Konzentrationslagers in Auschwitz mit dem Schriftzug „Arbeit macht frei" zeigte. Darüber steht: „Polen ist bereit für die Flüchtlingsaufnahme".

Auf der Facebookseite war darüber hinaus ein Foto des Mitarbeiters vor dem Eingang des Gebäudes seines Arbeitgebers zu sehen. In seinem Steckbrief auf der Seite gibt er ebenfalls seinen Arbeitgeber an.

8. Szenario

Im hier geposteten Artikel geht es um den Umbau einer Scheune. Dabei hatten die Eigentümer einer alten Scheune die Absicht, diese in eine Wohnung zur Eigennutzung umzubauen. Die Baugenehmigungsbehörde bewilligte den Umbau, allerdings mit der Auflage, die neu entstandene Wohnung für drei Jahre Flüchtlingen zur Verfügung zu stellen.

Ein Mitarbeiter kommentiert diesen Beitrag einer Nachrichtenseite bei Facebook mit den Worten:

„Ich hoffe er hat auch an die Duschköpfe mit 11 Löchern gedacht ;)"

Auf seinem Profil ist der Arbeitgeber ersichtlich.

5.3.2 Leitfaden

Experteninterviews gehören zu den semi-strukturierten Interviewformen und werden meist anhand eines Leitfadens geführt. Um die Verständlichkeit des Leitfadens zu überprüfen, wurde in dieser Studie zunächst ein Pretest mit vier Personen durchgeführt. Der Leitfaden wurde anschließend bei unklaren Formulierungen angepasst. Der finale Gesprächsleitfaden für die Experteninterviews kann in vier Phasen unterteilt werden (vgl. Misoch 2015, S. 68).

In der ersten Phase, der Informationsphase, werden das Thema der Untersuchung und deren Zielsetzung vorgestellt. Des Weiteren wird die Einwilligung einer Tonaufzeichnung des Gesprächs eingeholt, um eine anschließende Transkription zu ermöglichen. Ist die Informationsphase abgeschlossen, erfolgt die Aufwärm- oder Einstiegsphase (vgl. Misoch 2015, S. 68). Um den Befragten den Einstieg in die Interviewsituation zu erleichtern, wird daraufhin in der zweiten Phase eine kurze Erklärung des Begriffs „Unternehmensreputation" gegeben. Dies dient gleichzeitig als Überleitung zu den Einleitungsfragen. Beispielsweise wird erfragt, inwiefern bereits Erfahrungen mit Mitarbeiteräußerungen in sozialen Medien gemacht wurden, sowohl positive als auch negative. Diese Fragen sollen das Gespräch zum Hauptteil beziehungsweise der dritten Phase des Interviews überleiten, in welchem die zuvor vorgestellten Szenarien mit dem Experten besprochen werden. Im Zentrum steht dabei die Einschätzung der Situationen durch den Experten als Unternehmensvertreter. Die Einschätzung jedes Szenarios durch den Experten sollte zusammenfassend folgende Fragestellungen abdecken:

- Wie wirkt das Szenario auf den Interviewten persönlich?
- Wie sieht der Experte die Situation als Unternehmensvertreter und welche Konsequenzen erwartet er für die Unternehmensreputation?
- Wie schätzt der Experte die dargestellte Mitarbeiteräußerung hinsichtlich des Einflusses auf das Arbeitnehmer-Arbeitgeber-Verhältnis ein?

In der Ausklang- und Abschlussphase wird das Interview schließlich beendet. In dieser vierten Phase wird das Interview nochmals reflektiert und der Experte aus der Befragungssituation geleitet (vgl. Misoch 2015, S. 69).

5.3.3 Sampling

Die in dieser Untersuchung befragten Experten haben eine bestimmte Unternehmensfunktion inne und zeichnen sich durch Handlungs- und Erfahrungswissen aus (vgl. Bogner und Menz 2005, S. 37). Konkret stellen sie Mitarbeitende von Personal-, Marketing- oder Kommunikationsabteilungen dar, die potenzielle Konsequenzen von Mitarbeiteräußerungen hinsichtlich Reputationswirkung einschätzen können.

Um geeignete Interviewpartner zu finden, wurden in einem ersten Schritt relevante Experten (Mitarbeitende aus der Marketing-, Personal- oder Kommunikationsabteilung eines Unternehmens) mittels E-Mail kontaktiert (vgl. Meuser und Nagel 2005, S. 269). Bei den kontaktierten Unternehmen handelte es sich sowohl um deutsche als auch ausländische Unternehmen aus 27 verschiedenen Branchen mit Niederlassung in Deutschland. Insgesamt wurden 117 Interviewanfragen mittels E-Mail an 115 verschiedene Unternehmen verschickt. Dabei wurde, je nach Verfügbarkeit von Kontaktdaten, jeweils eine der drei relevanten Abteilungen angeschrieben: Personal-, Marketing- oder Presse-/Kommunikationsabteilung. Von den insgesamt 117 verschickten Interviewanfragen wurden 60 beantwortet. Die Antworten setzen sich aus 49 Absagen und elf Zusagen zusammen.

5.3.4 Methode

Die Experteninterviews wurden zunächst für die darauffolgende qualitative Inhaltsanalyse transkribiert. Das Vorgehen der qualitativen Inhaltsanalyse orientiert sich dabei zwar an festgelegten Regeln und vordefinierten Schritten, allerdings muss der gesamte Analyseprozess an den konkreten Gegenstand, also an das Material (in diesem Fall die transkribierten Experteninterviews) angepasst werden. Somit ermöglicht es die qualitative Inhaltsanalyse, die Analyse direkt am erhobenen Textmaterial systematisch und methodisch kontrolliert durchzuführen (vgl. Mayring 2015, S. 50 f.). Dabei geht der konkreten Beantwortung der Forschungsfrage die Systematisierung der Informationsbasis mittels der Entwicklung eines Kategoriensystems voraus. Dieses stellt einen zentralen Bestandteil der qualitativen Inhaltsanalyse dar (vgl. Mayring 2015, S. 51). Die benötigten Informationen aus dem Text werden bestimmten Kategorien, die entweder induktiv oder deduktiv erstellt wurden, zugeordnet (vgl. Gläser und Laudel 2009, S. 200 f.; Mayring 2015, S. 67 f.). Bei einem wie dieser Studie zugrunde liegenden semi-strukturierten Leitfadeninterview mit teils offenen Fragen, wie dem Experteninterview, wird auf eine Kategorisierung vor der eigentlichen Analyse verzichtet. Im Rahmen dieser Untersuchung wird demnach eine induktive Kategorienbildung vorgenommen. Die Abstraktion des Materials (Zusammenfassung) verläuft dabei in mehreren Schritten. Zunächst wird dazu ein Abstraktionsniveau festgelegt. Anschließend wird der Inhalt paraphrasiert. So wird der Inhalt auf eine knappe, beschränkende, beschreibende Form umgeschrieben. Ist dieser Schritt abgeschlossen beziehungsweise das Material paraphrasiert, werden die Paraphrasen nochmals generalisiert, um anschließend die erste Reduktion durchzuführen. Alle Paraphrasen, die zu Beginn festgelegt wurden, müssen in dem am Ende resultierenden Kategoriensystem inbegriffen sein. Anschließend können die Ergebnisse zusammengestellt und in Richtung der Fragestellung interpretiert werden (vgl. Mayring 2015, S. 71).

Die qualitative Inhaltsanalyse wurde mithilfe von MAXQDA12 durchgeführt. Parallel dazu erfolgte die Paraphrasierung der Textstellen in Tabellen. Zunächst wurden hierfür alle transkribierten Interviews in die Software MAXQDA12 eingegeben, um anschließend mit der Paraphrasierung und der Zuordnung zu den Kategorien zu beginnen. Dazu wurden anfänglich alle inhaltstragenden Textstellen nacheinander markiert, paraphrasiert und einer Kategorie in MAXQDA12 zugeordnet. Die Textstellen konnten dadurch auf einen Aspekt verkürzt werden. Gleichzeitig konnten bereits ähnliche Textstellen mit gleichen Inhalten zu bestehenden Kategorien zugeordnet werden. Bei der Revision des Kategoriensystems wurde überprüft, ob die bereits bestehenden Kategorien dem Ziel der Analyse nahekommen (vgl. Mayring 2015, S. 87). Anschließend erfolgte die Generalisierung der Paraphrasen, um so ähnliche Inhalte gemäß dem Abstraktionsniveau zu bilden und weiter zu konsolidieren. Die Konsolidierung der ersten Zusammenfassung mündete in 111 Kategorien. Danach erfolgte eine zweite Zusammenfassung der Daten. Dazu wurde das Abstraktionsniveau neu definiert. Anschließend wurden die bestehenden Paraphrasen beziehungsweise Kategorien nochmals generalisiert. Anhand dessen konnten dann bedeutungsgleiche Paraphrasen beziehungsweise Kategorien weiter zusammengeführt werden, wodurch insgesamt 84 Kategorien inklusive zwölf Oberkategorien entstanden.

5.3.5 Ergebnisse

5.3.5.1 Sample

Insgesamt wurden elf Experteninterviews mit Unternehmensvertretern geführt, aufgenommen, transkribiert und ausgewertet. Die Durchführung der Interviews fand im Zeitraum von Januar 2017 bis Februar 2017 statt. Tab. 5.1 zeigt welche Positionen die Experten im Unternehmen innehaben und welcher Branche das jeweilige Unternehmen

Tab. 5.1 Sample

Nr	Position	Branche	Geschlecht[a]	Interviewlänge (min)
I_01	Leiter der Personal-abteilung	Industrie	w	37:22
I_02	Social Media Manager	Industrie	m	69:31
I_03	Referent Unternehmens-kommunikation	Dienstleistung	m	67:14
I_04	Employer Branding Manager	Telekommunikation	w	36:48
I_05	Head of Sports Marketing	Medizinische Hilfsmittel	m	41:41
I_06	Personalleitung	Konsumgüterhersteller	w	70:48
I_07	Personalleitung	Konsumgüterhersteller	m	52:26
I_08	Digital Communications Manager, Corporate Manager Employer Branding	Konsumgüterhersteller	w w	58:58
I_09/A I_09/B	Digital Marketing Manager, Human Resources Generalist	Konsumgüterhersteller	m w	64:26
I_10	Head of Marketing	Industrie	w	46:26
I_11	Leitung Kommunikation & Marketing	Industrie	w	49:15

[a]w = weiblich, m = männlich

zugerechnet werden kann. Insgesamt wurden acht Frauen und fünf Männer befragt. Des Weiteren wurden zwei der elf Interviews mit jeweils zwei Experten gleichzeitig geführt. Im Durchschnitt betrug die Interviewzeit 54:06 min. Gemäß der empfohlenen Definition der Europäischen Kommission (2003/361/EG) können die befragten Organisationen als mittlere Unternehmen bis Großunternehmen klassifiziert werden (vgl. Europäische Union 2003).

5.3.5.2 Beschreibung der Kategorien

Anhand der qualitativen Inhaltsanalyse wurde ein induktives Kategoriensystem mit insgesamt elf Kategorien erstellt. Die verschiedenen Kategorien werden im Folgenden erläutert und mit einem Interviewzitat veranschaulicht.

Bedeutung von Reputation für das Unternehmen

Um festzustellen, inwieweit fehlende Mitarbeiterreputationskompetenz einen Einfluss auf die Unternehmensreputation nehmen kann beziehungsweise ob dies für das Unternehmen von Relevanz ist, wurden die Interviewten nach der generellen Bedeutung von

Reputation für das Unternehmen gefragt. Anhand des Textmaterials konnten die Unterkategorien *hoch* (Reputation ist wichtig bis sehr wichtig für das Unternehmen) und *neutral* (Reputation nimmt keine besondere Rolle für das Unternehmen ein, die Bedeutung ist also als neutral einzuschätzen) ausgemacht werden. Interviewpartner A des neunten Expertengesprächs erwähnte etwa, dass Reputation immer wichtig sei, unabhängig von der Perspektive der Abteilung oder Stakeholder:

> Aus meiner Sicht ist eine gute Reputation natürlich immer wichtig, egal bei welchen Gruppen. (…) da legen wir schon viel Wert drauf, das heißt, wenn wir jetzt zum Beispiel aus Sicht des Service oder Support kommen, ist es uns super wichtig, dass die Leute sagen: ‚Das Unternehmen hat eine gute Reputation, (…) das Unternehmen hat einen guten Service und guten Support' (9. Interview, Interviewter I_09/A).

Relevanz von Reputation für das Unternehmen

Diese Kategorie beschreibt, wozu Reputation aus Sicht der Unternehmensvertreter beitragen oder nicht beitragen kann. Weiterhin wurden die beiden Unterkategorien *Marktabgrenzung* und *Beeinflussung Stakeholder* herausgearbeitet. Marktabgrenzung beinhaltet Aussagen dazu, ob eine vorhandene, positive Unternehmensreputation dazu beitragen kann, sich vom Markt abzugrenzen. Die Unterkategorie „Beeinflussung Stakeholder" umfasst hingegen Textpassagen, in denen Reputation die Funktion zugesprochen wird, Stakeholder zu beeinflussen. Dies umfasst zum Beispiel die Fähigkeiten, Bewerber anzuziehen oder auf die Kaufentscheidung von Kunden einzuwirken. Darüber hinaus können, wie der Aussage des Interviewten I_01 zu entnehmen ist, nicht nur Kunden und Bewerber, sondern auch Lieferanten durch eine positive Reputation beeinflusst werden:

> Und da haben wir natürlich auch einen Kampf um gute Mitarbeiter und Facharbeiter zu führen. Lieferanten, die mit uns und für uns zusammenarbeiten wollen und Kunden natürlich, die wir für uns gewinnen wollen, da hat Reputation einen hohen Stellenwert für uns (1. Interview, Interviewte I_01).

Allgemeine Determinanten von Reputation

Diese Kategorie beinhaltet alle von den Experten genannten Größen, welche die Unternehmensreputation beeinflussen können. Dabei bildeten sich die folgenden Unterkategorien heraus: *Branche/Produkt, Qualität, Öffentlichkeit, soziale Medien, Mitarbeitende, Erfahrung, Bekanntheit*. Die Kategorien zeigen, dass Mitarbeitende und soziale Medien aus Unternehmensperspektive einen großen Einflussfaktor auf die Reputation darstellen können. Dies kann bereits ein Indikator dafür sein, ob sich Unternehmen der Interdependenzen zwischen Mitarbeitenden, sozialen Medien und Reputation bewusst sind. Dazu äußerte sich zum Beispiel Interviewpartner I_09/A wie folgt:

> Und wenn man schaut gerade in den Online-Kanälen, egal ob das jetzt Forum ist oder (…) Social-Media-Kanäle, (…) ist es natürlich super ausschlaggebend, wenn die Leute über die Produkte diskutieren und am Ende auch sagen: ‚Ey, ich hatte zwar ein Problem mit dem Gerät, aber der Service konnte gleich helfen.' Deshalb ist Support und Service aus meiner Sicht halt super wichtig für die Reputation (9. Interview, Interviewter I_09/A).

Bewertung sozialer Medien im Unternehmenskontext

Die Bewertung sozialer Medien aus Unternehmenssicht konnte in die Unterkategorien *Risiko* und *Chance* unterteilt werden. Innerhalb dieser beiden Unterkategorien kann beispielsweise der Aspekt, dass „jeder" in sozialen Medien kommunizieren kann, zum einen als Vorteil, zum anderen aber auch als Nachteil angesehen werden. Insgesamt wurden Risiken häufiger erwähnt als Chancen.

Chancen für das Unternehmen sieht beispielsweise der fünfte Experte, weil er meint, dass jede/r Mitarbeitende innerhalb seines medialen Umfelds auch ein Botschafter für das Unternehmen sein kann:

> Es gibt ja auch viele positive Effekte, die man dort erzielen kann. Weil, wie ich schon sagte, jeder Mitarbeiter ist ein Botschafter seines Unternehmens. Jeder erzählt und hat ein Umfeld. Und wenn ich dort positive Erlebnisse teile, dann kriege ich vielleicht auch positive Effekte hin, indem ich sage: ‚Mensch, die haben Mitarbeiter, die sind charakterstark oder reden viel oder haben was zu sagen' (5. Interview, Interviewter I_05).

Mitarbeitende in sozialen Medien

In die folgende Kategorie fallen alle Aspekte, die Mitarbeitende in sozialen Medien betreffen. So werden Social-Media-Guidelines in der Unterkategorie „Richtlinien" zusammengefasst, wobei diese *explizit* oder nur *grundlegend* festgelegt sein können. Dazu gehört die Frage, ob es konkrete Richtlinien für den Umgang mit sozialen Medien gibt, beispielsweise Verbote, sich zu manchen Themen zu äußern, oder ob lediglich die generellen Geheimhaltungsrichtlinien eines Arbeitsvertrags gelten. Die Unterkategorie *keine* bündelt demgegenüber Textpassagen, in denen die Experten äußern, dass das Unternehmen keine speziellen Richtlinien für den Umgang mit sozialen Medien hat. Darüber hinaus wurde separat erfasst, ob Unternehmen bereits Schulungen darüber anbieten, wie mit sozialen Medien umzugehen ist, und ob diese *von allen Mitarbeitenden* oder nur *von bestimmten Abteilungen* besucht werden. Die Unterkategorie *Kompetenz fehlt* fasst alle Aspekte von fehlender Mitarbeiterkompetenz in sozialen Medien zusammen, die seitens der Befragten konkret genannt wurden. Mittels dieser Unterkategorie lässt sich die allgemeine Sichtweise von Unternehmen auf ihre Mitarbeitenden im Umfeld sozialer Medien erkennen und es zeigt sich, welche Kompetenzbestandteile sie eventuell als ausbaufähig identifiziert haben. Als Beispiel sei hier der Fall erwähnt, dass Mitarbeitenden nicht bewusst ist, dass Äußerungen in sozialen Medien Folgen für das Unternehmen haben können und die veröffentlichten Informationen auf Dauer verfügbar sind:

> Und ich glaub, und das haben wir hier auch gesehen, dass den meisten Menschen gar nicht klar ist, dass, (…) deren Aktivität in sozialen Medien a) wahrgenommen wird, also auch die Kombination aus Unternehmen als Arbeitgeber und ich äußere gerade mal meine x-beliebige, in diesem Fall eben negative Meinung, ja. Und, (…) b) ist es eher so, dass den meisten auch nicht klar ist, dass das (…) irgendwo für die Ewigkeit gespeichert ist. Also die glauben, wenn ein Jahr vorbei ist, dann ist das im Archiv verschwunden und keiner kommt mehr drauf zurück (7. Interview, Interviewter I_07).

Aktivität des Unternehmens in sozialen Medien

In welchem Ausmaß und auf welchen Kanälen das Unternehmen in sozialen Medien aktiv ist, ob Beiträge kommentiert oder gelöscht werden und welche Ziele mit der Aktivität verfolgt werden, fällt in diese Kategorie. Alle Aspekte des *aktiven* und des *nicht aktiven* Auftretens wurden in den beiden dazugehörigen Unterkategorien gebündelt. Weiterhin fällt in diesen Bereich die *Erfahrung mit Äußerungen* von Mitarbeitenden oder anderen Stakeholdern in sozialen Medien. Diese Unterkategorie bildete sich heraus, weil die Interviewpartner auch Beispiele nannten, die nicht aus dem direkten Unternehmensumfeld entstammen, sondern beispielsweise aus ihrem Bekanntenkreis. Durch diese Kategorie sollen außerdem bereits gemachte Erfahrungen im Umfeld sozialer Medien zusammengetragen werden, um eventuelle Anhaltspunkte darüber zu erhalten, wie in den Fällen reagiert wurde:

> Wir hatten einen Fall, da hat ein Mitarbeiter (...) auf XING relativ unschön kommentiert. Es war ein ehemaliger Mitarbeiter. Wir haben das beobachtet (4. Interview, Interviewte I_04).

Persönliche Empfindung in Bezug auf das vorgestellte Szenario

Da in der Studie den Befragten acht verschiedene Szenarien vorgestellt wurden, die sie auch aus persönlicher Sicht bewerten sollten, wurden unterschiedliche Gefühle beziehungsweise Empfindungen hervorgerufen. Diese Einschätzung stellt bereits den ersten Konsequenzbereich fehlender Mitarbeiterreputationskompetenz dar, weil die Äußerung des/der Mitarbeitenden bei Kollegen bereits Einfluss nehmen kann: Zum Beispiel wird die Wertschätzung gegenüber dem Kollegen positiv oder negativ beeinflusst. Somit könnten sich an dieser Stelle bereits Konsequenzen für das Arbeitsverhältnis zwischen Mitarbeitenden ergeben. Die verschiedenen persönlichen Meinungen zu den jeweiligen Situationen konnten konsolidiert werden und bilden drei Unterkategorien. Die Situationen lösten *positive* (bspw. Freude), *neutrale* (bspw. Darstellung der persönlichen Meinung) und *negative* (bspw. persönliche Betroffenheit) Empfindungen aus:

> Wenn ich mich in die Situation reinversetze, dass ich das von einem Kollegen geschickt bekomme oder selber sehe, dann bin ich persönlich erstmal enttäuscht (1. Interview, Interviewte I_01).

Konsequenzen für den Mitarbeitenden aufgrund seines Beitrages

Des Weiteren wurden die Experten um ihre Einschätzung gebeten, inwieweit ein Beitrag eines Mitarbeitenden Einfluss auf sie persönlich und ihr Beschäftigungsverhältnis nehmen könnte.

Demzufolge wurden Textabschnitte mit direkten arbeitsrechtlichen Folgen codiert und der Kategorie *rechtliche Folgen* zugeordnet. Demgegenüber wurden Textstellen in die Kategorie *Gespräch* eingeordnet, wenn in irgendeiner Form zunächst der Dialog mit dem Mitarbeitenden gesucht wird:

In dem Moment auf jeden Fall ein Personalgespräch, und mit schriftlicher Dokumentation, also Gesprächsprotokoll. Und dann die schriftliche Ermahnung erteilen. Und dann muss man schauen, je nachdem, wie er sich im Gespräch verhält, ob man die schriftliche Ermahnung in eine schriftliche Abmahnung wandelt. Das muss man dann einfach rausfinden … den Grund. Und das geht nur so (1. Interview, Interviewte I_01).

Konsequenzen für das Unternehmen

Diese Kategorie bündelt die Einschätzungen der Experten hinsichtlich des Einflusses des jeweiligen Szenarios auf das Unternehmen. Dazu gehören die Unterkategorien *verantwortliche Abteilungen, Reaktionen* und *Konsequenz Unternehmensreputation.* Für die *Reaktionen* haben sich zudem die Dimensionen *eigenes Unternehmen hinterfragen,* für *positiven Effekt nutzen* und *öffentlich reagieren* mit den Ausprägungen *Ja* und *Nein* herausgebildet. Die Bewertung der verschiedenen Szenarien hinsichtlich ihres Einflusses auf die Unternehmensreputation kann hierbei *neutral* oder *negativ* sein. Die Sensibilität für bereits kleine negative Folgen wird im folgenden Zitat deutlich:

> Und die Reputationswirkung ist hier auch definitiv negativ, und wenn das auch nur zwei oder drei Leute mitkriegen, ist das auch egal (5. Interview, Interviewter I_05).

Außerdem äußerten die Experten sich dazu, ob und in welchem Ausmaß das Unternehmen auf einen Mitarbeiterbeitrag öffentlich reagieren würde. Dabei betrifft die Mitarbeiteräußerung verschiedene Unternehmensbereiche, die gegebenenfalls infolge des Mitarbeiterbeitrages reagieren müssten. Dies spiegelt sich in der Unterkategorie *Verantwortliche Abteilungen* wider, die aufzeigt, welche Abteilungen aufgrund der Mitarbeiteräußerung handeln müssten.

Faktoren, die das Ausmaß der Konsequenzen für Unternehmen und Mitarbeitende bedingen

Neben Konsequenzen von fehlender Reputationskompetenz für Mitarbeitende und Unternehmen nannten die Experten auch acht verschiedene Faktoren, die aus ihrer Sicht das Ausmaß der Konsequenzen beeinflussen. Diese umfassen: *Mitarbeitende, Thema, Sichtbarkeit, Reichweite, Plattform, Unternehmensbezug, Häufigkeit* und *Branche.* Anhand dieser Faktoren zeigt sich, dass die Konsequenzen fehlender Mitarbeiterreputationskompetenz bestimmten Bedingungen unterliegen können. Verallgemeinerbare Aussagen zu Mitarbeiteräußerungen und deren Einfluss auf die Unternehmensreputation sind also nicht immer möglich, sondern müssen im Kontext der entstandenen Faktoren gesehen werden:

> Ich finde, es lässt sich schwer generalisieren und hängt auch wirklich vom Medium ab, beispielsweise Twitter ist immer ein Stückchen sensibler als Facebook, weil ich bei Meinungsäußerungen bei Facebook eben eine Einschränkung auf den privaten Bereich habe, die habe ich bei Twitter beispielsweise nicht. Das heißt, alles, was bei Twitter gemacht wird, ist dann auch öffentlich in der Regel (2. Interview, Interviewter I_02).

5.4 Diskussion

5.4.1 Eigenes Unternehmen hinterfragen

Die Ergebnisse der Experteninterviews in Bezug auf fehlende Reputationskompetenz von Mitarbeitenden lassen sich anhand eines Modells zusammenfassen, das sowohl mögliche Konsequenzen von fehlender Reputationskompetenz als auch Moderatoren, die den Zusammenhang zwischen Mitarbeiterkompetenz und den skizzierten Konsequenzen verstärken oder abschwächen können, abbildet. Abb. 5.2 zeigt die identifizierten Zusammenhänge.

5.4.2 Konsequenzen für Mitarbeitende

5.4.2.1 Gespräch

Die Ergebnisse der Interviews zeigen, dass das Mitarbeitergespräch als häufigste Konsequenz für Mitarbeitende genannt wurde. Inwieweit der/die Mitarbeitende dann noch mit arbeitsrechtlichen Konsequenzen zu rechnen hätte, würde indes von dessen Auftreten während des Gesprächs und dem bisherigen Arbeitnehmer-Arbeitgeber-Verhältnis abhängen:

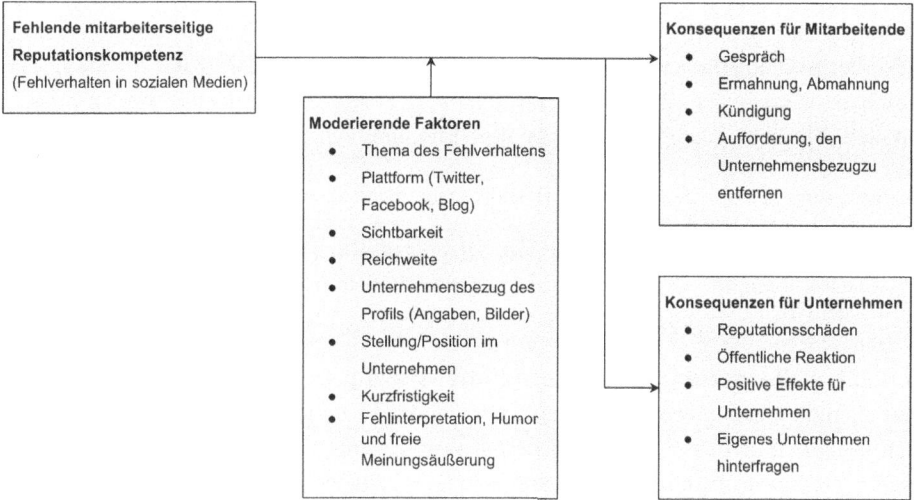

Abb. 5.2 Identifizierte Zusammenhänge zwischen fehlender Reputationskompetenz, Konsequenzen für Unternehmen und Mitarbeitende und moderierenden Faktoren

Aber ich würde schon darüber sprechen, also ich würde (…) schon, wenn er wieder da ist, ein Gespräch mit ihm führen und ihm einfach mitteilen, wie das auf uns wirkt. Aber es gibt wahrscheinlich in dem Fall keine Konsequenz (9. Interview, Interviewte I_09/B).

Und dann anhören, was er zu sagen hat, und dann muss man schauen und wirklich abwägen, ist hier überhaupt ersichtlich, in welcher Bandbreite, wo, bei welcher Firma der Mensch arbeitet. Und davon würde ich es auch abhängig machen (1. Interview, Interviewte I_01).

Aber man merkt ja dann auch, wie derjenige sich im Gespräch auch gibt. Man merkt doch, ob der jetzt das, diese Meinung fest vertritt, was er da auch schreibt, oder ob das wirklich nur wieder so unüberlegt, ich meine, unüberlegt finde ich das trotzdem, schon krass, sowas zu schreiben (6. Interview, Interviewte I_06).

In diesem Szenario würde als Folge des Beitrages zum Beispiel ein Mitarbeitergespräch stattfinden, in dem dem/der Mitarbeitenden klargemacht würde, dass solche Äußerungen nicht mit den Unternehmenswerten vereinbar sind. Weitere Konsequenzen für die Mitarbeitenden wären auch hier von deren Auftreten während des Gesprächs abhängig.

5.4.2.2 Ermahnung, Abmahnung und Kündigung

Laut den Experten würde auf die zuvor genannten Gespräche zumeist eine mündliche oder schriftliche Ermahnung erfolgen. In vielen Fällen würde es sogar zu einer Abmahnung kommen:

Und ihn natürlich schriftlich auch auffordern, mit der Abmahnung, das überhaupt nicht zu wiederholen (1. Interview, Interviewte I_01).

In Bezug auf Szenario 5 würden sieben Unternehmensvertreter dem entsprechenden Mitarbeiter kündigen, nachdem die Situation seitens Personal- und Rechtsabteilung eingeschätzt worden wäre. Diese Einschätzung wäre notwendig, da geklärt werden müsste, ob diese Mitarbeiteräußerung unter die freie Meinungsäußerung fällt oder nicht:

Spätestens da, was alle Sachen von Beleidigungen, Schmäh und sonstigen Themen betrifft, würde ich nicht nur Personal gleich an den Tisch holen, sondern auch gleich auf rechtlicher Ebene gleich bewerten lassen. Also das sind tatsächlich Rechtsfälle, die sich schnell einschätzen lassen, ob das in irgendeiner Form strafrechtlich relevant ist (2. Interview, Interviewter I_02).

5.4.2.3 Aufforderung, den Unternehmensbezug zu entfernen

Vor allem in Zusammenhang mit Beiträgen, die den Unternehmensbezug herstellen, würden fast alle Experten eine Aussprache mit dem/der entsprechenden Mitarbeitenden forcieren, um ihn/sie anzuhalten, den Unternehmensbezug auf dem Profil zu entfernen:

Und auch an der Stelle, wenn auf der Facebook-Seite der Name des Unternehmens erwähnt werden würde, würden wir mit Sicherheit von der Mitarbeiterin verbindlich verlangen, uns von ihrer Facebook-Seite zu entfernen, damit zumindest keine Querverbindungen mehr möglich sind (7. Interview, Interviewter I_07).

Daher wird von einigen Unternehmen der Unternehmensbezug von vorneherein verboten, wie auch die folgende Aussage zeigt.

> Und, ehm, es ist einfach nur ein Verstoß gegen unsere Social-Media-Guideline. Nicht gegen die Meinung, sondern, dass er dann das Unternehmen mit reingenommen hat (7. Interview, Interviewte I_07).

Weiterhin würden Mitarbeitende die Empfehlung erhalten, die private Meinung in sozialen Medien zu kennzeichnen, damit eine klare Trennung zwischen der privaten und der Unternehmensmeinung für die Rezipienten sichtbar ist. Speziell in Szenario 5 würde ein Unternehmen den Betriebsrat konkret dazu auffordern, den Beitrag zu entfernen:

> Bitte lösch das doch raus oder sag ausdrücklich dazu, dass es Deine eigene Meinung ist (5. Interview, Interviewter I_05).

5.4.3 Konsequenzen für Unternehmen

5.4.3.1 Unternehmensreputation

In Szenario 1 sieht der Großteil der Befragten keine negativen Konsequenzen für die Unternehmensreputation:

> Also ich hätte da spontan gesagt, dass es da keine, eh, Auswirkung, eh, sozusagen auf die Unternehmensreputation gibt, weil natürlich der Rest der Welt gar nicht weiß, dass der Herr krankgeschrieben ist (8. Interview, Interviewte I_08).

Auch im Szenario 2, welches eine Fotomontage des Unternehmenslogos zeigt, schätzen die Experten die Reputationswirkung als neutral ein. Das Unternehmen hätte aus ihrer Sicht keinen direkten Reputationsschaden zu befürchten:

> Ja. Also das hat keine Aussage auf die Reputation, würde ich sagen. Keine Auswirkung (9. Interview, Interviewter I_09/A).

Hier bezieht sich die negative Wirkung eher auf die angriffslustige Haltung der Mitarbeiterin beziehungsweise deren Ehemann:

> Da gibt es für mich gar nichts zu fragen. Das ist für mich schon ein persönlicher Angriff auf den Geschäftsführer oder die Leitungsebene. Das ist schon, eh, was sehr Persönliches und eine Diffamierung auf jeden Fall (1. Interview, Interviewte I_01).

In Szenario 5, im Fall des Facebookposts, dagegen schätzen sechs Unternehmensvertreter die Situation so ein, dass die Mitarbeiteräußerung tatsächlich Einfluss auf die Unternehmensreputation haben kann:

> Ich für meinen Fall würde aus der beruflichen Perspektive das bejahen. Ja, das gibt einen negativen Rückschluss, ja (5. Interview, Interviewter I_05).

Ebenso in Szenario 7 sehen fünf Unternehmensvertreter direkte negative Effekte: Die Reputation würde demnach geschädigt werden. Demgegenüber gaben ebenso fünf Unternehmen an, dass keine negativen Reputationsschäden zu befürchten wären:

> Ja, das glaube ich, hat nicht viel Auswirkung (9. Interview, Interviewter I_09/A).

Auch aufgrund der sensiblen Thematik hinsichtlich diskriminierender Inhalte sehen sechs Unternehmen im achten Szenario negative Folgen für die Reputation. Zwar wiesen die Experten auch darauf hin, dass es sich um einen Kommentar unter einem Kommentar handelt, aufgrund der angesprochenen Thematik seien aber dennoch Reputationsverluste zu befürchten:

> Und die Reputationswirkung ist hier auch definitiv negativ, und wenn das auch nur zwei oder drei Leute mitkriegen, ist das auch egal (5. Interview, Interviewter I_05).

5.4.3.2 Öffentliche Reaktion

Sieben Unternehmensvertreter würden sich öffentlich zu dem (rechtsradikalen) Beitrag in Szenario 5 äußern und sich von der Meinung distanzieren, um potenziellen negativen Folgen für das Unternehmen entgegenzuarbeiten:

> Dann wäre es wichtig vom Unternehmen, dass es sich öffentlich dazu, also von dem entsprechenden Mitarbeiter distanziert und, (…) ich denke auch Konsequenzen zieht und dies auch öffentlich kommuniziert. (…) Ich denke, es wäre ein Fehler vom Unternehmen, so einen Fall dann öffentlich zu tolerieren, weil ich denke, das könnte dann negative Reputation erzeugen. Aber wenn man sich sofort distanziert, sofort agiert, ist kein Schaden zu befürchten, also nicht für das Unternehmen (10. Interview, Interviewte I_10).

Wie dieser Einschätzung zu entnehmen ist, könnten Konsequenzen für die Unternehmensreputation entstehen, wenn das Unternehmen sich nicht öffentlich dazu äußern würde. In diesem Zusammenhang sehen sieben Unternehmensvertreter direkte negative Folgen für die Reputation. Vier Interviewpartner gaben an, keine Relevanz für die Reputation zu sehen, würden dies allerdings auch von den Faktoren Reichweite und Sichtbarkeit abhängig machen. Das bedeutet, wenn sich der Beitrag weiter ausbreiten würde, wäre tendenziell trotzdem mit Reputationsbeeinträchtigung zu rechnen. Eine Reputationswirkung besteht somit, abhängig von der noch möglichen Reichweite des Beitrages:

> Wenn man nicht handelt und es groß werden würde und wie gesagt auch einen ‚medialen Boost' bekommt und ein Bezug zum Arbeitgeber hergestellt werden kann, dann würde es ganz klar ein Reputationsthema werden (2. Interview, Interviewter I_02).

5.4.3.3 Positive Effekte für das Unternehmen

Eine öffentliche Reaktion auf den Beitrag in Szenario 4 würden fünf Interviewpartner anstreben, wobei zwei Unternehmen diese nutzen würden, um positive Effekte für das Unternehmen zu generieren:

Ja, ich glaube, da kann man viel machen, auch, eh, in Richtung positive Reputation. Also, ich glaube, da ist Potenzial, dass man, (…) dass man, eh, eine gute Reputation am Ende rausziehen kann. Aber, es ist ein Drahtseilakt, also es kann auch nach hinten losgehen. Da muss man sich vorher wirklich ein wenig Zeit nehmen und überlegen … (9. Interview, Interviewter I_09/A).

5.4.3.4 Eigenes Unternehmen hinterfragen

Häufiger wurde angeregt, dass eigene Unternehmen zu hinterfragen und interne Konsequenzen zu erwägen, falls ähnliches Fehlverhalten wiederholt vorkommt.

Es ist ja nicht grundlos, dass Leute sowas posten. Man sollte schauen, was dahinter steckt, und das ist dann auch die Aufgabe der Personalabteilung (2. Interview, Interviewter I_02).

Weiterhin sollten Unternehmen nach Meinung der Experten über ihre Feedbackkultur nachdenken und überlegen, welches unternehmensinterne Problem hinter dem Fehlverhalten des/der Mitarbeitenden stecken kann, wie folgende Aussage zum Ausdruck bringt:

Warum oder was sind wir für ein Arbeitgeber, dass er uns das nicht mitteilen kann? (2. Interview, Interviewter I_02).

5.4.4 Moderierende Faktoren

Die Interviews haben gezeigt, dass das Ausmaß der Konsequenzen von Fehlverhalten in sozialen Medien für Mitarbeitende und Unternehmen von unterschiedlichen Faktoren verstärkt beziehungsweise gemindert werden kann. Auf diese moderierenden Faktoren soll im Folgenden kurz eingegangen werden.

5.4.4.1 Thema des Fehlverhaltens

Da die meisten Experten Diskussionen über Gehälter in sozialen Medien als deplatziert erachten und Äußerungen diesbezüglich im Arbeitsvertrag geregelt sind, rief die Mitarbeiteräußerung aus Szenario 4 eher negative Empfindungen hervor:

Das ist natürlich immer ein sehr sensibles Thema, wenn es um die Gehaltszahlungen geht (2. Interview, Interviewter I_02).

Nach den ersten eher harmlosen Beiträgen reagierten die Experten auf das dritte Szenario, in dem eine Mitarbeiterin auf Twitter einen rassistischen Kommentar postete, überwiegend negativ und äußerten negative Empfindungen wie beispielsweise „krass", „tragisch" oder:

Es ist a) dämlich und b) unentschuldbar (7. Interview, Interviewter I_07).

Derartige diskriminierende Inhalte können die Konsequenzen verstärken. So rief die Mitarbeiteräußerung im achten Szenario, in dem ein Mitarbeiter eine „Dusche", wie sie in

Konzentrationslagern eingesetzt wurde, für eine Flüchtlingswohnung vorschlug, durchgängig negative Empfindungen bei den befragten Experten hervor:

> Und da ist sowas einfach ein No-Go (6. Interview, Interviewte I_06).

> Das ist wirklich sehr erschreckend (1. Interview, Interviewte I_01).

5.4.4.2 Plattform und Sichtbarkeit

Auch die Plattform kann die Reaktionen seitens der Unternehmensvertreter und damit die Konsequenzen des Fehlverhaltens beeinflussen. Mithilfe der jeweiligen Einstellungen der Plattformen können Twitterprofile auch nicht öffentlich geführt werden und Facebookprofile vollständig öffentlich sichtbar sein. Dennoch wird Twitter als „öffentlicheres" Medium als Facebook wahrgenommen, wie folgende Experteneinschätzung zeigt:

> Twitter ist immer ein Stückchen sensibler als Facebook, weil ich bei Meinungsäußerungen bei Facebook eben eine Einschränkung auf den privaten Bereich habe, die habe ich bei Twitter beispielsweise nicht. Das heißt, alles, was bei Twitter gemacht wird, ist dann auch öffentlich in der Regel (2. Interview, Interviewter I_02).

5.4.4.3 Reichweite

Im Zusammenhang mit der Plattform, auf der das Fehlverhalten stattgefunden hat, steht auch die antizipierte Reichweite des Beitrages. So wird nachfolgend angenommen, dass ein privater Blog eine eher geringe Reichweite hat:

> Da wäre ja dann die Frage, wie weit das gestreut hat. Aber ich denke mal, so ein privater Blog, ist ja eine relativ unbekannte Person. So viel Einfluss wird es nicht haben (1. Interview, Interviewte I_01).

Auch in Szenario 6 zu den Anschlägen auf die Redaktionsräume der Satirezeitschrift Charlie Hebdo würden die meisten Unternehmen eine Reputationswirkung stark von der Reichweite des Beitrages abhängig machen. Die Experten würden zurückhaltend auf diese Äußerung reagieren und zunächst beobachten, welche Tragweite der Beitrag annimmt:

> Deshalb würden wir, glaube ich, erstmal gucken, was daraus entsteht (4. Interview, Interviewte I_04).

Eine höhere Reichweite bedeutet also zumeist eine stärkere Wirkung auf die Unternehmensreputation.

5.4.4.4 Unternehmensbezug

Ein weiterer kritischer Faktor ist der direkte Unternehmensbezug, wenn Namen der Geschäftsführung oder das Logo des Unternehmens genannt werden, wie es in Szenario 2 der Fall war:

Kommt auf die Person an. Das Liken sehe ich erst, wenn ich über den Beitrag fahre. Und es
kommt darauf an, wie viele Leute es gelikt haben, es ist eine ‚von Fall zu Fall'-Entscheidung.
Ich finde die Reputationswirkung nicht so gravierend, es sei denn, diese Grafik von diesem
Fisch hat natürlich das Unternehmens-Logo drin (2. Interview, Interviewter I_02).

Der Unternehmensbezug kann aber auch durch das Profil hergestellt werden. Szenario 7
zeigt den Mitarbeiter vor dem Eingang des Unternehmens, stellt also ähnlich dem zweiten Szenario eine visuelle Komponente dar, die bei den Rezipienten länger im Gedächt-
nis bleiben könnte (vgl. Childers und Houston 1984, S. 643):

Das ist natürlich ganz schlecht, auch psychologisch, weil visuell werden alle, die den Post
lesen, sofort unser Unternehmen in Verbindung setzen mit dem Beitrag (10. Interview, Interviewte I_10).

5.4.4.5 Stellung/Position im Unternehmen

Auch die Stellung des/der Mitarbeitenden, beziehungsweise die Hierarchieebene, kann
verstärkend hinsichtlich der Konsequenzen fehlender Reputationskompetenz/Fehlver-
halten in sozialen Medien wirken. Dies begründen die Unternehmensvertreter damit,
dass Mitarbeitende bestimmter Abteilungen (zum Beispiel der Kommunikationsabteilung) oder Hierarchieebenen (zum Beispiel Betriebsrat) für die Öffentlichkeit
besonders vertrauenswürdig erscheinen und deren Meinung häufig als Unternehmens-
ansicht betrachtet wird.

In Szenario 6 wird dem Mitarbeiter aufgrund seiner Stellung im Betriebsrat insbesondere die Funktion als Unternehmensrepräsentant zugesprochen, speziell im Hinblick auf die Interessensvertretung der Arbeitnehmer. Deshalb sehen die Experten das
Risiko, dass die Wahrnehmung und Wirkung zusätzlich steigen, wenn ein Betriebsrat kritische Meinungen in sozialen Medien veröffentlicht:

Ja, weil er einfach in seiner Funktion eine weitere Repräsentationsfunktion hat, sofern
ich das beurteilen kann. Ein Betriebsrat hat natürlich eine Aufsichtsfunktion und Vorbild-
funktion, implizit für mich (2. Interview, Interviewter I_02).

Und ein einfacher Mitarbeiter, nicht degradierend gemeint, der spricht natürlich in erster
Linie für sich. Wenn er dann eine Assoziation zum Unternehmen hat, nur aufgrund seiner
Arbeitnehmertätigkeit, ist das noch weiter weg, als wenn ich tatsächlich in meiner Funktion
als Betriebsrat das Unternehmen und die Arbeitnehmerschaft insgesamt irgendwo vertreten
muss und dann da politische Äußerungen von mir gebe und kundtue (2. Interview, Interviewter I_02).

5.4.4.6 Kurzfristigkeit

Zwei Experten verwiesen auf einen kurzfristigen Einfluss von Fehlverhalten in sozialen
Medien auf die Reputation:

Aber es könnte so kurzfristig einen starken Einfluss haben. Aber ich denke halt, dass man
das auch relativ schnell wieder, die Kuh wieder vom Eis haben wird, wenn man dann entsprechend agiert (3. Interview, Interviewter I_03).

Also kurzfristig würde ich sagen schon, da geht bestimmt mal ein bisschen Feuer durch das Netz. Aber das verliert sich. Das, innerhalb von zwei Wochen spricht da ja eh keiner mehr drüber, und die Leute denken dann auch nicht mehr drüber nach (9. Interview, Interviewter I_09/A).

Werden allerdings die Ergebnisse von Hall (1992) herangezogen, so zeigt sich, dass eine beschädigte Reputation nicht als kurzfristiges Problem einzustufen ist. Hall (1992, S. 143) hat festgestellt, dass es mehr als zehn Jahre dauern kann, die verlorene Reputation wiederherzustellen. Von einem temporären Reputationsschaden gehen die Experten aus, weil in ihre Einschätzung die Eigenschaften sozialer Medien einfließen. Zu diesen gehört aus ihrer Sicht auch die Schnelllebigkeit von Themen, wie bereits die Einschätzung des Interviewten I_03 zeigt. Da in sozialen Medien nahezu jeder kommunizieren kann, gelangen polarisierende Themen schnell in die Aufmerksamkeit von Nutzern, werden aber aufgrund der starken Vernetzung auch schnell von anderen Themen überdeckt (vgl. Rokka et al. 2014, S. 814). Insbesondere die Plattform Twitter ermöglicht eine schnellere Verbreitung von Informationen gegenüber traditionellen Kommunikationskanälen, weil hier nahezu keine Filter existieren und Beiträge für jeden öffentlich zugänglich sind (vgl. Gruber et al. 2015, S. 168). Das bedeutet, dass jeder Nutzer der Plattform die Beiträge anderer lesen, teilen und kommentieren kann. Dadurch kann der Kontext der eigentlichen Nachricht verschwimmen und fehlinterpretiert werden, auch weil Informationen nicht für eine große Zuhörerschaft zugeschnitten sind (vgl. Ollier-Malaterre und Rothbard 2015, S. 27; Ollier-Malaterre et al. 2013, S. 648).

5.4.4.7 Fehlinterpretation, Humor und freie Meinungsäußerung

Eine mögliche Fehlinterpretation aufseiten des Rezipienten zeigt sich in Szenario 3 insbesondere im letzten Tweet der Mitarbeiterin, in dem sie darauf hinweist, dass sie nur einen Scherz mache. Der Interviewte I_05 gab zu diesem Thema an, dass aus seiner Sicht die Mitarbeiterin keine besonderen Konsequenzen zu befürchten hätte:

> Aber sie hat ja auch dazu geschrieben, das ist nur ein Spaß. (…) über Humor kann man trefflich streiten. Sie hat auch niemanden persönlich angesprochen, deswegen sehe ich da keine Verfehlung (5. Interview, Interviewter I_05).

Ähnlich seien freie Meinungsäußerungen zu handhaben. Szenario 7, in dem ein Mitarbeiter das Konzentrationslager Auschwitz in Verbindung mit Flüchtlingen erwähnt, rief bei allen befragten Experten negative Empfindungen hervor:

> Es ist eine dämliche, (…) aber dennoch private Meinungsäußerung (7. Interview, Interviewter I_07).

Anhand dieser Einschätzung ist ersichtlich, dass derartige Beiträge zwar persönlich als negativ empfunden werden, aus Sicht des Unternehmensvertreters allerdings eine private Meinungsäußerung darstellen könnten. Der Mitarbeiter dürfe sich im privaten Umkreis also durchaus so äußern. Dennoch hätte dieser Beitrag zur Folge, dass der Mitarbeiter in einem Gespräch darum gebeten würde, sein Profilbild, auf dem das Unternehmen zu sehen ist, zu ändern.

Wie sich an diesen Beispielen und den anderen Reaktionen zu beiden Szenarien zeigen lässt, fallen die Reaktionen und Interpretationen doch sehr unterschiedlich aus. Dabei bleibt unklar, inwiefern freie Meinungsäußerungen oder Witze mit rassistischen Inhalten akzeptabel sind.

5.5 Zusammenfassung

Ziel dieses Beitrags war es, anhand von Experteninterviews zu untersuchen, wie sich geringe oder fehlende mitarbeiterseitige Kompetenzen im Umgang mit sozialen Medien 1) auf die bestehende Unternehmensreputation und 2) den Arbeitnehmer auswirken könnten und 3) welche Größen diese Wirkung potenziell verstärken oder verringern.

Die Studie verdeutlicht anhand qualitativer Interviews die Relevanz der Reputationskompetenz und zeigt verschiedene Einflussgrößen auf. Es konnte auf Basis der Einschätzung der Experten bestätigt werden, dass mitarbeiterseitiges Fehlverhalten in sozialen Medien zur Beeinflussung von Stakeholdern und zu Reputationsschäden führen kann. Dabei sei es wichtig, sich rechtzeitig öffentlich als Unternehmen von entsprechendem Fehlverhalten zu distanzieren. So können Unternehmen mit einer geeigneten Reaktion auf reputationsschädigende Beiträge den Schaden verhindern oder das Unternehmen sogar in ein positives Licht stellen. Kommt ein bestimmtes Fehlverhalten vonseiten der Mitarbeitenden wiederholt vor, kann dies auch auf interne Probleme im Unternehmen hinweisen.

Obwohl in den meisten Fällen Social-Media-Guidelines vorhanden waren, reagieren die meisten Unternehmen erst einmal mit einem klärenden Gespräch und entsprechenden Ermahnungen oder Abmahnungen auf Fehlverhalten in sozialen Medien. In diesem Zusammenhang wird zumeist auch erstmals dem/der Mitarbeitenden untersagt, in sozialen Medien einen Unternehmensbezug (zum Beispiel durch Bilder und/oder Profilangaben) herzustellen. Schulungen und striktere Guidelines mit klaren Regeln könnten Unternehmen und Mitarbeitenden helfen, den aus sozialen Medien erwachsenen Herausforderungen zu begegnen.

Als wichtige moderierende Faktoren, die die negative Wirkung von Fehlverhalten in sozialen Medien auf die Reputation von Mitarbeitenden und Unternehmen verstärken oder verringern, wurden Sichtbarkeit und Reichweite genannt. In einzelnen Fällen würden die Experten daher erst einmal zurückhaltend reagieren und zunächst beobachten, welche Beachtung der Beitrag findet. Hier besteht jedoch insbesondere in sozialen Medien die Gefahr, dass der Beitrag relativ plötzlich Aufsehen erregt beziehungsweise sich stark verbreitet, weil zum Beispiel Akteure mit sehr vielen Followern darauf aufmerksam machen. Andererseits hätten, laut Einschätzung der Experten, viele Beiträge nur einen sehr kurzfristigen Effekt, ohne jedoch mittel- oder langfristig die Reputation zu gefährden. Weiterhin hängt die Stärke des Effekts mit der Stellung und Position des/

der Mitarbeitenden im Unternehmen zusammen. So ginge ein Rezipient umso eher davon aus, dass ein/e Mitarbeitende/r auch die Meinung des Unternehmens wiedergibt, desto höher er/sie gestellt sei. Neben dieser impliziten Wahrnehmung des Unternehmensbezugs spielt die explizite Nennung des Unternehmens im eigentlichen Beitrag, im Profil oder in einem Bild eine wichtige Rolle. Dabei kann der Bezug sich auch nachträglich und ungewollt ändern, indem etwa das jeweilige soziale Netzwerk die Angabe, zum Beispiel durch Veränderungen in der Benutzeroberfläche, entsprechend hervorhebt. Zusammenfassend belegen die vorgestellten Untersuchungsergebnisse, dass mitarbeiterseitige Kompetenzen im Umgang mit sozialen Medien eine Herausforderung für Unternehmen darstellen.

Literatur

Aula, P. (2010). Social media, reputation risk and ambient publicity management. *Strategy & Leadership, 38*(6), 43–49.

Bogner, A., & Menz, W. (2005). Das theoriegenerierende Experteninterview. In A. Bogner, B. Littig, & W. Menz (Hrsg.), *Das Experteninterview* (2. Aufl., S. 33–70). Wiesbaden: VS Verlag.

Boniversum, & Bevh. (2016). Was ist der Hauptgrund für die Nutzung von Social Media in Ihrem Unternehmen? Statista – Das Statistik-Portal. https://de.statista.com/statistik/daten/studie/214159/umfrage/gruende-fuer-die-nutzung-von-social-media-durch-unternehmen/. Zugegriffen: 7. Apr. 2018.

Cable, D. M., & Turban, D. B. (2003). The value of organizational reputation in the recruitment context: A brand-equity perspective. *Journal of Applied Social Psychology, 33*(11), 2244–2266.

Caruana, A., & Ewing, M. T. (2010). How corporate reputation, quality, and value influence online loyalty. *Journal of Business Research, 63*(9–10), 1103–1110.

Childers, T. L., & Houston, M. J. (1984). Conditions for a picture-superiority effect on consumer memory. *Journal of Consumer Research, 11*(2), 643–654.

Chun, R. (2005). Corporate reputation: Meaning and measurement. *International Journal of Management Reviews, 7*(2), 91–109.

Culnan, M. J., Mchugh, P. J., & Zubillaga, J. I. (2005). How large U.S. companies can use twitter and other social media to gain business value. *MIS Quarterly Executive, 9*(4), 243–259.

Dekay, S. H. (2012). How large companies react to negative Facebook comments. *Corporate Communications: An International Journal, 17*(3), 289–299.

Dijkmans, C., Kerkhof, P., & Beukeboom, C. J. (2015). A stage to engage: Social media use and corporate reputation. *Tourism Management, 47,* 58–67.

Dreher, S. (2014). Social media and the world of work: A strategic approach to employees' participation in social media. *Corporate Communications: An International Journal, 19*(4), 344–356.

Eisenegger, M. (2005). *Reputation in der Mediengesellschaft: Konstitution – Issues Monitoring – Issues Management.* Zugl. Dissertation, Universität Zürich. Wiesbaden: VS Verlag.

eMarketer. (2016). Anzahl der Nutzer sozialer Netzwerke weltweit in den Jahren 2010 bis 2015 sowie eine Prognose bis 2020 (in Milliarden). Statista – Das Statistik-Portal, https://de.statista.com/statistik/daten/studie/219903/umfrage/prognose-zur-anzahl-der-weltweiten-nutzer-sozialer-netzwerke/. Zugegriffen: 7. Apr. 2018.

Europäische Union. (2003). *Empfehlung der Kommission vom 6. Mai 2003 betreffend die Definition der Kleinstunternehmen sowie der kleinen und mittleren Unternehmen.* Amtsblatt der Europäischen Union, 136.

Fombrun, C. J., & Shanley, M. (1990). What's in a name? Reputation building and corporate strategy. *The Academy of Management Journal, 33*(2), 233–258.

Fombrun, C. J., & Van Riel, C. (2004). *Fame & fortune: How successful companies build winning reputations.* New Jersey: Pearson Education.

Galinsky, A. D., Magee, J. C., Inesi, M. E., & Gruenfeld, D. H. (2006). Power and perspectives not taken. *Psychological Science, 17*(12), 1068–1074.

Gläser, J., & Laudel, G. (2009). *Experteninterviews und qualitative Inhaltsanalyse* (3. Aufl.). Wiesbaden: VS Verlag.

Globalwebindex. (2016). Durchschnittliche tägliche Nutzugsdauer von sozialen Medien weltweit in den Jahren 2012 bis 2015 (in Minuten). Statista – Das Statistik-Portal. https://de.statista.com/statistik/daten/studie/475072/umfrage/taegliche-nutzungdauer-von-sozialen-medien/. Zugegriffen: 4. Nov. 2016.

Gotsi, M., & Wilson, A. M. (2001). Corporate reputation: seeking a definition. *Corporate Communications: An International Journal, 6*(1), 24–30.

Graham, M. E., & Bansal, P. (2007). Consumers' willingness to pay for corporate reputation: The context of airline companies. *Corporate Reputation Review, 10*(3), 189–200.

Gruber, D. A., Smerek, R. E., Thomas-Hunt, M. C., & James, E. H. (2015). The real-time power of Twitter: Crisis management and leadership in an age of social media. *Business Horizons, 58*(2), 163–172.

Hall, R. (1992). The strategic analysis of intangible resources. *Strategic Management Journal, 13*(2), 135–144.

Hanna, R., Rohm, A., & Crittenden, V. L. (2011). We're all connected: The power of the social media ecosystem. *Business Horizons, 54*(3), 265–273.

Helm, S. (2013). A matter of reputation and pride: Associations between perceived external reputation, pride in membership, job satisfaction and turnover intentions. *British Journal of Management, 24*(4), 542–556.

Kaplan, A. M., & Haenlein, M. (2010). Users of the world, unite! The challenges and opportunities of social media. *Business Horizons, 53*(1), 59–68.

Kietzmann, J. H., Hermkens, K., Mccarthy, I. P., & Silvestre, B. S. (2011). Social media? Get serious! Understanding the functional building blocks of social media. *Business Horizons, 54*(3), 241–251.

Kim, A. J., & Ko, E. (2012). Do social media marketing activities enhance customer equity? An empirical study of luxury fashion brand. *Journal of Business Research, 65*(10), 1480–1486.

Martini, A. (2008). *Suchen, Erfahren und Vertrauen in den „Moments of Truth".* Zugl. Dissertation, Freie Universität Berlin. Wiesbaden: Deutscher Universitäts.

Mayring, P. (2015). *Qualitative Inhaltsanalyse: Grundlagen und Techniken* (12. Aufl.). Weinheim: Beltz.

McWilliams, A., & Siegel, D. (2001). Corporate social responsibility: A theory of the firm perspective. *The Academy of Management Review, 26*(1), 117–127.

Meuser, M., & Nagel, U. (2005). Vom Nutzen der Expertise. In A. Bogner, B. Littig, & W. Menz (Hrsg.), *Das Experteninterview* (2. Aufl., S. 257–272). Wiesbaden: VS Verlag.

Miles, S. J., & Mangold, W. G. (2014). Employee voice: Untapped resource or social media time bomb? *Business Horizons, 57*(3), 401–411.

Misoch, S. (2015). *Qualitative interviews.* Berlin: de Gruyter Oldenbourg.

Musteen, M., Datta, D. K., & Kemmerer, B. (2010). Corporate reputation: Do board characteristics matter? *British Journal of Management, 21*(2), 498–510.

Ollier-Malaterre, A., & Rothbard, N. P. (2015). Social media or social minefield? Surviving in the new cyberspace era. *Organizational Dynamics, 44*(1), 26–34.

Ollier-Malaterre, A., Rothbard, N. P., & Berg, J. M. (2013). When worlds collide in cyberspace: How boundary work in online social networks impacts professional relationships. *The Academy of Management Review, 38*(4), 645–669.

Park, C., & Lee, T. M. (2009). Information direction, website reputation and eWOM effect: A moderating role of product type. *Journal of Business Research, 62*(1), 61–67.

Riordan, M. A., & Trichtinger, L. A. (2016). Overconfidence at the keyboard: Confidence and accuracy in interpreting affect in e-mail exchanges. *Human Communication Research, 43*(1), 1–24.

Roberts, P. W., & Dowling, G. R. (2002). Corporate reputation and sustained superior financial performance. *Strategic Management Journal, 23*(12), 1077–1093.

Rokka, J., Karlsson, K., & Tienari, J. (2014). Balancing acts: Managing employees and reputation in social media. *Journal of Marketing Management, 30*(7–8), 802–827.

Schwaiger, M. (2004). Components and parameters of corporate reputation – An empirical study. *Schmalenbach Business Review, 56,* 46–71.

Schwaiger, M., Raithel, S., Scharf, S., & Rinkenburger, R. (2010). Erfolgsfaktor Reputation: Steuerung eines immateriellen Werttreibers. *Controlling: ZFC – Zeitschrift für erfolgsorientierte Unternehmenssteuerung, 22*(2), 89–95.

Schwalbach, J. (2004). Reputation. In G. Schreyögg & A. von Werder (Hrsg.), *Handwörterbuch Unternehmensführung und Organisation* (4. Aufl., S. 1262–1269). Stuttgart: Schäffer-Poeschel.

Shapiro, C. (1983). Premiums for high quality products as returns to reputations. *The Quarterly Journal of Economics, 98*(4), 659–679.

Tijdens, K., & Steijn, B. (2005). The determinants of ICT competencies among employees. *New Technology, Work and Employment, 20*(1), 60–73.

Walsh, G., & Beatty, S. E. (2007). Customer-based corporate reputation of a service firm: Scale development and validation. *Journal of the Academy of Marketing Science, 35*(1), 127–143.

Walsh, G., Mitchell, V. W., Jackson, P. R., & Beatty, S. E. (2009). Examining the antecedents and consequences of corporate reputation: A customer perspective. *British Journal of Management, 20*(2), 187–203.

Walsh, G., Hass, B. H., & Kilian, T. (Hrsg.). (2011). *Web 2.0: Neue Perspektiven für Marketing und Medien.* Heidelberg: Springer.

Walsh, G., Klee, A., & Kilian, T. (2013). *Marketing: Eine Einführung auf der Grundlage von Case Studies* (2. Aufl.). Heidelberg: Springer Gabler.

Walsh, G., Schaarschmidt, M., & von Kortzfleisch, H. (2016). Employees' company reputation-related social media competence: Scale development and validation. *Journal of Interactive Marketing, 36,* 46–59.

Alexander Rahtjen studierte Business Administration an der Friedrich-Schiller-Universität Jena mit den Schwerpunkten Strategie, Management und Marketing. Im Rahmen seiner Masterarbeit beschäftigte er sich mit dem Forschungsschwerpunkt Reputationsmanagement.

Dr. Eva Hammes ist wissenschaftliche Mitarbeiterin am Lehrstuhl für Allgemeine Betriebswirtschaftslehre und Marketing an der Friedrich-Schiller-Universität Jena. Ihre Forschungsschwerpunkte beinhalten Dienstleistungsmarketing und sozial-psychologische Konstrukte im Kontext der Medienrezeption.

Daniel Brylla ist wissenschaftlicher Mitarbeiter am Lehrstuhl für Allgemeine Betriebswirtschaftslehre und Marketing an der Friedrich-Schiller-Universität Jena. Sowohl in wissenschaftlicher als auch in selbstständiger Tätigkeit befasst er sich mit Visuellem Marketing im Kontext elektronischer Medien.

Prof. Dr. Gianfranco Walsh ist Professor für Allgemeine Betriebswirtschaftslehre und Marketing an der Friedrich-Schiller-Universität Jena. Seine Forschungsschwerpunkte liegen in den Bereichen Dienstleistungsmarketing, Dienstleistungsmanagement, elektronischer Handel sowie Reputationsmanagement.

Steigerung der Reputationskompetenz im betrieblichen Kontext: Einsatzszenarien, Chancen und Grenzen

6

Lisa Strasser und Alexander Bartoschak

Inhaltsverzeichnis

▶ **Zusammenfassung** Dieser Beitrag befasst sich mit der Fragestellung, inwieweit sich Einsatzszenarien zur Messung der Reputationskompetenz im betrieblichen Kontext entwickeln lassen. Die Autoren gehen konkret der Frage nach, ob es spezifische Situationen oder Gruppen von Mitarbeitenden gibt, für welche die Nutzung der Skala zur Messung der Reputationskompetenz besonders vielversprechend ist. Ergebnisse im Sinne von Einsatzszenarien, die pauschal Gültigkeit besitzen, werden nicht präsentiert. Vielmehr werden unterschiedlich zeit- und kostenintensive Herangehensweisen zum Einsatz der Skala im betrieblichen Kontext diskutiert. Abschließend werden allgemeine Überlegungen zu Chancen und Grenzen angestellt: erstens zum Einsatz der Skala zur Messung von Reputationskompetenz, zweitens zu möglichen Maßnahmen zur Steigerung der Reputationskompetenz aus Unternehmensperspektive.

L. Strasser (✉) · A. Bartoschak
CHECK24 Services GmbH, München, Deutschland
E-Mail: lisa.strasser@check24.de

A. Bartoschak
E-Mail: alexander.bartoschak@check24.de

© Springer Fachmedien Wiesbaden GmbH, ein Teil von Springer Nature 2019
M. Schaarschmidt et al. (Hrsg.), *Online-Reputationskompetenz von Mitarbeitern*,
https://doi.org/10.1007/978-3-658-25487-2_6

6.1 Einsatzszenarien von Social-Media-bezogener Kompetenzmessung im betrieblichen Kontext

Immer mehr Unternehmen implementieren Richtlinien und Trainings zur Steigerung der Reputationskompetenz ihrer Mitarbeitenden mit dem Ziel, einer Schädigung der Unternehmensreputation durch eine missbräuchliche Nutzung von Social-Media-Plattformen entgegenzuwirken (vgl. Macnamara und Zerfass 2012; Miles und Mangold 2014). Zahlreiche Beiträge aus akademischer und wirtschaftlicher Berichterstattung dokumentieren Fälle, in welchen Mitarbeitende Social-Media-Plattformen privat und beruflich in einer Art und Weise nutzen, die zur Schädigung der Unternehmensreputation beiträgt (vgl. Johnston 2015; Rokka et al. 2014). Nicht zuletzt, weil ein unüberlegter und ungeschulter Umgang mit Social-Media-Kanälen negative Konsequenzen für die Unternehmensreputation nach sich ziehen kann (vgl. Ivens und Schaarschmidt 2015). Diese Konsequenzen umfassen unter anderem auch negative Auswirkungen auf die wichtigsten monetären und nicht- monetären Kenngrößen (zum Beispiel Wiederkaufabsicht) (vgl. Walsh et al. 2014). Daher sollten aus Unternehmensperspektive insbesondere folgende Fragen geklärt werden:

1. Lässt sich die Reputationskompetenz von Mitarbeitenden messen?
2. Kann durch die Messung der mitarbeiterseitigen Reputationskompetenz potenziellen Reputationsschäden vorgebeugt werden?

Da die Reputationskompetenz von Mitarbeitenden mittels der Skala zur Messung der Reputationskompetenz (RKSM-Skala) online anhand eines Selbsttests gemessen werden kann (vgl. Walsh et al. 2016), kann die erste Frage mit Ja beantwortet werden. Dabei wird beispielsweise erfasst, wie vertraut der/die Mitarbeitende mit technischen Einstellungsmöglichkeiten von sozialen Medien ist. Die RKSM-Skala erfasst insgesamt fünf Kompetenzdimensionen, welche zusammengefasst die Reputationskompetenz eines/einer Mitarbeitenden abbilden (vgl. auch den Beitrag „Konsequenzen fehlender Mitarbeiterreputationskompetenz in sozialen Medien" in diesem Sammelband).

Übersicht der Kompetenzdimensionen
I.   Sichtbarkeitskompetenz
      Der/Die Mitarbeitende ist sich darüber bewusst, dass seine/ihre Angaben (Fotos, Kommentare, persönliches Profil, etc.) in sozialen Medien für andere Nutzer sichtbar sind.
II.   Technische Kompetenz
      Der/Die Mitarbeitende ist mit den technischen Einstellungsmöglichkeiten seines/ihres Profils in sozialen Medien vertraut und in der Lage diese bei Bedarf zu ändern.
III. Kommunikationskompetenz
      Der/Die Mitarbeitende achtet auf seinen/ihren Umgangston und begegnet anderen Nutzern in sozialen Netzwerken mit Respekt und Höflichkeit.

IV. Einbringungskompetenz
   Der/Die Mitarbeitende beteiligt sich nur dann aktiv an Diskussionen in sozialen Medien, wenn er/sie über ausreichende Fachkenntnisse in der jeweiligen Thematik verfügt.
V. Reflexionskompetenz
   Der/Die Mitarbeitende macht sich Gedanken darüber, welche Auswirkungen sein/ihr Handeln in sozialen Netzwerken haben kann und wie andere Nutzer sein/ihr Verhalten auffassen könnten.

Über die Homepage des Projekts Webutatio (www.webutatio.de) kann ein Selbsttest zur Messung der individuellen Reputationskompetenz kostenlos von Mitarbeitenden aufgerufen und ausgefüllt werden. Das Ergebnis erhält der/die Teilnehmende direkt im Nachgang angezeigt. Angepasst auf das individuelle Testergebnis können spezielle Weiterbildungsangebote zur Steigerung der Reputationskompetenz des/der Mitarbeitenden offeriert und damit potenziellen Reputationsschäden vorgebeugt werden. In diesem Zusammenhang bleibt jedoch zu klären, ob es sinnvoll ist alle Mitarbeitenden an dem Selbsttest zur Messung der individuellen Reputationskompetenz teilnehmen zu lassen, oder ob sich Szenarien entwickeln lassen, die einen Einsatz der RKSM-Skala in bestimmten Kontexten als mehr oder weniger sinnvoll erscheinen lassen. Der Ursprung dieser Überlegung ist eine betriebliche Kosten-Nutzen-Rechnung mit folgender Frage: Lohnt es sich, dass alle Mitarbeitenden Zeit für das Ausfüllen der RKSM-Skala, der Lektüre des Testergebnisses etc. aufwenden? Oder gibt es Gruppen von Mitarbeitenden, bei welchen die Messung der individuellen Reputationskompetenz als empfehlenswert zu erachten ist, während andere – beispielsweise aufgrund bestimmter Tätigkeitsmerkmale wie eine Anstellung im Bereich Public Relations, die eventuell bereits ein hohes Maß an Erfahrung mit sozialen Medien mit sich bringen – vernachlässigt werden können? Es gilt demnach abzuwägen, ob das Risiko, die Reputationskompetenz von nur einer bestimmten Gruppe Mitarbeitender zu messen größer ist als der Zeitverlust, beziehungsweise die Kosten, als wenn alle Mitarbeitenden an dem Selbsttest teilnehmen würden.

Die Grundannahme des Verbundprojektes Webutatio war es, dass möglicherweise bestimmte Szenarien existieren, welche den Einsatz der Skala und der daraus abzuleitenden Maßnahmen zur Steigerung der mitarbeitendenseitigen Reputationskompetenz als besonders empfehlenswert erachten. Diese Annahmen stützen sich unter anderem auf die Befunde von Connolly, Conlon und Deutsch (1980) sowie Hartnell, Ou und Kinicki (2011), wonach aus einer Ressourceneffektivitätsperspektive eine Messung der Reputationskompetenz aller Mitarbeitenden als nicht umsetzbar oder erstrebenswert zu bewerten sei, da davon ausgegangen werden kann, dass einige Mitarbeitende bereits über ausreichend Reputationskompetenz verfügen und soziale Medien nutzen, ohne die Reputation des Unternehmens zu schädigen.

6.2   Einsatzszenario und Szenarioanalyse

Dieser Abschnitt befasst sich mit der Fragestellung, inwieweit sich Einsatzszenarien
zur Messung der Reputationskompetenz im betrieblichen Kontext entwickeln lassen. Es
gilt also zu erörtern, ob es spezifische Situationen oder – insbesondere vor dem Hintergrund des Forschungsprojektes Webutatio – Gruppen von Mitarbeitenden gibt, welche
die RKSM-Skala ausfüllen und bei entsprechenden Ergebnissen an Maßnahmen zur Steigerung ihrer individuellen Reputationskompetenz teilnehmen sollten. Im Folgenden soll
daher das Szenario als solches und die Szenarioanalyse näher beleuchtet und gegebenenfalls Handlungsimplikationen für das Erstellen von Einsatzszenarien für die RKSM-
Skala abgeleitet werden.

Der Begriff Szenario stammt ursprünglich aus der Film- und Theatersprache und
wurde 1967 von Herman Kahn und Anthony J. Wiener im Bereich der Wirtschaftswis-
senschaften erstmalig genutzt. Unter einem Szenario versteht man dabei „a hypothetical
sequence of events constructed for the purpose of focusing attention on causal proces-
ses and decision points" (Kahn und Wiener 1968, S. 6). Entsprechend der Definition
betrachten die Autoren die Szenarioanalyse als eine künstliche Abfolge von Geschehnis-
sen, welche die Aufmerksamkeit sowohl auf relevante Prozesse als auch auf Entschei-
dungserfordernisse lenken soll. Brauers und Weber (1986) unterscheiden dabei zudem
zwischen zwei unterschiedlichen Arten von Szenarien – sogenannte Unternehmensszena-
rien, die sich auf individuelle Planungsprobleme eines Betriebs beziehen, und Szenarien,
die nicht ausschließlich für ein einzelnes Unternehmen Gültigkeit besitzen. Unter letztere Art von Szenarien fallen dann Szenarien, die sich beispielsweise auf eine gesamte
Branche beziehen oder auch sogenannte Weltszenarien. Im Rahmen der Definition von
Einsatzszenarien zur Nutzung der RKSM-Skala und unterschiedlicher Blended-Learning-Methoden, soll jedoch nicht zwischen unternehmens- und branchenbezogenen Szenarien unterschieden werden.

Die Szenarioanalyse zählt zu den sogenannten intuitiven Prognoseverfahren, wobei
die Grundidee der Szenarioanalyse darin liegt, Bestandteile und Komponenten zu erfassen, die zukünftig einen Einfluss auf den Untersuchungsgegenstand (das sogenannte
Szenariofeld) ausüben könnten (vgl. Götze 1993). Im Anschluss werden die Entwicklung beziehungsweise die Entwicklungsmöglichkeiten dieser Faktoren versucht vorherzu-
zusagen, um aus den unterschiedlichen Entwicklungsmöglichkeiten der Komponenten
kombinatorisch Zukunftsszenarien zu definieren (vgl. Mietzner 2009). Mögliche Komponenten können dabei beispielsweise das Bevölkerungswachstum oder die Bevölke-
rungsentwicklung, der Zugang zum Internet, die Energieressourcen oder ähnliches sein.
Im Rahmen des Forschungsprojektes Webutatio bedeutet dies, Komponenten zu identifizieren, die einen Einfluss auf die Reputationskompetenz von Mitarbeitenden haben
könnten und demnach einen Einsatz der RKSM-Skala und Methoden zur Bildung beziehungsweise Steigerung der mitarbeiterseitigen Reputationskompetenz mehr oder weniger empfehlenswert erscheinen lassen. Damit unterscheidet sich die Szenarioanalyse von

traditionellen Prognoseverfahren hauptsächlich dadurch, dass nicht eine Zukunftsprognose erstellt wird, sondern bewusst mehrere alternative Zukunftsbilder gezeichnet werden (vgl. Brauers und Weber 1986).

Bei der Szenarioanalyse existiert kein einheitliches Vorgehen. Im Gegenteil gibt es viele verschiedene Ansätze, sich der Definition von Einsatzszenarien zu nähern. Im Rahmen einer Metaanalyse hat Götze (1993) fünf Phasen der Szenariotechnik identifiziert, die sich von der Definition und Analyse des Untersuchungsfelds über die Identifikation und Prognose entscheidender Faktoren des Untersuchungsfeldes hin zur Erarbeitung und Auswertung von Szenarien erstrecken. Allgemein ist die Szenariotechnik damit eher als Rahmenmodell zu interpretieren, in dem auf unterschiedliche Methoden zur Datengewinnung und -auswertung zurückgegriffen werden kann. Tab. 6.1 gibt einen Überblick über verschiedene unterstützende Verfahrensweisen, die sich im Rahmen der Szenariotechnik einsetzen lassen.

Für die Definition und Analyse von Szenarien in Bezug auf den Einsatz der RKSM-Skala im Unternehmenskontext waren insbesondere die Methoden „Gruppendiskussion" und „Clusteranalyse" von Interesse (s. Infokasten). Im Rahmen des Verbundprojektes Webutatio sollen mithilfe der ermittelnden Funktion von Gruppendiskussionen vor allem Komponenten ermittelt und gesammelt werden, die einen Einfluss auf die Reputationskompetenz von Mitarbeitenden haben beziehungsweise haben können. Im Kontext einer Clusteranalyse zur Definition von Einsatzszenarien (Abb. 6.1) für die RKSM-Skala

Tab. 6.1 Unterstützende Instrumente im Rahmen der Szenariotechnik. (Vgl. Ortelbach 2007, S. 254, in Anlehnung an Herzhoff 2005, S. 31)

Phase	Aufgabe	Instrumente
Definition und Analyse des Untersuchungsfeldes	Formulierung des Themas, Abgrenzung des Untersuchungsfelds	Gruppendiskussion, Kreativitätstechniken
	Analyse und Strukturierung des Untersuchungsfeldes	Morphologische Matrix, Relevanzbaum, Portfolio-Analyse, Checklisten, Kreativitätstechniken
Identifikation, Analyse und Prognose von Umfeldfaktoren	Identifikation von Einflussbereichen und -faktoren	Kreativitätstechniken
	Prognose von Einflussfaktoren	Delphi-Methode
	Analyse der Interdependenzen zwischen Einflussfaktoren	Einflussanalyse (Vernetzungsmatrix), Einflussfaktoren- und Ähnlichkeitsanalyse, Regelkreisanalyse
Erarbeitung und Auswahl von Rohszenarien	Konstruktion von plausiblen und konsistenten Projektionsbündeln	Konsistenzanalyse (Konsistenzmatrix), Cross-Impact-Analyse
	Bestimmung von Eintrittswahrscheinlichkeiten für Projektionsbündel	Gruppendiskussion, Delphi-Methode, Cross-Impact-Analyse
	Bildung von Rohszenarien	Clusteranalyse

Ziel: Ressourcenschonender, bedarfsorientierter Einsatz der Skala und der Blended-Learning-Methoden

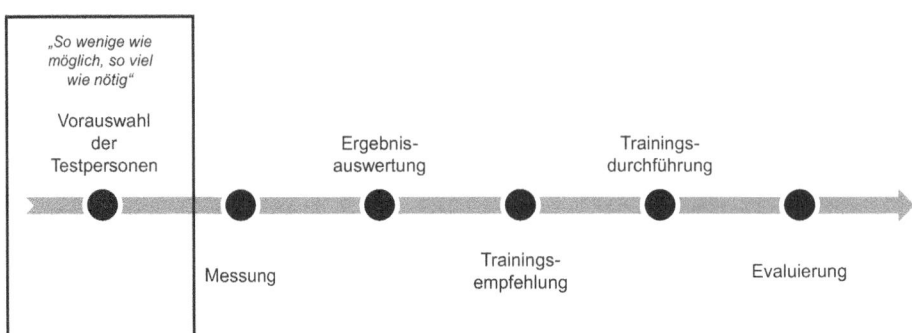

Abb. 6.1 Ziel der Definition von Einsatzszenarien

bedeutete dies die Suche nach Merkmalen und Strukturen von Mitarbeitergruppen und Situationen, die einen Einsatz der Skala mehr oder weniger empfehlenswert erscheinen lassen.

Gruppendiskussion

In einer Gruppendiskussion diskutiert eine Gruppe von Personen unter Leitung eines Diskussionsleiters/einer Diskussionsleiterin über ein zuvor festgelegtes Thema. Damit handelt es sich bei einer Gruppendiskussion um eine nicht-standardisierte, mündliche Forschungsmethode im Bereich der Inhaltsanalysen. Neben einer vermittelnden Funktion im Bereich der Erkenntnisvermittlung, nimmt die Gruppendiskussion im Rahmen qualitativer Forschungsmethoden zumeist eine ermittelnde Funktion ein (Lamnek 1998).

Clusteranalyse

Der Einsatz der Clusteranalyse ist sinnvoll, „um die große Anzahl von Projektionsbündeln, die konsistent und plausibel sind, bei der Entwicklung von Szenarien zu berücksichtigen" (Herzhoff 2005, S. 49). Ziel der Clusteranalyse ist es demnach, eine Gruppe von Objekten oder Menschen aufgrund bestimmter Merkmale in Cluster zu unterteilen. Dabei sollten sich Cluster nach Möglichkeit innerhalb der Gruppe möglichst homogen und gegenüber anderen Gruppen möglichst heterogen verhalten (vgl. Büschken und von Thaden 2000). Dadurch werden durch eine strukturelle Verdichtung und Sammlung von Informationen spezifische Charakteristika einer Gruppe herausgebildet (vgl. Steinhausen und Langer 1977). Damit sucht die Clusteranalyse explizit nach Strukturen oder Merkmalen, um Objekte beziehungsweise Personengruppen, voneinander abzugrenzen und sinnvoll zu unterteilen.

Um spezifische Einsatzszenarien der RKSM-Skala zur Messung der Reputationskompetenz von Mitarbeitenden identifizieren zu können, wurde eine mehrstufige Herangehensweise genutzt. Es wurden sowohl theoretische Überlegungen in Anlehnung an eine Clusteranalyse angestellt, als auch Gruppendiskussionen im Rahmen von Workshops mit Mitarbeitenden durchgeführt, welche teilweise ExpertInnen auf dem Themengebiet waren und teilweise in themenfremden Abteilungen arbeiteten. Die einzelnen Schritte sowie die Ergebnisse werden im Folgenden genauer erörtert.

ExpertInnenworkshop/Gruppendiskussion Zu Beginn wurde ein ExpertInnenworkshop mit Mitarbeitenden der Personal- und Organisationsentwicklung durchgeführt, also mit Mitarbeitenden, die einen gemeinsamen thematischen Fokus aufweisen. Ziel des ExpertInnenworkshops war es, erste Hypothesen bezüglich möglicher Einsatzszenarien zu entwerfen und bezüglich ihrer Praxistauglichkeit zu diskutieren. Im Mittelpunkt des Workshops standen die differenzierte Betrachtung unterschiedlicher Gruppen von Mitarbeitenden sowie das Zusammentragen von für die Reputationskompetenz von Mitarbeitenden relevanten Eigenschaften dieser Gruppen. So wurde beispielsweise die Hypothese entwickelt, dass Auszubildende zwar über eine sehr gute technische, jedoch vermutlich über eine geringe Reflexionskompetenz verfügen. Grundlage dieser Hypothese war die Überlegung, dass es sich bei Auszubildenden größtenteils um Jugendliche handelt, welche mit sozialen Medien aufgewachsen sind und über ein großes technisches Know-how verfügen, währenddessen die Reflexionskompetenz in diesem Alter vermutlich noch nicht vollständig ausgereift ist.

Theoretische Überlegungen/Clusteranalyse Zusätzlich zum oben beschriebenen ExpertInnenworkshop wurden theoretische Überlegungen zur Definition von Einsatzszenarien für die RKSM-Skala angestellt. In Einklang mit den Ergebnissen traditioneller Verhaltensforschung (vgl. Bandura 1977; Gronhoj 2007; Moschis und Churchill 1978), setzt sich die Reputationskompetenz von Mitarbeitenden aus Wissen sowie der Fähigkeit dieses Wissen situationsgerecht in Handlung umsetzen zu können, zusammen. Für die Erstellung der Einsatzszenarien wurden demnach die zwei zentralen Handlungsfelder *Wissen*, beispielsweise Wissen über Einstellungsmöglichkeiten (Technische Kompetenz), Wissen über die Sichtbarkeit von Nutzungsverhalten (Sichtbarkeitskompetenz) und Fachkenntnissen (Einbringungskompetenz) sowie *Verhalten*, beispielsweise im Sinne von angemessenen Umgangsformen (Kommunikationskompetenz), als bedeutsam festgehalten.

Neben den zentralen Handlungsfeldern *Wissen* und *Verhalten* wurde für die Entwicklung der Einsatzszenarien der Aspekt der *Sichtbarkeit* als Kernelement identifiziert. In diesem Kontext ist mit Sichtbarkeit die Relevanz eines/einer Mitarbeitenden für die Außenwirkung ihres Arbeitgebers gemeint. Das heißt, tritt der/die Mitarbeitende sichtbar in seiner/ihrer Funktion als Angestellter/Angestellte in sozialen Medien in Erscheinung? Dies kann beispielsweise in Funktionsbereichen wie Recruiting, Active Sourcing (also der aktiven Identifizierung vielversprechender Mitarbeitenden auf dem externen Arbeitsmarkt) oder Marketing der Fall sein. Falls ja, ist hier der Einsatz der RKSM-Skala zur Messung der Social-Media-Kompetenz des/der Mitarbeitenden von besonderer Bedeutung. Die Tab. 6.2 liefert Beispiele unterschiedlicher Sichtbarkeit von unterschiedlichen Gruppen von Mitarbeitenden. Die Prozentzahlen symbolisieren Sichtbarkeitsgrade von gar nicht sichtbar (0 %; eine Person taucht absolut nicht online auf) bis zu sehr sichtbar (100 %) und wurden im Rahmen der Workshops exemplarisch festgelegt. Die genaue Ausgestaltung kann natürlich von Unternehmen zu Unternehmen variieren.

Tab. 6.2 Beispiele unterschiedlicher Außenwirkungen von Gruppen Mitarbeitender

Gruppe Mitarbeitende	Öffentliche private soziale Medien (z. B. Facebook) (%)	Anonyme berufliche Medien (z. B. Glassdoor) (%)	(halb-)öffentliche berufliche Medien (z. B. LinkedIn) (%)
Mitarbeitende mit hoher technischer Kompetenz, aber unterstellter geringer Lebenserfahrung	100	100	50
Mitarbeitende mit begrenzter Außenwirkung[a]	100	100	50
Mitarbeitende mit hoher Außenwirkung[b] (Marketing, Active Sourcing)	100	100	100
Führungskräfte	100	100	100

[a]Begrenzte Außenwirkung: Eine Person wird zufällig gefunden
[b]Hohe Außenwirkung: Es wird bewusst nach einer Person gesucht

Die Beispiele zeigen, dass etwa Führungskräfte oder Mitarbeitende mit hoher Außenwirkung, beispielsweise im Bereich Active Sourcing und Recruiting, sowohl auf öffentlichen sozialen Medien wie Facebook, als auch in beruflichen, anonymen wie (halb-)öffentlichen Medien, wie beispielsweise Glassdoor oder LinkedIn, eine hohe Sichtbarkeit nach außen besitzen und das Unternehmen in ihrer Funktion, als beispielsweise Active Sourcer, bewusst repräsentieren. Mitarbeitende mit begrenzter Außenwirkung, die beispielsweise im Rahmen ihrer beruflichen Tätigkeit nicht auf die Nutzung sozialer Medien angewiesen sind, werden zwar auf (halb-)öffentlichen beruflichen Medien wie Xing oder LinkedIn selten direkt gesucht, dennoch nutzen auch diese Gruppen von Mitarbeitenden öffentliche private Social-Media-Plattformen oder anonyme berufliche Medien und fungieren damit als Reputationsbotschafter ihres Unternehmens (vgl. Dreher 2014; Weinberg et al. 2013).

Insgesamt ergeben sich aus den strukturierten Überlegungen demnach die drei Bereiche *Wissen, Verhalten* und *Sichtbarkeit,* die einen Rückschluss darüber zulassen, wie gut ausgeprägt (= Wissen und Verhalten) und wie bedeutsam (= Sichtbarkeit) die Reputationskompetenz des/der Mitarbeitenden für die Unternehmensreputation ist. Jeder der drei Bereiche kann in die Ausprägungen „vorhanden" und „nicht vorhanden" unterteilt werden. In Kombination ergeben sich aus den drei Bereichen Wissen, Verhalten und Sichtbarkeit daher acht Einsatzfelder, die eine Nutzung der Skala unterschiedlich dringend nahelegen. Die acht Einsatzfelder, sowie die jeweilige Empfehlung für oder gegen den Einsatz der RKSM-Skala, sind in Tab. 6.3 aufgelistet.

Die Ergebnisse legen nahe, dass der Einsatz der RKSM-Skala zur Messung der Reputationskompetenz lediglich bei Personen mit hohem Wissensstand und hoher Verhaltenskompetenz bei gleichzeitig geringer Außenwirkung überflüssig erscheint, während alle anderen Ergebnisse den Einsatz der RKSM-Skala empfehlen. Bezogen auf die

Tab. 6.3 Einsatzszenarien unter Berücksichtigung der Bereiche Wissen, Verhalten und Sichtbarkeit der Mitarbeitenden

Einsatzszenarien					
	Wissen	Verhalten	Sichtbarkeit	Weiterbildungs-bedarf	Empfehlung für den Einsatz der RKSM-Skala
1	Ja	Ja	Ja	Mittel	Ja
2	Ja	Ja	Nein	Gering	Nein
3	Ja	Nein	Nein	Mittel	Ja
4	Ja	Nein	Ja	Mittel	Ja
5	Nein	Ja	Ja	Mittel	Ja
6	Nein	Nein	Ja	Hoch	Ja
7	Nein	Nein	Nein	Mittel	Ja
8	Nein	Ja	Nein	Mittel	Ja

Wissen: ja = Wissen vorhanden; nein = Wissen nicht vorhanden
Verhalten: ja = kein unternehmensreputationsschädliches Verhalten; nein = unternehmensreputationsschädliches Verhalten
Sichtbarkeit: ja = sichtbar/große Außenwirkung; nein = geringe/keine Sichtbarkeit

Dringlichkeit der gegebenenfalls nachfolgenden Weiterbildungsmaßnahmen (= Need of Guidance) konnte zumeist ein durchschnittlich dringlicher Weiterbildungsbedarf festgestellt werden. Hoher Wissensstand und hohe Verhaltenskompetenz bei niedriger Sichtbarkeit des Mitarbeiters ziehen einen geringen Weiterbildungsbedarf nach sich, während ein niedriger Wissensstand und geringe Verhaltenskompetenz bei gleichzeitig hoher Sichtbarkeit einen hohen Weiterbildungsbedarf bedeuten. Insgesamt zeigt sich: Die Nutzung der RKSM-Skala zur Identifikation von niedriger Reputationskompetenz empfiehlt sich in sieben von acht Einsatzszenarien, währenddessen in lediglich einem von acht Einsatzfeldern eine pauschale Empfehlung zum Einsatz spezifischer Weiterbildungsangebote zur Steigerung der Reputationskompetenz abgegeben werden kann. Die Wahrscheinlichkeit, dass Mitarbeitende mit einer bereits sehr hohen Reputationskompetenz zusätzlichen Tests ausgesetzt werden scheint wesentlich geringer auszufallen, als die Wahrscheinlichkeit Mitarbeitende mit geringer Reputationskompetenz nicht zu erfassen. Umso wichtiger erscheint demnach der Einsatz der Skala um den individuellen Entwicklungs- und Weiterbildungsbedarf des/der Mitarbeitenden identifizieren zu können.

Workshop mit Mitarbeitenden/Gruppendiskussion Es fand ein weiterer Workshop mit Mitarbeitenden statt; diesmal mit Mitarbeitenden der Berge & Meer Touristik GmbH. Ziel des Workshops war es, die bisherigen Ergebnisse zu möglichen Einsatzszenarien der RKSM-Skala abschließend auf ihre externe Validität hin zu diskutieren. Während im Nachgang an den oben beschriebenen ExpertInnenworkshop unterschiedliche Szenarien abgeleitet wurden – die einen Einsatz der RKSM-Skala mehr oder weniger sinnvoll erscheinen lassen – wurde im Rahmen des Mitarbeitenden-Workshops eine andere Herangehensweise gewählt. Die Teilnehmenden sollten mögliche Merkmale von Arbeitnehmenden sammeln, die im Anschluss durch die Workshopleiter anhand spezifischer Merkmale zusammengefasst wurden. Dazu zählte beispielsweise das Alter des/der Mitarbeitenden, das Tätigkeitsfeld, die Erfahrung mit sozialen Medien oder die Hierarchiestufe innerhalb des Unternehmens. Im Anschluss wurde auf Basis dieser Sammlung versucht, bestimmte Mitarbeitergruppen zu identifizieren, beispielsweise Führungskräfte oder Azubis. Die Gruppen wurden bezüglich der im ExpertInnenworkshop identifizierten Handlungsfelder Wissen, Verhalten und Sichtbarkeit betrachtet. Das Ergebnis: Es ist nicht möglich pauschal alle Mitarbeitenden eines Unternehmens in trennscharfe und in sich homogene (Unter-)Gruppen zu unterteilen und den im Rahmen der theoretischen Überlegungen definierten acht Einsatzszenarien zuzuordnen, die klar für oder gegen den Einsatz der RKSM-Skala sprechen. Die Ergebnisse legen dennoch – analog der in Tab. 6.3 aufgeschlüsselten Szenarien – nahe, dass vielmehr alle Mitarbeitenden den online zur Verfügung stehenden Selbsttest zu Messung der individuellen Reputationskompetenz durchführen sollten. Eine klare Empfehlung für oder gegen bestimmte Einsatzszenarien sowie eine eindeutige Empfehlung, welche Gruppen von Mitarbeitenden geschult werden sollten, kann hingegen nicht abgegeben werden.

Ebenfalls im Rahmen des Workshops wurde des Weiteren diskutiert, inwiefern der Einsatz einer Skala zur Messung der Reputationskompetenz von Mitarbeitenden Reaktanz erzeugen könnte. Die Ergebnisse der Diskussion legen nahe, dass auf Ebene der Mitarbeitenden der Einsatz einer Skala zur Messung der Reputationskompetenz als unkritisch empfunden wird. Als besonders positiv wurde empfunden, dass es sich bei der RKSM-Skala um eine Selbsteinschätzung handelt und nicht um einen Test im eigentlichen Sinne. Auf die Frage, inwiefern die Teilnehmenden im Nachgang auch an Maßnahmen zur Steigerung der Reputationskompetenz teilnehmen würden, wurde in Abhängigkeit des zeitlichen Aufwands einer Maßnahme unterschiedlich geantwortet. Je größer der zeitliche Aufwand, desto geringer die gefühlte Verpflichtung, an einer Maßnahme zur Steigerung der Reputationskompetenz teilzunehmen. Insbesondere Teilnehmenden mit hoher Arbeitsbelastung stellten infrage, ob eine Teilnahme umsetzbar wäre.

6.3   Ergebnisse

Die Ergebnisse aus den Workshops sowie die theoretischen Überlegungen legen nahe, dass es nicht das eine Einsatzszenario für die Skala zur Messung der Reputationskompetenz von Mitarbeitenden gibt. Zu komplex und zu heterogen sind sowohl die einzelnen Mitarbeitendengruppen als auch das Konstrukt Reputationskompetenz selbst. Generell gilt (auf Basis der Workshopergebnisse): lieber zu viele Mitarbeitende im Selbsttest mittels der RKSM-Skala auf ihre individuelle Reputationskompetenz hin testen als zu wenige. Gemäß den acht definierten Einsatzfeldern ist die Wahrscheinlichkeit, dass Mitarbeitende weder über das Wissen noch über die Kompetenz verfügen, ihr Wissen über Webreputation in sozialen Medien anzuwenden, wesentlich größer als umgekehrt. Das heißt, die Wahrscheinlichkeit Mitarbeitende zu schulen oder seine/ihre Reputationskompetenz zu testen, obwohl dieser/diese bereits über ausreichend Reputationskompetenz verfügt, ist wesentlich geringer als umgekehrt. Diese Vorgehensweise ist vor allem deshalb empfehlenswert, da Reputationsschäden nicht selten auch monetäre Verluste nach sich ziehen (vgl. Walsh et al. 2014). Neben einem einmaligen Test aller Mitarbeitenden, empfiehlt es sich auch alle Neueinsteiger oder Rückkehrer, beispielsweise aus dem Mutterschutz oder nach längerer Krankheit, standardmäßig den Selbsttest zur Messung der Reputationskompetenz absolvieren zu lassen und aus den Ergebnissen geeignete Maßnahmen zur Steigerung der Reputationskompetenz abzuleiten. Des Weiteren gilt es abzuschätzen, inwieweit die Ergebnisse über einen längeren Zeitraum ihre Gültigkeit bewahren oder ob mit steigenden Anforderungen im Social Web auch die Anforderungen an die Reputationskompetenz von Mitarbeitenden steigen. In diesem Fall gilt es abzuwägen, in welchem zeitlichen Turnus eine wiederholte Erfassung der Reputationskompetenz aller Mitarbeitenden stattfinden sollte.

Für all diejenigen, die einen kostengünstigeren und effizienteren Ansatz verfolgen und nur Mitarbeitende mit einem erhöhten Risiko die Skala zur Messung der Reputationskompetenz ausfüllen lassen möchten, empfiehlt sich die Gruppierung der Mitarbeitenden anhand der in Tab. 6.3 aufgeführten Bereiche Wissen, Verhalten und Sichtbarkeit im Unternehmen und nach außen. Es gilt daher, Gruppen von Mitarbeitenden zu identifizieren, deren Sichtbarkeit als Mitarbeitende in sozialen Medien hoch ist, deren Wissen und Verhaltensmöglichkeiten über das Thema Webreputation jedoch ausbaufähig sind. Zur Steigerung der Akzeptanz und zur Prüfung der externen Validität der gefundenen Cluster empfiehlt es sich, auf einen Workshop mit Mitarbeitenden nicht zu verzichten. Ziel des Workshops mit Mitarbeitenden aus diversen Unternehmensbereichen, unterschiedlichen Alters und mit unterschiedlichen Aufgabenfeldern sollte es sein, die vorab definierten Cluster kritisch zu hinterfragen und gegebenenfalls zu ergänzen. Mögliche Cluster können die Verweildauer im Unternehmen, das Alter, der Bildungshintergrund, das Aufgabenfeld oder ähnliches sein. Das Erstellen individueller Cluster und Einsatzszenarien ist hoch komplex und zeitaufwendig und birgt die Gefahr, dass Mitarbeitende mit niedriger Reputationskompetenz nicht erfasst und geschult werden. Vorteil dieser Vorgehensweise ist hingegen, dass nicht alle Mitarbeitenden Zeit für einen Selbsttest zur Messung ihrer Reputationskompetenz aufwenden müssen.

In Tab. 6.4 ist eine beispielhafte Clusterung von Mitarbeitenden gemäß ihrer Reputationskompetenz sowie der daraus abzuleitenden unterschiedlichen Lernziele (neutrale Reputationskompetenz versus positive Markenbotschafter) und Lernmethoden abgebildet. Mögliche Anhaltspunkte bei der Zuordnung spezifischer Mitarbeitendengruppen hinsichtlich der Entscheidung, ob der Einsatz der RKSM-Skala zur Messung der individuellen Reputationskompetenz sinnvoll erscheint oder nicht, können beispielsweise das Alter, das Bildungsniveau, der Aufgabenbereich und die Tätigkeit des/der Mitarbeitenden sein.

Im Zusammenhang mit den in Tab. 6.4 aufgeführten Lernzielen werden im Folgenden die Abkürzungen R(s), R(n) sowie R (p) eingeführt und erläutert. Grundsätzlich

Tab. 6.4 Beispielhafte Eingruppierung von Mitarbeitenden

Mitarbeitergruppe	Lernziel	Lernmethoden	Hilfsmittel
Mitarbeiter mit hoher techn. Kompetenz aber unterstellter geringer Lebenserfahrung	Sensibilisierung und Steigerung der Reputation bis zum Wert R(neutral)	• Selbsttest • E-Learning • Jährliche Auffrischung	• Factsheets • Dos&Don'ts
Mitarbeiter mit begrenzter Außenwirkung	Sensibilisierung und Steigerung der Reputation bis zum Wert R(neutral)	• Selbsttest • E-Learning • Jährliche Auffrischung	• Factsheets • Dos&Don'ts
Mitarbeiter mit hoher Außenwirkung (Marketing, Active Sourcing)	Steigerung der Reputation bis zum Wert R(positiv)	• Selbsttest • E-Learning • Coaching • Jährliche Auffrischung	• Factsheets • Dos&Don'ts • Fallbeispiele • Unterstützung bei Profilpflege
Führungskräfte	Steigerung der Reputation bis zum Wert R(positiv)	• Selbsttest • E-Learning • Coaching • Jährliche Auffrischung	• Factsheets • Dos&Don'ts • Fallbeispiele • Unterstützung bei Profilpflege

kann ein Mitarbeitender aufgrund seiner Reputationskompetenz und durch sein Verhalten in sozialen Netzwerken rufschädigend (R(s)) die Reputation des Unternehmens beeinflussen oder keinen Einfluss auf diese haben (R(n)). Im besten Falle jedoch tritt er als Markenbotschafter auf und beeinflusst durch sein Verhalten die Unternehmensreputation positiv (R(p)). Je nach Mitarbeitendengruppen sind entsprechend unterschiedliche Ausprägungsstufen der Reputationskompetenz erstrebenswert und durch Trainingsmaßnahmen zu erreichen. So sollte unter Kosten-Nutzen-Aspekten für Mitarbeitende mit hoher technischer Kompetenz aber unterstellter geringer Reflexionskompetenz sowie für Mitarbeitende mit begrenzter Außenwirkung der Zielwert R(n) festgelegt werden. Bei diesen Mitarbeitendengruppen ist es ausreichend, wenn ihre Reputationskompetenz in einem Maße geschärft wird, dass durch ihr Verhalten die Reputation des Unternehmens nicht geschädigt wird. Bei Mitarbeitenden mit hoher Außenwirkung sowie Führungskräften sollte im besten Falle und bei gegebenen zeitlichen wie monetären Ressourcen als Zielwert R(p) angestrebt werden. Diese Mitarbeitendengruppen verfügen aufgrund ihrer Position innerhalb des Unternehmens über eine hohe Sichtbarkeit in sozialen Medien und es kann unterstellt werden, dass sie häufig von Dritten bewusst gesucht werden. Daher ist bei diesen Personen nicht nur sicherzustellen, dass sie sich nicht rufschädigend verhalten, sondern vielmehr sollten sie dazu motiviert und befähigt werden, durch ihr Verhalten die Reputation des Unternehmens positiv zu beeinflussen.

Weitere denkbare Einsatzszenarien für Selbsttests auf Basis spezifischer Situationen können sein:

- 1 × jährlich verpflichtend für alle
- 1 × jährlich als freiwilliges Angebot für alle
- 1 × jährlich verpflichtend für eine Zufallsstichprobe
- Immer frei zugänglich für alle, zum Beispiel Abbildung im Schulungskatalog
- Einmalig verpflichtend für alle
- Einmalig freiwilliges Angebot für alle
- Lediglich auf individuelle Nachfrage
- Pauschal für alle Neueinsteiger verpflichtend
- Pauschal für Werkstudenten/Praktikanten/Duale Studenten jährlich verpflichtend
- Im Rahmen von Beförderungen verpflichtend

6.4 Chancen und Grenzen

Welche Chancen aber auch Grenzen ergeben sich für Unternehmen rund um das Thema Messung und Steigerung der Reputationskompetenz von Mitarbeitenden? Neben organisatorischen Anforderungen und Herausforderungen soll auch diskutiert werden, wie weit man als Unternehmen Einfluss auf die Privatsphäre und private Meinungsbildung seiner Mitarbeitenden nehmen möchte und sollte.

Möchte man als Unternehmen die RKSM-Skala zur Messung der mitarbeiterseitigen Reputationskompetenz nutzen, gilt es verschiedene organisatorische Anforderungen zu berücksichtigen. Neben der bereits diskutierten Fragestellung, welche Mitarbeitenden wann den Selbsttest durchführen sollten, gilt es zu überlegen, durch welche Abteilung, Mitarbeitenden oder ähnliches die Durchführung der Befragung übernommen werden sollte. Bei der RKSM-Skala handelt es sich um einen Selbsttest, der online absolviert wird und jede/jeder Teilnehmende im Anschluss eine individuelle Auswertung erhält. Es müssen demnach Überlegungen angestellt werden, wie der Übergang vom Selbsttest zu einer potenziellen individuellen Maßnahme zur Steigerung der Reputationskompetenz gestaltet werden kann. Genauer gesagt, wie erfahren die zuständige Abteilung, der/die Mitarbeitende, Führungskräfte oder beispielsweise die Personalentwicklung von einem möglichen Trainingsbedarf. Es muss, Stand heute, darauf vertraut werden, dass Mitarbeitende, die einen individuellen Trainingsbedarf bezüglich ihrer Reputationskompetenz ausweisen, auf die entsprechende Abteilung zukommen und diesen Bedarf dort melden oder nach individuellen Maßnahmen zur Förderung der Reputationskompetenz verlangen. Das heißt, eine flächendeckende Auswertung der Ergebnisse, ähnlich einer Mitarbeitendenbefragung, kann nicht vorgenommen werden. Damit bleiben die Ergebnisse zwar anonym und auf einem externen Server – was die Akzeptanz des Selbsttests bei den entsprechenden Mitarbeitenden sicherlich fördert – aus Unternehmensperspektive kann jedoch nicht flächendeckend sichergestellt werden, dass alle Mitarbeitenden mit Trainings- oder Entwicklungsbedarf auch identifiziert und entsprechend geschult werden. Es muss demnach aktuell noch darauf vertraut und an die Mitarbeitenden appelliert werden, sich bei Ergebnissen, die einen Trainingsbedarf nahelegen, freiwillig zu melden. Gegebenenfalls wird zukünftig die direkte Zusendung der Ergebnisse an die Personalentwicklung, oder eine ähnliche Stelle, möglich sein.

Neben den beschriebenen organisatorischen Herausforderungen gilt es als Unternehmen auch zu hinterfragen, inwieweit man Einfluss auf die Meinungsbildung seiner Mitarbeitenden nehmen möchte und sollte. Das heißt, wo verläuft die Grenze zwischen Training der Reputationskompetenz im Sinne von „Wie finde ich die richtigen Privatsphäre-Einstellungen bei Facebook, Instagram und Co.?" und wo beginnt die Einflussnahme auf private Meinungsbildung im Sinne von „Zu welchen politischen und gesellschaftlichen Themen darf ich mich als Mitarbeitender/Mitarbeitende oder als Privatperson öffentlich äußern und zu welchen nicht?". Klar ist, Mitarbeitende dürfen sich gegenüber dem Unternehmen in sozialen Netzwerken nicht rufschädigend verhalten. Doch im postulierten Wirkungsmodell zur Reputationskompetenz gibt es beispielsweise auch die Komponente *Wissen*. Diese besagt, dass der/die Mitarbeitende sich nur dann aktiv an Diskussionen in sozialen Medien beteiligt, wenn er/sie über ausreichende Fachkenntnisse in der jeweiligen Thematik verfügt. Wie kann eine Weiterbildungsmaßnahme oder eine Einflussnahme des Unternehmens in diesem Bereich beispielsweise aussehen? Wer entscheidet, ab wann eine Person über ausreichende Fachkenntnisse zu einem Thema verfügt, um sich öffentlich dazu äußern zu dürfen? Wo endet ein Training zur Steigerung der Reputationskompetenz und wo beginnt Zensur? Entscheidend in diesem Zusammenhang ist sicherlich die Tatsache, dass es sich bei der Skala zur Messung der Reputationskompetenz um eine Selbsteinschätzung handelt. Dies beinhaltet, dass die Selbsteinschätzung durch Mitarbeitende auch absichtlich verfälscht werden kann, sollte die Teilnahme beispielsweise verpflichtend sein. Als Unternehmen gilt es daher zu hinterfragen, ob man eine Teilnahme am Selbsttest und den möglicherweise nachfolgenden Trainingsmaßnahmen als verpflichtend anbieten möchte oder ob es sich um ein freiwilliges Trainingsangebot für alle Mitarbeitenden handelt, welche Interesse und Spaß an der Thematik zeigen. Entscheidet man sich für die verpflichtende Variante, ist festzuhalten, dass die Selbsteinschätzung sowohl aktiv verfälscht werden kann, die Ergebnisse des Tests zunächst nur den Mitarbeitenden vorliegen und diese über das weitere Vorgehen und die Teilnahme an Trainingsmaßnahmen entscheiden können. Es sollte jedoch vermieden werden, dass die Teilnahme am Selbsttest und an einer folgenden Entwicklungsmaßnahme Reaktanz auslöst. Gegebenenfalls bietet sich daher die Aufnahme des Selbsttests sowie eines dazugehörigen Trainings in den betrieblichen Trainingskatalog an, sodass interessierte Mitarbeitende sich eigenständig für eine Teilnahme am Selbsttest und Training entscheiden können.

Fazit

Es kann festgehalten werden, dass nicht das *eine* Einsatzszenario für die RKSM-Skala zur Messung der Reputationskompetenz von Mitarbeitenden identifiziert beziehungsweise entwickelt werden konnte. Zu komplex und heterogen sind sowohl unterschiedliche Gruppen von Mitarbeitenden als auch das Konstrukt Reputationskompetenz selbst. Die Ergebnisse legen vielmehr nahe, dass es verschiedene Möglichkeiten gibt, sich der Definition von Einsatzszenarien zu nähern – die Herangehensweise zur Definition von Einsatzszenarien sowie die Einsatzszenarien selbst werden jedoch je nach Unternehmen sehr unterschiedlich ausfallen. Generell gilt daher: Das Alter, das Bildungsniveau, das Arbeitsfeld und die Tätigkeit des/der Mitarbeitenden als solche bieten mögliche Anhaltspunkte, ob der Einsatz der RKSM-Skala zur Messung der Reputationskompetenz sinnvoll erscheint oder nicht.

In Unternehmen, in welchen die Unternehmensreputation einen großen Stellenwert einnimmt, empfiehlt es sich, die Teilnahme am Selbsttest und an dazugehörigen Weiterbildungsmaßnahmen als verpflichtend anzubieten. Besonders beachtet werden müssen jedoch organisatorische Herausforderungen, da beispielsweise die Ergebnisse des Selbsttests aktuell nur an die Teilnehmenden selbst weitergegeben werden und nicht zentral, beispielsweise an die Personalabteilung eines Unternehmens. Eine weitere, organisatorisch weniger anspruchsvolle Möglichkeit die RKSM-Skala einzusetzen, wäre im Sinne eines freiwilligen Weiterbildungsangebots die Aufnahme des Selbsttests sowie der dazugehörigen Weiterbildungsmaßnahmen in den betrieblichen Schulungskatalog.

Am Ende gilt es individuell festzulegen, inwieweit man Einfluss auf die Meinungsbildung seiner Mitarbeitenden nehmen möchte und sollte (im Rahmen der rechtlichen Möglichkeiten), egal für welches Einsatzfeld sich ein Unternehmen entscheidet. Wie bereits beschrieben ist daher zu klären, wo die Grenze liegt/gezogen werden soll zwischen Training der Reputationskompetenz im Sinne von „Wie finde ich die richtigen Privatsphäre-Einstellungen bei Facebook, Instagram und Co.?" und Einflussnahme auf private Meinungsbildung im Sinne von „Zu welchen politischen und gesellschaftlichen Themen darf ich mich als Mitarbeitender/Mitarbeitende oder als Privatperson öffentlich äußern und zu welchen nicht?"

Literatur

Bandura, A. (1977). Self-efficacy: Toward a unifying theory of behavioral change. *Psychological Review, 84*(2), 191.

Brauers, J., & Weber, M. (1986). Szenarioanalyse als Hilfsmittel der strategischen Planung: Methodenvergleich und Darstellung einer neuen Methode. *Zeitschrift für Betriebswirtschaft, 56*(7), 631–652.

Büschken, J., & Thaden, C. V. (2000). Clusteranalyse. In A. Herrmann & C. Homburg (Hrsg.), *Marktforschung. Methoden, Anwendungen, Praxisbeispiele* (2. Aufl., S. 337–380). Wiesbaden: Springer.

Connolly, T., Conlon, E. J., & Deutsch, S. J. (1980). Organizational effectiveness: A multiple-constituency approach. *Academy of Management Review, 5*(2), 211–218.

Dreher, S. (2014). Social media and the world of work: A strategic approach to employees' participation in social media. *Corporate Communications: An International Journal, 19*(4), 344–356.

Götze, U. (1993). *Szenario-Technik in der strategischen Unternehmensplanung*. Wiesbaden: Dt. Univ. Verl.

Grønhøj, A. (2007). The consumer competence of young adults: A study of newly formed households. *Qualitative Market Research: An International Journal, 10*(3), 243–264.

Hartnell, C. A., Ou, A. Y., & Kinicki, A. (2011). Organizational culture and organizational effectiveness: A meta-analytic investigation of the competing values framework's theoretical suppositions. *Journal of Applied Psychology, 96*(4), 677–694.

Herzhoff, M. (2005). Szenario-Technik in der chemischen Industrie: Untersuchung von Software-Tools am Beispiel einer Studie zum Markt für Flammschutzmittel im Jahr 2010 und der praktischen Bedeutung der Szenario-Technik. Dissertation, TU Berlin. https://depositonce.tu-berlin.de/bitstream/11303/1167/1/Dokument_27.pdf. Zugegriffen: 22. Okt. 2018.

Ivens, S., & Schaarschmidt, M. (2015). Does reputable employee behaviour in social networks affect customers' trust and word of mouth? An experimental study. In *Proceedings of the European Conference on Information Systems (ECIS)*.

Johnston, J. (2015). ‚Loose tweets sink fleets' and other sage advice: social media governance, policies and guidelines. *Journal of Public Affairs, 15*(2), 175–187.

Kahn, H., & Wiener, A. J. (1968). *Ihr werdet es erleben*. Wien: Verlag Fritz Molden.

Lamnek, S. (1998). *Gruppendiskussion. Theorie und Praxis*. Weinheim: Psychologie Verlags Union.

Macnamara, J., & Zerfass, A. (2012). Social media communication in organizations: The challenges of balancing openness, strategy, and management. *International Journal of Strategic Communication, 6*(4), 287–308.

Mietzner, D. (2009). *Strategische Vorausschau und Szenarioanalysen – Methodenevaluation und neue Ansätze*. Wiesbaden: SpringerGabler.

Miles, S. J., & Mangold, W. G. (2014). Employee voice: Untapped resource or social media time bomb? *Business Horizons, 57*(3), 401–411.

Moschis, G. P., & Churchill, G. A., Jr. (1978). Consumer socialization: A theoretical and empirical analysis. *Journal of Marketing Research, 15*(4), 599–609.

Ortelbach, B. (2007). *Controlling in wissenschaftlichen Verlagen, Analyse IT-induzierter wissenschaftlicher Verlage und Konzeption ausgewählter Controllinginstrumente* (S. 5). Göttingen: Göttinger Schriften zur Internetforschung.

Rokka, J., Karlsson, K., & Tienari, J. (2014). Balancing acts: Managing employees and reputation in social media. *Journal of Marketing Management, 30*(7–8), 802–827.

Steinhausen, D., & Langer, K. (1977). *Clusteranalyse: Einführung in Methoden und Verfahren der automatischen Klassifikation; mit zahlreichen Algorithmen, FORTRAN-Programmen, Anwendungsbeispielen und einer Kurzdarstellung der multivariaten statistischen Verfahren*. Berlin: De Gruyter.

Weinberg, B. D., de Ruyter, K., Dellarocas, C., Buck, M., & Keeling, D. I. (2013). Destination social business: Exploring an organization's journey with social media, collaborative community and expressive individuality. *Journal of Interactive Marketing, 27*(4), 299–310.

Walsh, G., Bartikowski, B., & Beatty, S. E. (2014). Impact of customer-based corporate reputation on non-monetary and monetary outcomes: The roles of commitment and service context risk. *British Journal of Management, 25*(2), 166–185.

Walsh, G., Schaarschmidt, M., & von Kortzfleisch, H. (2016). Employees' company reputation-related social media competence: Scale development and validation. *Journal of Interactive Marketing, 36*, 46–59.

Lisa Strasser (M.Sc. Psychologie) absolvierte ihren Master mit dem Schwerpunkt in Wirtschafts-, Organisations- und Sozialpsychologie an der Ludwig-Maximilians-Universität München. Sie betreut und berät als Referentin Personalentwicklung bei der CHECK24 Services GmbH verschiedene CHECK24-Geschäftsbereiche in sämtlichen Personalentwicklungsthemen. Dazu gehören die eigenständige Konzeption und Durchführung von praxisnahen Inhouse-Trainings, das Coaching von Mitarbeitern in den Bereichen Vertrieb und Kommunikation, die Sicherstellung des Transfers und der Nachhaltigkeit der durchgeführten Maßnahmen sowie die Mitarbeit bei zentralen Personalentwicklungsprojekten.

Alexander Bartoschak (MBA) betreut bei CHECK24 die Bereiche Recruiting und HR-Development. Sein Aufgabenschwerpunkt liegt in der Konzeption, Implementierung und Steuerung verschiedener Projekte der Führungskräfte- und Organisationsentwicklung. Darüber hinaus ist er verantwortlich für die Positionierung von CHECK24 als Arbeitgebermarke.

Zusammenhänge zwischen Persönlichkeitsmerkmalen und Reputationskompetenzen

Christopher Schwinn, Eva Hammes, Daniel Brylla und Gianfranco Walsh

Inhaltsverzeichnis

C. Schwinn · E. Hammes · D. Brylla
Jena, Deutschland
E-Mail: christopher.schwinn@me.com

E. Hammes
E-Mail: evakhammes@gmail.com

D. Brylla
E-Mail: daniel@brylla.org

G. Walsh (*)
General Business Administration & Marketing, Friedrich-Schiller-Universität Jena, Jena,
Deutschland
E-Mail: walsh@uni-jena.de

© Springer Fachmedien Wiesbaden GmbH, ein Teil von Springer Nature 2019
M. Schaarschmidt et al. (Hrsg.), *Online-Reputationskompetenz von Mitarbeitern*,
https://doi.org/10.1007/978-3-658-25487-2_7

▶   **Zusammenfassung** Die Reputation eines Unternehmens stellt ein wichtiges
     immaterielles Gut dar, das erheblich zu seiner Wertschöpfung beiträgt. Auf
     unterschiedliche Weise kann auf die Unternehmensreputation eingezahlt wer-
     den, sie kann jedoch auch Gefahren ausgesetzt sein. Vor allem Kompetenzen
     von Mitarbeitenden im Umgang mit sozialen Medien können die Reputation
     positiv beeinflussen oder gefährden. Diese Reputationskompetenz umfasst
     laut Walsh et al. (2016) fünf verschiede Einzelkompetenzen hinsichtlich des
     Umgangs mit sozialen Medien. Die vorliegende Studie untersucht, inwieweit
     die Persönlichkeitsmerkmale der Dunklen Triade in Zusammenhang mit
     Reputationskompetenz in sozialen Medien stehen. Die Ergebnisse der
     empirischen Studie zeigen, dass Narzissmus einen positiven Einfluss auf
     Reputationskompetenz in Bezug auf soziale Medien hat, während Psycho-
     pathie und Machiavellismus die Reputationskompetenz in sozialen Medien
     jeweils negativ beeinflussen.

7.1   Einleitung

> The top priority – trumping everything else, including profits – is that all of us continue to
> zealously guard Berkshire's reputation. […] We can afford to lose money – even a lot of
> money. But we can't afford to lose reputation – even a shred of reputation Warren Buffet
> (zitiert in: Holm und Das 2014).

Dieses Memo von Warren Buffett an die Manager seines Investment-Unternehmens
Berkshire Hathaway Inc. verdeutlicht, dass die Reputation eines Unternehmens häufig
wichtiger ist als (kurz- oder mittelfristige) Gewinne oder Verluste und dass der Schutz der
Reputation daher essenziell für den Unternehmenserfolg ist. Diese Wichtigkeit begründet
sich unter anderem darin, dass die Reputation langfristig zur Wertschöpfung und zum
Umsatz eines Unternehmens beiträgt (vgl. Biesalski und Kaiser 2012; Walsh 2004). Der
Identifikation von Reputationsrisiken kommt somit eine besondere Bedeutung zu. Risi-
ken erwachsen insbesondere aus Meinungsäußerungen in elektronischen Medien und den
Handlungen von Mitarbeitenden (vgl. Williams und Hausman 2017).

Das Internet und insbesondere soziale Medien erlauben es heutzutage, auf vergleichs-
weise einfache Weise Informationen zu einem Unternehmen oder dessen Produkten und
Dienstleistungen zu verbreiten (vgl. Ceyp und Scupin 2013, S. 7). Unzufriedene Kunden können ihren Unmut über Produkte, Dienstleistungen und Unternehmen verbreiten,

zum Beispiel durch negative Kundenbewertungen oder indem sie verunglimpfende Fotos oder Videos posten. Verbreiten sich derartige Beiträge viral, beispielsweise weil andere Nutzer der Kritik zustimmen oder weil der Beitrag unterhaltsam ist, können diese Informationen zu einem Reputationsverlust des betroffenen Unternehmens führen (vgl. Kietzmann et al. 2011, S. 241).

In Bezug auf die Reputation eines Unternehmens rückt zunehmend auch das Verhalten der Mitarbeitenden in sozialen Medien als mögliche Gefahrenquelle in den Fokus des Reputationsmanagements. Aus diesem Grund haben zahlreiche Unternehmen bereits Richtlinien und Schulungen für den korrekten Umgang mit sozialen Medien erarbeitet. Die potenzielle Gefahr, die von Mitarbeitenden ausgeht, lässt sich vor allem auf eine mangelnde Reputationskompetenz im Umgang mit sozialen Medien zurückführen (vgl. Walsh et al. 2016). Reputationskompetenz beschreibt den Autoren nach die Fähigkeit, sich sowohl in beruflicher als auch privater Sphäre im Einklang mit den Reputationszielen des Arbeitgebers zu verhalten. Walsh et al. (2016, S. 55) unterscheiden fünf Dimensionen von Reputationskompetenz: Eine *technische Kompetenz* (Kennt der Nutzer die technischen Einstellungsmöglichkeiten in sozialen Medien?) eine *Sichtbarkeitskompetenz* (Wie bewusst ist einem Nutzer, wer seine Beiträge sehen kann?), eine *Einbringungskompetenz* (Beteiligt sich ein Nutzer an Diskussionen, auch wenn ihm das nötige Hintergrundwissen fehlt?), eine *Reflexionskompetenz* (Denkt der Nutzer darüber nach, wie andere Menschen seinen Beitrag auffassen?) sowie eine *Kommunikationskompetenz* (Pflegt ein Nutzer einen höflichen und respektvollen Umgangston?). Für Unternehmen ist es relevant zu ermitteln, was die mitarbeiterseitige Reputationskompetenz beeinflusst.

Um potenzielle Einflussfaktoren von Reputationskompetenz zu identifizieren, liegt es nahe, die Persönlichkeitseigenschaften der Mitarbeitenden in Betracht zu ziehen. Insbesondere in der Organisationsforschung ist es üblich, Mitarbeiterverhalten zu Persönlichkeitsmerkmalen in Verbindung zu setzen (vgl. Barrick und Mount 1991; Judge et al. 1999; Seibert und Kraimer 2001). Bestehende Forschung betont zudem die Verbindung zwischen Kompetenzen und Persönlichkeitseigenschaften (vgl. Cardy und Selvarajan 2006; Chamorro-Premuzic und Furnham 2006); beide können beispielsweise im Rahmen von Einstellungstests erfasst werden und erlauben Unternehmen somit, vertiefte Einblicke in den Zusammenhang von Persönlichkeit und Reputationskompetenz zu erhalten. Bisher fehlt es jedoch an Forschung, die verschiedene Persönlichkeitsmerkmale zu fehlender Reputationskompetenz in Verbindung setzt und somit mögliche Einflussfaktoren untersucht.

Im Rahmen des vorliegenden Beitrags soll daher der Einfluss von Persönlichkeitseigenschaften auf Reputationskompetenz untersucht werden. Die sogenannte *Dunkle Triade* beschreibt subklinische Ausprägungen der Konstrukte *Narzissmus, Psychopathie* und *Machiavellismus*, die mit interpersonell maladaptiven – also unangepassten – Eigenschaften einhergehen und daher als gesellschaftlich unerwünscht angesehen werden (vgl. Küfner et al. 2015, S. 79). Der vorliegende Beitrag beschreibt eine Studie zur Untersuchung des Einflusses der Dunklen Triade auf Reputationskompetenz in sozialen Medien.

Dabei gliedert sich dieser Beitrag wie folgt: In Abschn. 7.2 werden die theoretischen Grundlagen gelegt, indem die Relevanz und das Gefahrenpotenzial sozialer Medien anhand von Beispielen aus der Praxis aufgezeigt, einige Besonderheiten der Kommunikation in sozialen Medien erläutert und schließlich die verschiedenen Dimensionen der Reputationskompetenz beschrieben werden. Abschn. 7.3 beschreibt die Persönlichkeitsmerkmale der Dunklen Triade und stellt Hypothesen zu möglichen Zusammenhängen zwischen den Persönlichkeitsmerkmalen und Reputationskompetenz auf. Abschn. 7.4 beschreibt das Vorgehen und die Auswertung der empirischen Studie und diskutiert die Ergebnisse. Der Beitrag schließt mit einem Fazit und Ausblick auf weitere Erhebungen zum Thema.

7.2 Reputation, soziale Medien und Reputationskompetenz

7.2.1 Reputation und ihre Bedeutung für Unternehmen

Reputation kann als die von Stakeholdern anerkannte Leistungsfähigkeit einer Unternehmung angesehen werden und setzt sich sowohl aus spezifischem Wissen als auch aus Emotionen gegenüber dem Reputationsträger zusammen (Walsh und Beatty 2007). Sie wird hauptsächlich durch soziale Interaktionen beeinflusst und basiert auf den Einschätzungen und Einstellungen anderer (vgl. Horster 2012, S. 11). Nach Wüst und Kreutzer (2012, S. 13) ist Reputation zugleich „(…) Ergebnis und Folge einer unverwechselbaren Identität und einer kontinuierlichen Markenpflege, die extern ein bestimmtes und gewünschtes Bild, ein Image erzeugen und zu einer hohen Reputation (…) in Form von Akzeptanz, Vertrauen und Glaubwürdigkeit" führen kann.

Der Einfluss von Reputation auf den Erfolg eines Unternehmens lässt sich vor allem auf die Informationsasymmetrie zwischen der Unternehmung und ihren Kunden zurückführen. Diese Asymmetrie und die damit verbundene Unsicherheit auf jeweils einer Vertragsseite kann durch die Reputation positiv beeinflusst werden (vgl. Shane und Cable 2002, S. 370). Eine starke Reputation geht mit einer höheren wahrgenommenen Sicherheit für die Kapitalgeber einher und bedeutet daher eine höhere wahrgenommene Kreditwürdigkeit (vgl. Walsh et al. 2014). Aus Sicht des Kunden bedeutet eine hohe Unternehmensreputation ein höheres wahrgenommenes Vertrauen in die Qualität des Produktes oder der Dienstleistung und erhöht damit die Wahrscheinlichkeit eines Kaufs (vgl. Seemann 2008, S. 1; Spremann 1988, S. 623 ff.; Walsh et al. 2014).

Auch im Sinne des Shareholder-Value-Ansatzes ist Reputation eine relevante Zielgröße der Unternehmung (vgl. Cravens und Oliver 2006, S. 293; Zimmer 2009, S. 1). So ergab eine Untersuchung unter zehn DAX-Unternehmen, dass die Reputation mit 22 % einen relativ hohen Anteil an der Unternehmenswertschöpfung hat und somit ein bedeutender Teil des Unternehmenswertes ist (vgl. Biesalski und Kaiser 2012).

Im Jahr 2014 führte die Unternehmensberatung Deloitte die Studie „Reputation@ Risk" mit mehr als 300 Unternehmensvertretern aus der Führungsebene durch, bei der 87 % der Befragten angaben, dass Reputationsrisiken „wichtiger" oder „viel wichtiger" als andere strategische Risiken sind (Deloitte 2014). Darüber hinaus konzentrieren sich 88 %

der Befragten auf Reputationsrisiken als wesentliche unternehmerische Herausforderung (vgl. Deloitte 2014). Ungeachtet dessen findet das Management von Reputationsrisiken oft erst dann statt, wenn die Krise bereits eingesetzt hat. Das liegt vor allem daran, dass Reputationsrisiken aufgrund ihrer Vielfältigkeit und der möglichen Ursachen nur sehr schwer vorherzusagen sind. Die Ursachen für Reputationsschäden wie Umweltverschmutzungen, schlechte Arbeitsplatzbedingungen, unzureichende Unternehmensleitlinien oder falsche Strategieentscheidungen sind jedoch häufig in der Organisation selbst zu suchen (vgl. Dowling 2006, S. 67). Insbesondere soziale Medien stellen ein Risiko für die Unternehmensreputation dar. Nutzer sozialer Medien können beispielsweise nicht verifizierte, einseitige oder falsche Informationen über ein Unternehmen veröffentlichen und damit den Absatz von Produkten beeinflussen (vgl. Kaplan und Haenlein 2010, S. 62; Kietzmann et al. 2011, S. 242). Dabei können reputationsschädigende Informationen sowohl von Nutzern außerhalb der Organisation als auch von den eigenen Mitarbeitenden veröffentlich werden. Wie soziale Medien die Reputation gefährden, beschreibt der folgende Abschnitt.

7.2.2 Reputationsgefährdung durch soziale Medien

Soziale Medien haben sich im Alltag der konsumrelevanten Zielgruppe durchgesetzt und ihr Einfluss wächst stetig an (vgl. Ceyp und Scupin 2013, S. 3). Beispielsweise wurde Facebook im ersten Quartal des Jahres 2017 allein in Deutschland von 30 Mio. Menschen genutzt (vgl. Facebook 2017). Dabei führt die starke Verbreitung sozialer Medien dazu, dass die bisher vorherrschende Informationshoheit der Unternehmen über ihre Produkte, Dienstleistungen und die eigene Marke gebrochen ist (vgl. Ceyp und Scupin 2013, S. 3). Durch Blogs, Tweets, Facebook-Einträge und anderen User-Generated Content haben Individuen und Communities die Möglichkeit, öffentlich über Marken und Produkte zu sprechen – in den meisten Fällen, ohne dass Unternehmen dies verhindern können. Unternehmen müssen sich deshalb den neuen Herausforderungen stellen und aktiv an der Kommunikation in sozialen Medien beteiligen (vgl. Kietzmann et al. 2011, S. 242). Tatsächlich ist der wirtschaftliche Einfluss eines einzelnen Nutzers mit großem Freundeskreis bei Facebook oder vielen Abonnenten bei YouTube nicht zu unterschätzen (vgl. Ceyp und Scupin 2013, S. 6). So kann ein einzelner Tweet, Blog-Eintrag oder ein Video mit einem Mausklick einer Vielzahl von Nutzern zugänglich gemacht werden. Dies ist vor allem dann problematisch, wenn Kunden ihren Unmut über schlechte Qualität oder mangelnde Leistung zum Ausdruck bringen und mithilfe sozialer Medien eine hohe Reichweite (unter ihren Freunden, Bekannten und Followern) erzielen. Dabei verbreiten sich kreativ gestaltete Beschwerden noch stärker und werden häufig auch von klassischen Medien aufgegriffen. Ein mittlerweile sehr bekanntes Beispiel, welches die durch soziale Medien neu entstandenen Herausforderungen für Unternehmen veranschaulicht, ist eine Beschwerde des Folk-Sängers Dave Carroll an United Airlines:

Am 06. Juli 2009 veröffentlichte der kanadische Folk-Sänger Dave Carroll ein Video auf YouTube mit dem Titel „United breaks Guitars" (vgl. Carroll 2009). Das Lied war die Reaktion auf einen Zwischenfall, bei dem Mitarbeitende von der Fluggesellschaft United Airlines Inc. im März 2008 seine 3500 US$ teure Gitarre beschädigt haben. Über ein Jahr versuchte Carroll, die 1200 US$ Reparaturkosten bei der Fluggesellschaft geltend zu machen, bis diese die Kostenübernahme endgültig ablehnte (vgl. Nasaw 2009). Daraufhin veröffentlichte Carroll das Video, welches innerhalb von drei Tagen mehr als eine halbe Million Mal gesehen wurde. Mitte August 2009 waren es bereits über fünf Millionen Menschen (vgl. Weber 2010). United Airlines bot Carroll als Reaktion auf die Public-Relations-Krise, welche das Video erzeugte, einen Ausgleich der Kosten an. Er lehnte dies ab und schlug vor, sie sollen es für gemeinnützige Zwecke spenden (vgl. Nasaw 2009). Das Video ist bis heute verfügbar und zählt mittlerweile mehr als 17 Millionen Zuschauer (Stand: Januar 2018). Medienberichten zufolge führte das Video bei United Airlines zu einem Verlust von 180 Mio. US$ an der Börse (vgl. Wrenn 2009).

Doch nicht nur unzufriedene Kunden können Unternehmen in eine Krise stürzen. Auch unüberlegtes und strategieloses Verhalten einzelner Mitarbeiter kann die Legitimität der gesamten Organisation bzw. des Arbeitgebers „im Social-Media-Bereich dauerhaft gefährden" (Ceyp und Scupin 2013, S. 6), wie das folgende Beispiel zeigt.

Im Jahr 2018 wurde die Deutsche Gesellschaft für Internationale Zusammenarbeit (GIZ) auf private Facebook-Einträge von Mitarbeitenden aufmerksam. Die Facebook-Einträge enthielten Aussagen wie „Nein, Israel hat nicht jedes Recht auf Selbstverteidigung." Ein anderer Post enthielt eine israelische Fahne mit einem Hakenkreuz anstelle des Davidsterns. Diese Einlassungen auf Facebook wurden vom GIZ-Vorstand als antisemitisch eingestuft; es kam daraufhin zur Entlassung von acht Mitarbeitenden. Aufgrund des entschlossenen Umgangs mit einer solchen Krise kann der Fall von GIZ als Beispiel für gutes Krisenmanagement seitens einer Organisation gelten.

Das Beispiel verdeutlicht die Gefahren sozialer Medien für Unternehmen, aber auch für den jeweiligen Mitarbeitenden, da solche Fehltritte häufig zu Kündigungen führen (Walsh et al. 2016). Aber auch Bewerbungen scheitern häufig an Informationen und Handlungen der Kandidaten in sozialen Medien. Laut einer Umfrage aus dem Jahr 2015 fanden 48 % der befragten Unternehmen Gründe, Kandidaten aufgrund ihrer Online-Informationen abzulehnen (vgl. Grasz 2015). Die fünf häufigsten Gründe für eine Ablehnung waren:

- Provokative oder unangemessene Bilder (46 %)
- Informationen, dass der Kandidat Alkohol trinkt oder Drogen konsumiert (40 %)
- Der Kandidat redet schlecht über seinen vorherigen Arbeitgeber oder Kollegen (34 %)

- Schlechte Kommunikationsfähigkeiten (30 %)
- Diskriminierende Kommentare über Rasse, Religion, Geschlecht usw. (29 %)

Insgesamt zeigen die Beispiele, dass die Grenzen zwischen professioneller und persönlicher Welt in sozialen Medien verschwimmen, was sowohl Chancen als auch Risiken in Bezug auf die individuelle und arbeitgeberseitige Reputation birgt. So kann in sozialen Medien professionelle Reputation aufgebaut, aber auch zerstört werden (vgl. Ollier-Malaterre und Rothbard 2015, S. 26). Die Gefahren sozialer Medien für die Reputation resultieren unter anderem aus den Besonderheiten der Kommunikation in sozialen Medien (vgl. Boyd 2007, S. 2 f.), auf die im folgenden Abschnitt eingegangen werden soll.

7.2.3 Besonderheiten der Kommunikation in sozialen Medien

Während die Informationen bei persönlichen Gesprächen (selbst bei E-Mails) direkt auf den Kontakt zugeschnitten werden, sind Informationen, die in sozialen Medien veröffentlicht werden, nicht unbedingt auf bestimmte Rezipienten zugeschnitten. Im Normalfall haben Nutzer zwischen fünf und zehn Personen im Kopf, wenn sie einen Beitrag veröffentlichen (vgl. Ollier-Malaterre und Rothbard 2015, S. 28). Das führt zu einer großen Anzahl unsichtbarer Zuhörer, die oft vergessen werden (vgl. Boyd 2007, S. 3). Hinzu kommt, dass die physische Umgebung (vgl. Boyd 2007, S. 3) sowie Gesichtsausdruck, Körpersprache und Tonlage, die Hinweise auf angemessenes Verhalten geben, im Internet komplett fehlen, was unter Umständen zu Missverständnissen führen kann (vgl. Ollier-Malaterre und Rothbard 2015, S. 28).

Da Social-Media-Plattformen öffentlich beziehungsweise semi-öffentlich sind, ist es einfach, Informationen über eine andere Person zu teilen oder sogar private Konversationen zu kopieren und vielen zugänglich zu machen. Über diese Veröffentlichungen hat der eigentliche Nutzer keine Kontrolle, jedoch können sie seine professionelle Glaubwürdigkeit leicht untergraben (vgl. Ollier-Malaterre und Rothbard 2015, S. 28). Soziale Medien stellen damit eine vermittelnde Technologie dar, durch die Menschen öffentliche Aufmerksamkeit erlangen können (vgl. Boyd 2007, S. 2), was vor allem darauf zurückzuführen ist, dass soziale Netzwerke von dem Interesse der Menschen leben, „(...) ihre Meinung zu verbreiten, sich als Person zu positionieren und zu profilieren" (vgl. Schulten et al. 2012, S. 91). Dabei versuchen soziale Netzwerke, ihren Mitgliedern das Gefühl zu geben, unter ihresgleichen zu sein (vgl. Schulten et al. 2012, S. 91), was ein falsches Gefühl von Intimität erzeugen und dazu führen kann, dass Nutzer mehr offenlegen, als sie sollten (vgl. Ollier-Malaterre und Rothbard 2015, S. 28).

Zudem bleiben Interaktionen in sozialen Netzwerken über die Zeit bestehen und sind einfach auffindbar (vgl. Ollier-Malaterre und Rothbard 2015, S. 27 f.). Durch das Fortbestehen der Daten, was förderlich für die asynchrone Kommunikation ist, haben neue Kontakte Zugriff auf alles bis dato Veröffentlichte (vgl. Boyd 2007, S. 2). Alle einzelnen Informationen kombiniert ergeben ein Gesamtbild, welches für denjenigen, der diese

Informationen Preis gegeben hat, so nicht direkt erkennbar ist beziehungsweise welches er sich anders vorgestellt hat (vgl. Ollier-Malaterre und Rothbard 2015, S. 28).

7.2.4 Reputationskompetenz in sozialen Medien

Wie die zuvor beschriebenen Besonderheiten sozialer Medien zeigen, kann in Zeiten der globalen digitalen Vernetzung bereits ein einzelner Fehltritt oder gar ein einziger unangemessener Kommentar eines Mitarbeitenden auf der ganzen Welt verbreitet werden und die Reputation des Unternehmens nachhaltig schädigen (vgl. Weber 2010). Insbesondere Mitarbeitende können eine große Gefahr für die Unternehmensreputation darstellen und benötigen dementsprechend gewisse Fähigkeiten im Umgang mit sozialen Medien. Darüber hinaus gelten die Kommentare von Mitarbeitenden häufig als glaubwürdiger als offizielle Aussagen der Unternehmensführung (vgl. Wüst und Kreutzer 2012, S. 20).

Die Kompetenz, die ein Mitarbeitender im Umgang mit sozialen Medien aufweist, wird als *Reputationskompetenz* bezeichnet und von Walsh et al. (2016) definiert als das Wissen, die Fähigkeiten und Fertigkeiten von Mitarbeitenden, soziale Medien beruflich und privat zu nutzen, ohne die Reputation des Arbeitgebers zu schädigen. Es handelt sich hierbei um ein multidimensionales Konstrukt, welches die individuellen Kompetenzen eines Mitarbeitenden bezüglich seines Nutzungsverhaltens in sozialen Medien repräsentiert (siehe Tab. 7.1). Die dazu entwickelte Messskala besteht aus fünf Konstruktdimensionen,

Tab. 7.1 Dimensionen der Reputationskompetenz. (Quelle: In Anlehnung an Walsh et al. 2016, S. 49)

Dimension	Erklärung
Technische Kompetenz	Die technische Kompetenz ist definiert als die Fähigkeit die Einstellungen und technische Möglichkeiten in sozialen Medien auf kompetente Weise zu nutzen – insbesondere, was das eigene Profil und die Sichtbarkeit der eigenen Beiträge betrifft
Sichtbarkeitskompetenz	Die Sichtbarkeitskompetenz beschreibt das Wissen und Bewusstsein darüber, inwiefern die eigene Kommunikation in sozialen Medien für andere – einschließlich einer potenziell großen Anzahl Fremder – sichtbar ist
Einbringungskompetenz	Die Einbringungskompetenz beschreibt die Tendenz, nur an Diskussionen in sozialen Medien teilzunehmen, wenn genügend Wissen über das jeweilige Thema vorhanden ist und die Richtigkeit der eigenen Argumente gewährleistet werden kann
Reflexionskompetenz	Die Reflexionskompetenz beschreibt das Bewusstsein über mögliche ungewollte Effekte, die eigene Beiträge in sozialen Medien auslösen können. Diese Kompetenz zeigt sich darin, dass Menschen sich Gedanken machen, wie andere Menschen ihre Beiträge auffassen könnten und welche weiteren Auswirkungen und Emotionen beim Leser resultieren könnten
Kommunikationskompetenz	Die Kommunikationskompetenz bedeutet, einen angemessenen Kommunikationsstil in sozialen Medien zu wahren. Eine hohe Kommunikationskompetenz zeichnet sich durch einen respektvollen Umgang und höflichen Ton bei der Nutzung der sozialen Medien aus

die unterschiedliche Eigenschaften der Reputationskompetenz darstellen. Demnach müssen die einzelnen Dimensionen nicht notwendigerweise miteinander korrelieren. Ein Mitarbeitender kann beispielsweise eine schwach ausgeprägte Kompetenz im Bereich der Profileinstellungen haben, jedoch gute Kommunikationsfähigkeiten aufweisen (vgl. Walsh et al. 2016, S. 6). Daher soll im nachfolgenden Abschnitt auf die verschiedenen Persönlichkeitsmerkmale eingegangen werden, die möglichweise eine oder mehrere dieser Kompetenzdimensionen positiv oder negativ beeinflussen.

7.3 Persönlichkeitsmerkmale und Reputationskompetenz – dunkle Triade

Die bisherige Forschung hat gezeigt, dass die Persönlichkeit eines Nutzers ein wichtiger Einflussfaktor für sein Nutzungsverhalten im Internet ist. So beeinflusst die Persönlichkeit beispielsweise, ob jemand einen Blogeintrag erstellt oder Wikipedia-Einträge verfasst (vgl. Guadagno et al. 2008, S. 9; Moore und McElroy 2012, S. 269). Dabei sagen bestimmte Persönlichkeitsmerkmale einiges über die generelle Nutzung von sozialen Medien voraus. Beispielsweise zeigt sich in Bezug auf die spezifische Nutzung bei narzisstischen Personen eher ein selbstvermarktendes Verhalten (vgl. Carpenter 2012, S. 482).

Der vorliegende Beitrag betrachtet die Kompetenzen, die für eine reputationsförderliche Nutzung von sozialen Medien notwendig sind, in Zusammenhang mit Persönlichkeitsmerkmalen. Im Folgenden wird daher genauer auf die drei negativen Persönlichkeitsmerkmale der Dunklen Triade eingegangen und es werden Hypothesen im Hinblick auf deren Auswirkungen auf die fünf Reputationskompetenzen aufgestellt.

Persönlichkeitseigenschaften erlauben es Individuen, einen bestimmten Status zu erreichen, ihren Platz in sozialen Gruppen oder den Zugang zu anderen Individuen zu sichern (vgl. Paulhus und Williams 2002, S. 558). Während manche Menschen ihre Ziele prosozial verfolgen, beispielsweise durch Verträglichkeit oder Gewissenhaftigkeit, nutzen andere eher aversive, auf sich selbst bezogene Strategien (vgl. Jonason und Webster 2010). Die Persönlichkeitsforschung hat sich deshalb nicht nur mit positiven und neutralen Eigenschaften wie den sogenannten Big-Five-Persönlichkeitsfaktoren beschäftigt, sondern in jüngerer Zeit auch aversive Persönlichkeitseigenschaften stärker in den Fokus gerückt (vgl. zum Beispiel Kowalski 2001). Dabei stechen vor allem drei Persönlichkeitseigenschaften heraus, die Gegenstand vieler empirischer Studien sind: Narzissmus, Psychopathie und Machiavellismus (vgl. Paulhus und Williams 2002, S. 556). Diese sogenannte *Dunkle Triade* wurde bereits mit zahlreichen Konsequenzen in Verbindung gebracht. So wurde ihr Einfluss auf soziale Beziehungen mit Freunden und Partnern, auf Kriminalität sowie im organisationalen Kontext analysiert (vgl. zum Beispiel O'Boyle et al. 2012, S. 557; Palmer et al. 2017).

Narzissten gelten als egozentrische Menschen mit einem Hang zu Grandiosität und Dominanz (vgl. Miller et al. 2010). Narzissmus zeichnet sich außerdem durch einen übertrieben wahrgenommenen Selbstwert sowie ein Verlangen nach Bewunderung und Aufmerksamkeit aus (vgl. Raskin und Terry 1988; Wang et al. 2012, S. 2315; Miller et al. 2010). Psychopathen hingegen fehlt es üblicherweise an Empathie. Sie tendieren zu impulsivem Verhalten, achten dabei aber nicht auf andere Menschen (vgl. Fox und Rooney 2015, S. 161; Jonason und Krause 2013). Machiavellisten wiederum gelten als hinterlistig, arglistig und kalt und versuchen, ihre eigenen Bedürfnisse zu befriedigen, indem sie andere manipulieren und ausnutzen (vgl. Hodson et al. 2009, S. 686; Rauthmann und Kolar 2012). Trotz ihrer Unterschiede ist den drei Eigenschaften der Dunklen Triade Folgendes gemein: ein sozial böswilliger Charakter mit einer Tendenz hin zu Selbstdarstellung, emotionaler Kälte, Doppelzüngigkeit und Aggressivität (vgl. Paulhus und Williams 2002, S. 557).

7.3.1 Narzissmus

Narzissmus ist durch ein Gefühl der Überlegenheit gegenüber anderen sowie ein starkes Beachtungsbedürfnis gekennzeichnet (vgl. Raskin und Terry 1988, S. 890). Narzissten verfügen außerdem über eine übertriebene Selbstliebe (vgl. Vernon et al. 2008, S. 445), ein Verlangen nach Bewunderung und einen übersteigerten Hang zur Selbstherrlichkeit (vgl. Wang et al. 2012, S. 2317). Das skizzierte narzisstische Persönlichkeitsmuster von Individuen prägt auch deren Verhalten in sozialen Medien. So ist zu vermuten, dass narzisstische Persönlichkeiten die Funktionalitäten sozialer Medien eher zur Selbstdarstellung nutzen und vor allem, um ein positives Selbstbild zu erzeugen. Narzissten verfassen beispielsweise gerne Beiträge über sich selbst (Wang et al. 2012, S. 2317) und posten häufiger Bilder von sich, die sie vorab bearbeiten (vgl. Fox und Rooney 2015). Ihr Verlangen nach Bewunderung führt dazu, dass Narzissten häufig den eigenen Status updaten (vgl. Wang et al. 2012, S. 2315) und ausgewählte attraktive, sich selbst vermarktende Bilder zur Selbstdarstellung nutzen (vgl. Ong et al. 2011, S. 181). Aufgrund des starken Bedürfnisses nach Beachtung, Bewunderung und Selbstherrlichkeit wird angenommen, dass Narzissten sich vorab Gedanken machen, ob ihr Beitrag auch die gewünschte positive Wirkung auf ihr Selbstbild erzeugt, und dass sie sich aufgrund der starken Nutzung sozialer Medien zur Selbstdarstellung mit den Funktionalitäten sozialer Medien auskennen.

▶   H1: Die Persönlichkeitseigenschaft Narzissmus hat einen positiven Einfluss auf
     Reputationskompetenz.

7.3.2 Psychopathie

Psychopathie zeichnet sich durch eine hohe Impulsivität, Gleichgültigkeit, zwischenmenschliche Manipulation, Ausbeutung und die Suche nach Stimulation aus (vgl. Hare et al. 1991, S. 96; Jonason und Krause 2013, S. 532). Dabei fehlt es Psychopathen häufig an Empathie und Reue (vgl. Hodson et al. 2009, S. 686). In sozialen Medien veröffentlichen sie gerne Bilder von sich selbst, wobei sie diese nicht vorher bearbeiten (vgl. Fox und Rooney 2015, S. 163). Dies ist vermutlich auf ihre Impulsivität und fehlende Selbstkontrolle zurückzuführen. Sie sind außerdem nicht in der Lage, ihre geposteten Inhalte entsprechend zu filtern (vgl. Garcia und Sikström 2014). So verwenden Psychopathen in ihren Statusupdates mehr negativ beladene Wörter im Vergleich zu Individuen, die geringere Werte im Hinblick auf Psychopathie aufweisen (vgl. Garcia und Sikström 2014, S. 94). Aufgrund der Impulsivität und Gleichgültigkeit im Verhalten von Psychopathen ist davon auszugehen, dass diese weniger bedacht mit den technischen Einstellungsmöglichkeiten von sozialen Medien umgehen, weniger auf einen angemessenen Kommunikationsstil achten und sich vorher weniger Gedanken machen, wie ihre Beiträge bei anderen Nutzern ankommen könnten.

▶ H2: Die Persönlichkeitseigenschaft Psychopathie hat einen negativen Einfluss auf Reputationskompetenz.

7.3.3 Machiavellismus

Machiavellismus zeichnet sich durch emotionale Kälte und das Manipulieren anderer aus (vgl. Hodson et al. 2009, S. 686). Menschen, die hohe Werte in Bezug auf Machiavellismus erzielen, sehen andere als Mittel zum Zweck und sind stets auf ihren eigenen Vorteil bedacht. Dabei gehen sie sehr rational und kalkulierend vor (vgl. Fox und Rooney 2015, S. 161). Sie wecken gezielt Scham, Verlegenheit und Schuld in anderen, um ihre soziale Umgebung zu beeinflussen und zu manipulieren (vgl. Austin et al. 2007). Dementsprechend sind Machiavellisten im allgemeinen sozialen Umgang, wenn dieser nicht einem konkreten Zweck dient, weniger verträglich und gewissenhaft (Paulhus und Williams 2002, S. 560). Auch das Verhalten in sozialen Medien wird bei Machiavellisten vermutlich durch deren Persönlichkeitseigenschaft beeinflusst (vgl. Abell und Brewer 2014, S. 260). So nutzen sie soziale Medien wie Facebook für selbstbezogene Ziele (vgl. Rosenberg und Egbert 2011). Dabei schrecken sie nicht davor zurück, selbst ihre eigenen Partner über soziale Medien zu manipulieren (vgl. Fox et al. 2013). Sie interessieren sich eher für sich selbst als für ihre Freunde in sozialen Medien und bevorzugen auch hier aggressive Interaktionen, durch die sie dominanter auftreten und andere ausnutzen können (vgl. Rosenberg und Egbert 2011). Aufgrund der Einstellung von Machiavellisten, dass es keine moralischen Werte gibt (vgl. Rauthmann und Kolar 2012) und ihrer manipulativen selbstbezogenen Art kann im Allgemeinen von einem negativen Einfluss auf die Reputationskompetenz ausgegangen werden.

▶ H3: Die Persönlichkeitseigenschaft Machiavellismus hat einen negativen Einfluss auf Reputationskompetenz.

7.4   Quantitative Untersuchung

7.4.1   Datenerhebung

7.4.1.1 Vorgehen und Stichprobe

Um die zuvor aufgestellten Hypothesen zu überprüfen, wurde mithilfe von *Unipark,* einer Software zur Erstellung von Online-Umfragen, eine Umfrage angefertigt. Der Link zur Umfrage wurde über soziale Medien wie Facebook und verschiedene Foren veröffentlicht, um typische Nutzer von sozialen Netzwerken gezielt zu befragen. Insgesamt umfasst die Stichprobe 159 Personen, wovon 100 Teilnehmende weiblich und 56 männlich sind. Darüber hinaus machten drei Personen keine Angabe zu ihrem Geschlecht. Das Durchschnittsalter lag bei 26,2 Jahren.

7.4.1.2 Messinstrumente

Die Dunkle Triade wurde mit einer Kurzskala zur Erfassung der drei Persönlichkeitseigenschaften abgefragt (vgl. Küfner et al. 2015, S. 84). Dabei wurden die drei Konstrukte Narzissmus, Psychopathie und Machiavellismus mit jeweils vier Items auf einer siebenstufigen Likert-Skala (1 = trifft überhaupt nicht, 7 = trifft vollkommen zu) abgefragt. Die Werte für Cronbachs Alpha zeigen für Narzissmus ($\alpha = 0,82$) und Machiavellismus ($\alpha = 0,78$) gute Werte. Der Wert für Psychopathie ($\alpha = 0,39$) erscheint jedoch zu gering und die Subskala damit nicht ausreichend reliabel.

Um Reputationskompetenz abzufragen, wurde die Skala von Walsh et al. (2016) mit insgesamt 21 Items auf einer siebenstufigen Likert-Skala (1 = trifft überhaupt nicht, 7 = trifft vollkommen zu) abgefragt. Die Subskalen zu Technical Competence ($\alpha = 0,91$), Visibility Awareness Competence ($\alpha = 0,88$), Engagement Competence ($\alpha = 0,89$), Impact Assessment Competence ($\alpha = 0,91$) und Communication Competence ($\alpha = 0,68$) weisen akzeptable bis exzellente Werte für Cronbachs Alpha auf.

Als Kontrollvariablen wurden verschiedene Fragen zur Nutzungshäufigkeit von sozialen Medien verwendet. Dazu wurden die Probanden zum einen nach ihrer allgemeinen Nutzungshäufigkeit und – dauer des sozialen Netzwerks Facebook gefragt, zum anderen speziell zur aktiven Nutzung selbiger Medien. Zur Quantifizierung einer aktiven Nutzung wurden die Probanden gefragt, wie häufig sie Inhalte liken, Beiträge kommentieren, Fotos teilen und Statusmeldungen verfassen. Diese sechs Items wurden zu einer Skala zur Nutzungshäufigkeit von Facebook aggregiert ($\alpha = 0,82$).

7.4.2   Datenanalyse und Ergebnisse

7.4.2.1 Nutzung des sozialen Netzwerks „Facebook"

Tab. 7.2 zeigt insgesamt eine regelmäßige Facebook-Nutzung der Probanden. Dabei geben 90,6 % der Befragten an, Facebook mindestens einmal am Tag zu nutzen. Die tägliche Dauer liegt zwischen 0 und 15 min. Der größte Teil der Befragten ist mit 30,8 %

Tab. 7.2 Nutzungsverhalten im sozialen Netzwerk Facebook

Häufigkeit	Kommentare (%)	Statusupdates (%)	Fotos (%)	Likes (%)
Mehrmals täglich	2,5	0	0	34,5
Einmal am Tag	0,6	0	0	7,5
Mehrmals pro Woche	11,9	1,9	1,9	25,8
Einmal pro Woche	11,3	2,5	2,5	6,9
Mehrmals pro Monat	23,3	10,7	9,4	8,8
Einmal pro Monat	20,1	10,1	6,3	8,2
Einmal pro Quartal	10,7	19,5	20,1	8,2 (seltener als einmal pro Monat)
Einmal pro Halbjahr	3,8	16,4	22,6	
Einmal pro Jahr	2,5	7,5	11,9	
Seltener	12,6	30,2	24,5	

Hinweis: Keine Angaben waren ebenfalls möglich

zwischen 15 und 30 min pro Tag online, während weitere 12,6 % Facebook täglich zwischen 30 und 45 min und 13,8 % das soziale Netzwerk zwischen 45 und 60 min nutzen. Die verbleibenden 17,6 % sind mehr als eine Stunde am Tag in Facebook aktiv.

Im Hinblick auf das Kommentieren von Beiträgen gaben 3,1 % an, täglich Beiträge von anderen zu kommentieren. Mit 23,3 % wurde dabei die Antwort „Mehrmals pro Monat" am häufigsten gewählt. Viele der Befragten (24,5 %) veröffentlichen Fotos seltener als einmal pro Jahr. Bei Statusupdates sind es sogar 30,2 %. Im Gegensatz dazu werden Likes deutlich öfter abgegeben. Insgesamt 42,1 % der Befragten geben mindestens einen Like am Tag ab. Weitere 25,8 % liken mehrmals pro Woche die Beiträge anderer. Schließlich geben 35,8 % der Befragten ihren Arbeitgeber in ihrem Profil an und 66,7 % sind mit Arbeitskollegen auf Facebook befreundet.

7.4.2.2 Persönlichkeitsmerkmale und Reputationskompetenz

Da es sich bei Reputationskompetenz um ein mehrdimensionales, formatives Konstrukt handelt, soll der Einfluss der Persönlichkeitsmerkmale auf das Gesamtkonstrukt resultierend aus den fünf Dimensionen ermittelt werden. Hierzu wurde eine multiple Regression berechnet, welche die drei latenten Persönlichkeitseigenschaften als unabhängige Variablen betrachtet und deren Einfluss auf die manifeste Variable *Reputationskompetenz* ermittelt. Die zuvor aufgestellten Hypothesen wurden mittels standardisierter Regressionskoeffizienten getestet (siehe Tab. 7.3).

Insgesamt erklären die drei Persönlichkeitsmerkmale der Dunklen Triade neun Prozent der Varianz von Reputationskompetenz ($R^2 = 0{,}09$, $F(3, 155) = 4{,}88$, $p < 0{,}01$). Die Regressionsergebnisse zeigen, dass Narzissmus einen signifikanten positiven Effekt auf die Reputationskompetenz hat ($\beta = 0{,}24$, $p < 0{,}01$). Hypothese 1 kann somit angenommen werden. Ebenso weist Psychopathie einen signifikanten Einfluss auf die Reputationskompetenz auf, wobei dieser, wie in Hypothese 2 angenommen, negativ ist ($\beta = -0{,}17$, $p < 0{,}05$).

Tab. 7.3 Multiple Regression der Persönlichkeitsmerkmale auf Reputationskompetenz

	Reputationskompetenz
Konstante	5,81[b] (0,20)
Narzissmus	0,24[b] (0,05)
Psychopathie	−0,17[a] (0,07)
Machiavellismus	−0,16[+] (0,05)
R^2	0,09

Die Tabelle zeigt die standardisierten Regressionskoeffizienten. In Klammern ist der Standardfehler angegeben. [+]$p < 0{,}10$, [a]$p < 0{,}05$, [b]$p < 0{,}01$

Schließlich zeigen die Ergebnisse, dass Machiavellismus, wie angenommen, einen marginal signifikanten negativen Einfluss auf die Reputationskompetenz hat ($\beta = -0{,}16$, $p < 0{,}10$). Hypothese 3 kann damit angenommen werden. Die vorliegende Studie bestätigt also den Einfluss negativer Persönlichkeitsmerkmale auf die Reputationskompetenz in sozialen Medien.

7.4.3 Diskussion

Insgesamt zeigt die Studie, dass die Persönlichkeitsmerkmale der Dunklen Triade sich auf die Reputationskompetenz auswirken. Das Facebook-Nutzungsverhalten der untersuchten Stichprobe zeigt, dass insbesondere das Veröffentlichen von Kommentaren (15 % kommentieren mehrmals pro Woche) und das Liken von Beiträgen (67,8 % liken mehrmals pro Woche) mehrmals pro Woche stattfinden. Es handelt sich also um eine aktive Stichprobe in Bezug auf soziale Medien, was sie besonders geeignet für diese Untersuchung macht. Im Folgenden werden die Ergebnisse dieser Untersuchung im Hinblick auf die verschiedenen Reputationskompetenzen in sozialen Medien diskutiert.

Die Ergebnisse dieser Studie zeigen, dass Narzissmus wie vermutet einen positiven Einfluss auf die Reputationskompetenz in sozialen Medien hat. Dieses Ergebnis lässt sich vor allem mit dem starken Beachtungsbedürfnis von Narzissten und einen Hang zu einer positiven Selbstdarstellung erklären (vgl. Raskin und Terry 1988, S. 890). Um ein positives Selbstbild zu erzeugen und ihr Verlangen nach Bestätigung von außen zu bedienen, ist es von Vorteil, sich im Vorhinein Gedanken darüber zu machen, wie ein Beitrag oder ein veröffentlichtes Bild von anderen Nutzern wahrgenommen werden könnte, und mögliche Folgen abzuwägen (*Reflexionskompetenz*). Ebenso beeinflusst die Art und Weise, wie ein Nutzer in sozialen Medien kommuniziert, das Bild, welches er dort abgibt. Andere Nutzer mit Respekt zu behandeln und an Diskussionen nur dann teilzunehmen, wenn man ausreichend Wissen zum Diskussionsgegenstand vorweist (*Kommunikationskompetenz, Einbringungskompetenz*), trägt eher zu einem positiven Bild des Nutzers bei als eine unbedachte Kommunikation. Dem Bedürfnis, möglichst positiv wahrgenommen zu werden, wird von Narzissten in sozialen Medien also vor allem durch ihr positives Kommunikationsverhalten und die vorherige Abschätzung der Wirkung möglicher Beiträge begegnet. Es bleibt jedoch zu untersuchen, ob die Reflexionskompetenz eine realistische Abschätzung der Wirkung auf andere erfasst oder im Fall des Narzissten auch eine selbstverherrlichende, idealisierte Vorstellung über die Wirkung von Beiträgen als hohe Reflexionskompetenz erfasst wird.

Der Einfluss von Psychopathie auf die Reputationskompetenz in sozialen Medien ist, wie bereits angenommen, negativ. Da Psychopathen sich durch eine hohe Impulsivität auszeichnen und auf der Suche nach Stimulation sind (vgl. Hare et al. 1991, S. 96; Jonason und Krause 2013, S. 532), ist es nicht verwunderlich, dass sie sich im Vorhinein keine Gedanken darüber machen, wie ihre Beiträge aufgefasst werden könnten *(Reflexionskompetenz)*. Dies zeigt sich auch in fehlender Reue. Ein eher unüberlegter Kommunikationsstil kann auf die fehlende Empathie von Psychopathen zurückgeführt werden. Ebenso führt die häufige Verwendung von negativ beladenen Wörtern zu einem eher unvorteilhaften Kommunikationsverhalten *(Kommunikationskompetenz)*. Der negative Effekt von Psychopathie auf die Reputationskompetenz in sozialen Medien lässt sich also vor allem durch unüberlegte und nicht empathische Kommunikation sowie impulsives Verhalten erklären.

Ebenso wie bei Psychopathie ist der Einfluss von Machiavellismus auf die Reputationskompetenz in sozialen Medien negativ. Dieses Ergebnis lässt sich vor allem mit der Eigenschaft von Machiavellisten, andere zu manipulieren und für sich zu benutzen, erklären (vgl. Hodson et al. 2009, S. 686; Rosenberg und Egbert 2011). Machiavellisten nutzen beispielsweise soziale Medien, um ihre eigenen Partner zu manipulieren (Fox et al. 2013). Sie interessieren sich zudem nicht für andere, sondern vor allem für sich selbst, was sie auch mit ihrem Verhalten in sozialen Medien zeigen (vgl. Abell und Brewer 2014). So nutzen Machiavellisten soziale Medien für selbstbezogene Ziele, was unter Umständen zu einem eher negativ wahrgenommenen Kommunikationsverhalten führen kann *(Kommunikationskompetenz)*. Das Manipulieren anderer in Verbindung mit dem Verfolgen eigener Ziele kann dazu führen, dass sich Machiavellisten vorab keine Gedanken darüber machen, wie bestimmte Beiträge von anderen aufgefasst werden könnten *(Reflexionskompetenz)*, was sich auch durch von ihnen initiierte aggressive Interaktionen zeigt (vgl. Rosenberg und Egbert 2011). Der negative Effekt von Machiavellismus auf die Reputationskompetenz in sozialen Medien resultiert also aus der Manipulation anderer und dem Verfolgen selbstbezogener Ziele, ohne dabei auf andere Nutzer zu achten.

7.5 Fazit und Ausblick

Ziel des vorliegenden Beitrags war es, den Einfluss der sogenannten Dunklen Triade auf die Reputationskompetenz in sozialen Medien zu untersuchen. Damit stellt er die erste Untersuchung zum Einfluss der Persönlichkeit auf Reputationskompetenz im Umgang mit sozialen Medien dar.

Die Ergebnisse zeigen, dass Persönlichkeitsmerkmale in der Tat einen Einfluss auf das Verhalten in sozialen Medien haben. Insbesondere Menschen mit einem höheren Maß an Narzissmus verfügen über eine höhere Reputationskompetenz. Menschen mit psychopathischen oder machiavellistischen Zügen hingegen fehlt es an Reputationskompetenz. Diese Ergebnisse lassen sich vor allem durch die negativen und aversiven Eigenschaften dieser Persönlichkeitsmerkmale erklären. Während Narzissten darauf bedacht sind, ein möglichst positives Selbstbild zu erzeugen, geht es Psychopathen und Machiavellisten vor allem um ihre eigenen Ziele. Dabei schrecken sie nicht davor zurück, andere für ihre Zwecke auszunutzen.

Trotz der Ergebnisse in Bezug auf die Reputationskompetenz im Umgang mit sozialen Medien, die zurzeit noch einen relativ neuen Untersuchungsgegenstand darstellt, weist der vorliegende Beitrag auch Limitationen auf, die in zukünftigen Untersuchungen adressiert werden sollten. Die Persönlichkeitsmerkmale wurden in dieser Studie mit einer Kurzskala der Dunklen Triade erfasst. Die Reliabilität der einzelnen Dimensionen war überwiegend akzeptabel, mit Ausnahme von Psychopathie. Die Verwendung der Standardinstrumente zur Erfassung von Machiavellismus (MACH-IV), Narzissmus (NPI) und Psychopathie (SRP-III) sollte in zukünftigen Studien in Betracht gezogen werden. Im Rahmen einer Folgestudie könnten ebenfalls Interaktionseffekte zwischen der Dunklen Triade und anderen Persönlichkeitsmerkmalen und typischen Kontrollvariablen (wie zum Beispiel Nutzungsverhalten in sozialen Medien) untersucht werden. Weiterhin sollten auch andere unternehmensseitige Prädiktoren für Reputationskompetenz betrachtet werden. So könnten zum Beispiel die Unternehmensgröße, der Grad der Bürokratie oder die Anzahl der Hierarchieebenen einen Einfluss auf die Kompetenzentwicklung von Mitarbeitenden haben.

Bei der vorliegenden Studie nahmen überwiegend Studierende (55 %) und Arbeitnehmer/innen teil (34 %). Reputationskompetenz wird als explizites Wissen, Fähigkeiten und Verhaltensweisen eines Arbeitsnehmers beschrieben, sozialen Medien so zu nutzen, dass die Reputation des Arbeitgebers nicht gefährdet, sondern idealerweise verbessert wird (vgl. Walsh et al. 2016, S. 2). Zwar lässt sich die Skala der Reputationskompetenz auch zur allgemeinen Messung der Kompetenzdimensionen verwenden, da die Fragen keinen expliziten Bezug zum Arbeitgeber oder zur Arbeit herstellen. Es wird aber dennoch vermutet, dass der Arbeitgeberbezug einen Effekt auf die Reputationskompetenz hat. Daher sollten im Rahmen von Folgestudien Arbeitnehmer befragt werden. In diesem Zusammenhang könnten auch mögliche Einflussfaktoren, die das Verhältnis mit dem Arbeitgeber beschreiben, als unabhängige und Kontrollvariablen berücksichtigt werden. Beispielsweise könnte eine starke Identifikation mit dem Arbeitgeber zu einer höheren Reputationskompetenz führen.

Literatur

Abell, L., & Brewer, G. (2014). Machiavellianism, self-monitoring, self-promotion and relational aggression on Facebook. *Computers in Human Behavior, 36,* 258–262.

Austin, E. J., Farrelly, D., Black, C., & Moore, H. (2007). Emotional intelligence, Machiavellianism and emotional manipulation: Does EI have a dark side? *Personality and Individual Differences, 43,* 179–189.

Barrick, M. R., & Mount, M. K. (1991). The big five personality dimensions and job performance: A meta-analysis. *Personnel Psychology, 44,* 1–26.

Biesalski, A., & Kaiser, P. (2012). *Corporate Reputation Score: Wie viel Umsatz schafft Reputation?.* München: Biesalski & Company.

Boyd, D. (2007). Social network sites: Public, private, or what? *Knowledge Tree, 13,* 1–7.

Cardy, R. L., & Selvarajan, T. T. (2006). Competencies: Alternative frameworks for competitive advantage. *Business Horizons, 49,* 235–245.

Carpenter, C. J. (2012). Narcissism on facebook: Self-promotional and anti-social behavior. *Personality and Individual Differences, 52,* 482–486.

Carroll, D. (2009). United breaks Guitars. https://www.youtube.com/watch?v=5YGc4zOqozo. Zugegriffen: 16. Jan. 2018.

Ceyp, M., & Scupin, J.-P. (2013). *Erfolgreiches Social Media Marketing.* Wiesbaden: Springer Gabler.

Chamorro-Premuzic, T., & Furnham, A. (2006). Intellectual competence and the intelligent personality: A third way in differential psychology. *Review of General Psychology, 10*(3), 251–267.

Cravens, K. S., & Oliver, E. G. (2006). Employees: The key link to corporate reputation management. *Business Horizons, 49,* 293–302.

Deloitte. (2014). Reputation@Risk. Deloitte Touche Tohmatsu Limited & Forbes Insights global survey on reputation risk. https://www2.deloitte.com/content/dam/Deloitte/global/Documents/Governance-Risk-Compliance/gx_grc_Reputation@Risk%20survey%20report_FINAL.pdf. Zugegriffen: 21. Aug. 2018.

Dowling, G. (2006). Reputation risk: It is the board's ultimate responsibility. *Journal of Business Strategy, 27,* 59–68.

Facebook. (2017). Eine Community von 30 Millionen: Facebook sagt Danke. Facebook Pressemitteilung. https://de.newsroom.fb.com/news/2017/06/eine-community-von-30-millionen-facebook-sagt-danke/. Zugegriffen: 11. Sept. 2017.

Fox, J., & Rooney, M. C. (2015). The dark triad and trait self-objectification as predictors of men's use and self-presentation behaviors on social networking sites. *Personality and Individual Differences, 76,* 161–165.

Fox, J., Peterson, A., & Warber, K. M. (2013). *Attachment style, sex, and the use of secret tests via social networking sites in romantic relationships.* Paper presented at the Multi-Level Motivations in Close Relationship Dynamics Conference of the International Association for Relationship Research, Louisville, KY.

Garcia, D., & Sikström, S. (2014). The dark side of Facebook: Semantic representations of status updates predict the dark triad of personality. *Personality and Individual Differences, 67,* 69–74.

Grasz, J. (2015). CareerBuilder, Mai 2015. http://www.careerbuilder.com/share/aboutus/pressreleasesdetail.aspx?sd=5%2F14%2F2015&id=pr893&ed=12%2F31%2F2015. Zugegriffen: 18. Jan. 2018.

Guadagno, R. E., Okdie, B. M., & Eno, C. A. (2008). Who blogs? Personality predictors of blogging. *Computers in Human Behavior, 24,*1993–2004.

Hare, R. D., Hart, S. D., & Harpur, T. J. (1991). Psychopathy and the DSM-IV criteria for antiso-
cial personality disorder. *Journal of Abnormal Psychology, 100,* 391–398.

Hodson, G., Hogg, S. M., & MacInnis, C. C. (2009). The role of "dark personalities" (narcissism,
machiavellianism, psychopathy), big five personality factors, and ideology in explaining preju-
dice. *Journal of Research in Personality, 43,* 686–690.

Holm, E., & Das, A. (2014). Buffett reminds his top managers: Reputation is everything. *The Wall
Street Journal.*

Horster, E. (2012). *Reputation und Reiseentscheidung im Internet.* zugl. Diss., Leuphana Universität Lüneburg. Wiesbaden: Springer Gabler.

Jonason, P. K., & Krause, L. (2013). The emotional deficits associated with the dark triad traits:
Cognitive empathy, affective empathy, and alexithymia. *Personality and Individual Differences,
55,* 532–537.

Jonason, P. K., & Webster, G. D. (2010). The dirty dozen: A concise measure of the dark triad.
Psychological Assessment, 22, 420.

Judge, T. A., Higgins, C. A., Thoresen, C. J., & Barrick, M. R. (1999). The big five personality
traits, general mental ability, and career success across the life span. *Personnel Psychology, 52,*
621–652.

Kaplan, A. M., & Haenlein, M. (2010). Users of the world, unite! The challenges and opportunities
of social media. *Business Horizons, 53*(1), 59–68.

Kietzmann, J. H., Hermkens, K., McCarthy, I. P., & Silvestre, B. S. (2011). Social media? Get
serious! Understanding the functional building blocks of social media. *Business Horizons, 54,*
241–251.

Kowalski, R. M. (2001). *Behaving badly: Aversive behaviors in interpersonal relationships.*
Washington: American Psychological Association.

Küfner, A. C. P., Dufner, M., & Back, M. D. (2015). Das Dreckige Dutzend und die Nieder-
trächtigen Neun. *Diagnostica, 61,* 76–91.

Miller, J. D., Dir, A., Gentile, B., Wilson, L., Pryor, L. R., & Campbell, W. K. (2010). Searching
for a vulnerable dark triad: Comparing factor 2 psychopathy, vulnerable narcissism, and bord-
erline personality disorder. *Journal of Personality, 78,* 1529–1564.

Moore, K., & McElroy, J. C. (2012). The influence of personality on facebook usage, wall postings, and regret. *Computers in Human Behavior, 28,* 267–274.

Nasaw, D. (2009). Youtube video on wrecked guitar gets united airlines to pay up. *The Guardian,*
Juli 2009. http://www.theguardian.com/world/2009/jul/23/united-airlines-guitar-dave-carroll.
Zugegriffen: 16. Jan. 2018.

O'Boyle, E. H., Forsyth, D. R., Banks, G. C., & McDaniel, M. A. (2012). A meta-analysis of the
dark triad and work behavior: A social exchange perspective. *Journal of Applied Psychology, 3,*
557–579.

Ollier-Malaterre, A., & Rothbard, N. P. (2015). Social media or social minefield? Surviving in the
new cyberspace era. *Organizational Dynamics, 44,* 26–34.

Ong, E. Y., Ang, R. P., Ho, J. C., Lim, J. C., Goh, D. H., Lee, C. S., et al. (2011). Narcissism, extra-
version and adolescents' self-presentation on facebook. *Personality and Individual Differences,
50,* 180–185.

Palmer, J. C., Komarraju, M., Carter, M. Z., & Karau, S. J. (2017). Angel on one shoulder: Can
perceived organizational support moderate the relationship between the dark triad traits and
counterproductive work behavior? *Personality and Individual Differences, 110,* 31–37.

Paulhus, D. L., & Williams, K. M. (2002). The dark triad of personality: Narcissism, Machiavellianism, and psychopathy. *Journal of Research in Personality, 36,* 556–563.

Raskin, R., & Terry, H. (1988). A principal-components analysis of the Narcissistic Personality
Inventory and further evidence of its construct validity. *Journal of Personality and Social Psychology, 54,* 890–902.

Rauthmann, J. F., & Kolar, G. P. (2012). How "dark" are the dark triad traits? Examining the perceived darkness of narcissism, machiavellianism, and psychopathy. *Personality and Individual Differences, 53*, 884–889.

Rosenberg, J., & Egbert, N. (2011). Online impression management: Personality traits and concerns for secondary goals as predictors of self-presentation tactics on facebook. *Journal of Computer-Mediated Communication, 17*, 1–18.

Schulten, M., Mertens, A., & Horx, A. (2012). *Social branding*. Wiesbaden: Springer Gabler.

Seemann, R. (2008). *Corporate reputation management durch corporate communications*. Göttingen: Cuvillier.

Seibert, S. E., & Kraimer, M. L. (2001). The five-factor model of personality and career success. *Journal of Vocational Behavior, 58*, 1–21.

Shane, S., & Cable, D. (2002). Network ties, reputation, and the financing of new ventures. *Management Science, 48*, 364–381.

Spremann, K. (1988). Reputation, Garantie, Information. *Zeitschrift für Betriebswirtschaft, 58*, 613–629.

Vernon, P. A., Villani, V. C., Vickers, L. C., & Harris, J. A. (2008). A behavioral genetic investigation of the dark triad and the big 5. *Personality and Individual Differences, 44*, 445–452.

Walsh, G. (2004). *Das Management von Unternehmensreputation: Grundlagen, Messung und Gestaltungsperspektiven am Beispiel von Unternehmen des liberalisierten Gasmarkts*. Aachen: Shaker.

Walsh, G., & Beatty, S. E. (2007). Customer-based corporate reputation of a service firm: Scale development and validation. *Journal of the Academy of Marketing Science, 35*(1), 127–143.

Walsh, G., Bartikowski, B., & Beatty, S. E. (2014). Impact of customer-based corporate reputation on non-monetary and monetary outcomes: The roles of commitment and service context risk. *British Journal of Management, 25*, 166–185.

Walsh, G., Schaarschmidt, M., & von Kortzfleisch, H. (2016). Employees' company reputation – related social media competence: Scale development and validation. *Journal of Interactive Marketing, 36*, 46–59.

Wang, J.-L., Jackson, L. A., Zhang, D.-J., & Su, Z.-Q. (2012). The relationships among the big five personality factors, self-esteem, narcissism, and sensation-seeking to Chinese University students' uses of Social Networking Sites (SNSs). *Computers in Human Behavior, 28*, 2313–2319.

Weber, T. (2010). Why companies watch your every facebook, youtube, twitter move. http://www.bbc.com/news/business-11450923. Zugegriffen: 16. Jan. 2018.

Williams, S. P., & Hausman, V. (2017). Categorizing the business risks of social media. *Procedia Computer Science, 121*,266–273.

Wrenn, E. (2009). The sweet music of revenge: Singer pens youtube hit after united airlines breaks his guitar… and shares plunge 10 %. *Daily Mail*. http://www.dailymail.co.uk/news/article-1201671/Singer-Dave-Carroll-pens-YouTube-hit-United-Airlines-breaks-guitar-shares-plunge-10.html. Zugegriffen: 2. Okt. 2017.

Wüst, C., & Kreutzer, R. T. (2012). Corporate Reputation Management – Die kraftvolle Währung für Unternehmenserfolg. In C. Wüst & R. T. Kreutzer (Hrsg.), *Corporate reputation management* (S. 3–56). Wiesbaden: Springer Gabler.

Zimmer, D. (2009). *Der Multilevel-Charakter der Reputation von Unternehmen*. Zugl. Diss., Philipps-Universität Marburg. Wiesbaden: Springer Gabler.

Christopher Schwinn studierte Informationstechnik an der Dualen Hochschule Baden-Württemberg in Friedrichshafen und schloss sein Grundstudium mit dem Bachelor of Engineering ab. Anschließend absolvierte er den Master of Science in Betriebswirtschaftslehre für Ingenieure an der Friedrich-Schiller-Universität Jena. Aktuell lebt und arbeitet er in Berlin und ist im Marketingbereich einer Eventagentur tätig.

Dr. Eva Hammes ist wissenschaftliche Mitarbeiterin am Lehrstuhl für Allgemeine Betriebswirtschaftslehre und Marketing an der Friedrich-Schiller-Universität Jena. Ihre Forschungsschwerpunkte beinhalten Dienstleistungsmarketing und sozial-psychologische Konstrukte im Kontext der Medienrezeption.

Daniel Brylla ist wissenschaftlicher Mitarbeiter am Lehrstuhl für Allgemeine Betriebswirtschaftslehre und Marketing an der Friedrich-Schiller-Universität Jena. Sowohl in wissenschaftlicher als auch in selbstständiger Tätigkeit befasst er sich mit Visuellem Marketing im Kontext elektronischer Medien.

Prof. Dr. Gianfranco Walsh ist Professor für Allgemeine Betriebswirtschaftslehre und Marketing an der Friedrich-Schiller-Universität Jena. Seine Forschungsschwerpunkte liegen in den Bereichen Dienstleistungsmarketing, Dienstleistungsmanagement, elektronischer Handel sowie Reputationsmanagement.

Social Media Guidelines: Vergleichende Analyse und Ableitung von benötigten Mitarbeitendenkompetenzen

8

Arne Mellinghoff

Inhaltsverzeichnis

A. Mellinghoff (✉)
Meckenheim, Deutschland
E-Mail: arne.mellinghoff@gmx.de

© Springer Fachmedien Wiesbaden GmbH, ein Teil von Springer Nature 2019
M. Schaarschmidt et al. (Hrsg.), *Online-Reputationskompetenz von Mitarbeitern*,
https://doi.org/10.1007/978-3-658-25487-2_8

▶ **Zusammenfassung** Vor dem Hintergrund der immer stärker wachsenden
Nutzung sozialer Medien gewinnt die richtige Nutzung dieser im beruflichen
Umfeld zunehmend an Bedeutung. Für Unternehmen kann beispielsweise die
Nutzung sozialer Medien durch die Mitarbeitenden positive wie auch negative
Konsequenzen zur Folge haben. Um insbesondere negative Konsequenzen wie
eine Rufschädigung zu vermeiden, ist es vorteilhaft, die Mitarbeitenden mittels
einer firmenspezifischen Social Media Guideline auf die Gefahren aufmerksam
zu machen und den Mitarbeitenden gleichzeitig eine Hilfestellung für einen
kompetenten Umgang mit sozialen Medien zu bieten. Dieser Beitrag analysiert
zunächst Social Media Guidelines für Mitarbeitende verschiedener Unternehmen
hinsichtlich deren Aufbau und enthaltener Regeln. Darauf aufbauend erfolgen die Beschreibung und Formulierung einer idealtypischen Richtlinie mit der
Erstellung eines Kriterienkatalogs für mögliche Anforderungen an Mitarbeitende.

8.1   Einleitung

8.1.1   Einordnung und Relevanz des Themas

Soziale Medien sind aus der heutigen Zeit kaum noch wegzudenken. Durch sie entsteht
mithilfe des Internets eine Vernetzung von Nutzern und infolgedessen eine flächendeckende Kommunikation und Kooperation. Zurzeit ist Facebook nach Nutzerzahlen das
weltweit größte Netzwerk (vgl. Statista 2017); im September 2017 zählte es mehr als
zwei Milliarden aktive Nutzer[1] weltweit (vgl. Facebook 2017; Statista 2017).

Durch diese noch relativ neue Form der Kommunikation ist es jedem mit einer Inter-
netverbindung und einem entsprechend ausgestatteten Endgerät möglich, Teil eines
sozialen Netzwerks zu werden. Dort kann jegliche Art von Information global verbreitet
und ausgetauscht werden. Nur wenige Gesetze oder Regeln beschränken diesen Austausch von Informationen. Hinzu kommt, dass die wenigen Gesetze nicht gleichermaßen für alle Länder gelten und es so schwer ist, globale Standards und Normen für die
Nutzung des Internets durchzusetzen. Die rechtlichen Rahmenbedingungen sind insbesondere wichtig, wenn Personen in sozialen Medien agieren, die gleichzeitig erkennbar sind als Mitarbeitende einer Firma, da hier unterschiedliche Prinzipien Anwendung
finden (unter anderem Meinungsfreiheit [Art. 5 Abs. 1 GG] vs. Loyalitätspflicht gegenüber dem Arbeitgeber [§ 241, Abs. 2, BGB]).

Soziale Medien bieten Unternehmen somit Chancen, beinhalten aber auch Risiken.
Durch soziale Medien können eben nicht nur Unternehmensfremde (zum Beispiel Verbraucher) unternehmensbezogen agieren, sondern auch die eigenen Mitarbeitenden.[2] Die

---

[1]In dieser Statistik werden Nutzer als „aktive Nutzer" bezeichnet, wenn sie mindestens einmal im
Monat das entsprechende soziale Netzwerk nutzen (vgl. Statista 2017).

[2]Eine solche reine Bewertungsplattform ist beispielsweise das Arbeitgeber-Bewertungsportal kununu.

Mitarbeitenden eines Unternehmens sind meist selbst in sozialen Netzwerken aktiv und können durch ihr Auftreten und ihre Beiträge wie Posts, Kommentare, Foto- oder Video-beiträge sowohl positiv als auch negativ auf die Reputation ihres Arbeitgebers einwirken (Walsh et al. 2016). Unternehmen sollten daher mithilfe von Social Media Guidelines die Verwendung der sozialen Medien durch ihre Mitarbeitenden umfangreich definieren, um möglichen Risiken vorzubeugen und eine angemessene Kommunikation sicherzustellen (vgl. BITKOM 2010). Social Media Guidelines sind Richtlinien für Mitarbeitende eines Unternehmens oder einer Organisation, die mehr oder weniger verbindliche Vorschläge und Regeln eines richtigen Verhaltens und Umgangs in sozialen Medien beinhalten (vgl. BVDW 2013, S. 137). Social Media Guidelines können dazu beitragen, das positive Verhalten von Mitarbeitenden in sozialen Medien zu bestärken und/oder ein negatives Verhalten zu unterbinden. Gleichzeitig gilt es seitens der Unternehmen, die Privatsphäre der Mitarbeitenden zu achten. Darüber hinaus sollte in einer Social Media Guideline nicht nur der Unternehmensnutzen kommuniziert werden, sondern auch die Vorteile der Nutzung für die Mitarbeitenden. Es existiert allerdings kein einheitliches Bild, wie sol-che Guidelines in der Praxis ausgestaltet sind. Hier setzt der vorliegende Beitrag an.

8.1.2 Zielsetzung und Aufbau des Beitrags

Das Ziel des vorliegenden Beitrags ist es, Social Media Guidelines aus unterschied-lichen Branchen zu analysieren und einander gegenüberzustellen. Dabei wird zunächst der grobe Aufbau der verschiedenen Richtlinien untersucht und im Anschluss wer-den die wichtigsten inhaltlichen und gestalterischen Merkmale erfasst. Darüber hinaus lassen sich die Häufigkeiten der Inhalte der zu untersuchenden Social Media Guideli-nes ermitteln und so wesentliche bzw. häufig auftretende Regeln aufzeigen. Auf diesen Ergebnissen aufbauend, werden die wichtigsten Kriterien für die Beschreibung einer optimalen Social Media Guideline aufgezeigt. Daraus folgend lassen sich wiederum Merkmale hinsichtlich Mitarbeitendenkompetenzen im Bereich der Social-Media-Nut-zung ableiten und aufbereiten. Mithilfe der Datenauswertung wird ferner versucht, auf ein generell erforderliches Wissen in Bezug auf soziale Medien für potenzielle Mitarbeitende zu schließen. Es wäre somit möglich, bei der Auswahl eines/einer Mit-arbeitenden direkt zu entscheiden, ob ein Bewerber oder eine Bewerberin über die nöti-gen Kompetenzen verfügt (im Hinblick auf die Social-Media-Nutzung) oder ob er/sie für das Unternehmen möglicherweise weniger geeignet ist.

Zunächst werden in Abschn. 8.2 die Verbreitung von Social-Media-Plattformen sowie Chancen und Risiken für Unternehmen in Bezug auf die mitarbeitendenseitige Nutzung sozialer Medien beschrieben. Darauf folgen in Abschn. 8.3 die Erläuterung der genutzten wissenschaftlichen Methoden sowie die Beschreibung der wissenschaftlichen Vorgehens-weise mit der anschließenden Herleitung der Forschungsfragen. Im Anschluss werden die Social Media Guidelines im Hauptteil anhand verschiedener Untersuchungsformen erklärt. Innerhalb von Abschn. 8.4 werden zunächst unternehmensspezifische Daten aufgezeigt und beschrieben. Danach folgt die Erläuterung der Ergebnisse und der Zusammenhänge aus den Analysekatalogen. Im Anschluss an die Untersuchung der Kriterienkataloge lassen sich der Aufbau, die Durchführung und die Ergebnisse der Mallet-Tool-Analyse besprechen. Die Ergebnisse der Untersuchungen werden danach zusammengefasst und die wichtigsten Aspekte einer Social Media Guideline dargestellt. Weiter werden die wichtigsten Erkenntnisse hinsichtlich Mitarbeitendenkompetenzen herausgestellt. Schließlich erfolgen eine Zusammenfassung der Ergebnisse sowie ein Fazit.

8.2   Theoretische Grundlagen

8.2.1   Mitarbeitendenverhalten in sozialen Medien

In der heutigen Zeit findet ein Großteil der weltweiten Kommunikation über das Internet und in den damit verbundenen sozialen Medien statt. Im Januar 2015 gab es bereits weltweit mehr als drei Milliarden aktive Internetanwender. Davon besaßen zwei Drittel auch einen Social-Media-Account. In Deutschland steigt die Zahl der Internetnutzer im Vergleich zu anderen Ländern der Welt nicht mehr so rasant an, da bereits 89 % der Deutschen aktiv das Internet nutzen und 35 % (28 Mio.) aktiv Social-Media-Kanäle nutzen (vgl. Jobambition 2015).

Den Anwendern bieten sich durch die globale Ausweitung des Internets und insbesondere der sozialen Medien eine Vielzahl neuer Möglichkeiten der Informationsverbreitung und -beschaffung sowie eine Kommunikation ohne zeitliche und/oder räumliche Einschränkungen. Um diese Möglichkeiten nutzen zu können, müssen sich Nutzer in der Regel bei dem jeweiligen sozialen Netzwerk registrieren. Der Nutzer erhält dadurch Zugriff auf die im Netzwerk enthaltenen Informationen und hat die Möglichkeit, eigene Informationen mit anderen Netzwerknutzern zu teilen. Soziale Netzwerke leben von den Beiträgen der Nutzer und gestalten die äußeren Rahmenbedingungen sowie die Oberflächen.

Abgesehen von den privaten Nutzern sehen geschäftliche Nutzer (insbesondere Unternehmen) einen hohen Mehrwert im Gebrauch sozialer Medien. Der Grund liegt in der großen Anzahl an Nutzern und somit potenziellen KundInnen. Da mittels sozialer Medien viele potenzielle KundInnen mit personalisierter Werbung direkt erreicht werden können, werden Social-Media-Plattformen immer mehr zu einem Werbemarkt für Unternehmen. Unternehmen haben außerdem die Möglichkeit, durch einen Unternehmensaccount in einem sozialen Netzwerk in direkten Kundenkontakt zu treten und mit den KundInnen zu interagieren. So kann beispielsweise unmittelbar auf mögliche Probleme, Fehler oder sogenannte „Shitstorms"[3] reagiert werden. Trotz der vielfältigen Möglichkeiten, die Social-Media-Plattformen den Unternehmen bieten, waren im Jahr 2016

---

[3]Als Shitstorm wird ein „Sturm der Entrüstung in einem Kommunikationsmedium des Internets, der zum Teil mit beleidigenden Äußerungen einhergeht" verstanden (Duden o. J.).

lediglich 36 % aller befragten deutschen Unternehmen in Social-Media-Plattformen vertreten (vgl. Statistisches Bundesamt 2016, S. 8). Bei Großunternehmen mit 250 und mehr Beschäftigten liegt der Anteil bei 69 % (vgl. Statistisches Bundesamt 2016, S. 8). Das Portal Unternehmer.de (2013) ermittelte verschiedene Ursachen, wie zum Beispiel die unterschätzte Wirkung der sozialen Medien oder die Scheu vor dem Aufwand, der betrieben werden muss, um den gewünschten Werbeerfolg zu erzielen.

Von zentraler Bedeutung für die Außenwirkung eines Unternehmens ist aber nicht nur der Unternehmensaccount, also der offiziell von einer Firma betriebene. Immer wichtiger für die Außenwirkung werden private Accounts von Mitarbeitenden, wenn diese mit ihrem Arbeitgeber in Verbindung gebracht werden können. Mitarbeitende können durch ihr Verhalten in sozialen Netzwerken einem Unternehmen helfen oder schaden, auch wenn das Unternehmen selbst nicht in sozialen Netzwerken aktiv ist (vgl. Walden 2018). Durch private Accounts von Mitarbeitenden kann daher ein positives oder negatives Image verstärkt werden, weshalb es einigen Unternehmen wichtig ist, Richtlinien für Mitarbeitende für den Umgang mit sozialen Netzwerken aufzustellen.

8.2.2 Chancen und Risiken von Mitarbeitendenverhalten in sozialen Medien

Die Tatsache, dass Mitarbeitende privat soziale Netzwerke nutzen, bietet sowohl Chancen als auch Risiken für den Arbeitgeber. Mitarbeitende können beispielsweise durch einen privaten Social-Media-Account einen positiven Einfluss auf das Unternehmensimage bewirken, beispielsweise durch ansprechende Beiträge zu Unternehmensleistungen oder Foren oder durch Verlinkungen auf die Unternehmensseite, zum Beispiel im sozialen Netzwerk Facebook. Solche Informationen können kostengünstig und mit geringem zeitlichem Aufwand viele weitere Nutzer erreichen und diese positiv beeinflussen.

Wenn über das Internet ein bestimmtes Produkt gesucht und mit anderen seiner Art verglichen wird, wünschen sich viele Verbraucher wieder vermehrt eine persönliche Beratung, auch weil sich Suchmaschinen durch Verlinkungen oder Zahlungen manipulieren lassen (vgl. Verbraucherzentrale Bundesverband e. V. 2011). Demnach kann ein professioneller Auftritt eines/einer Mitarbeitenden ein positives Image eines Unternehmens bestärken und das Unternehmen in der Öffentlichkeit bekannter machen, ohne besondere Kosten für das Unternehmen zu verursachen. Darüber hinaus hat eine Studie gezeigt, dass beispielsweise Mitarbeitende als vertrauenswürdiger eingestuft werden als der Geschäftsführer eines Unternehmens (vgl. Edelman 2017, Folie 36).

Mitarbeitende mit einem privaten Account in sozialen Medien können aber ebenso ein Risiko für Unternehmen darstellen. Dieses besteht vor allem in der Unsicherheit der Unternehmen, dass Mitarbeitende falsche, unangenehme oder geheime Informationen an Dritte weitergeben könnten. Dies kann auch der Verrat von Geschäfts- und Betriebsgeheimnissen oder die Verbreitung von vertraulichen Informationen sein (vgl. Schiedermair Rechtsanwälte o. J.). Es drohen rechtliche Konsequenzen für das Unternehmen und hohe Kosten. Auch können kritische Äußerungen von Mitarbeitenden in sozialen Netz-werken gegenüber dem eigenen Arbeitgeber, den KundInnen oder den Konkurrenten bedeutende Folgen haben (vgl. Schiedermair Rechtsanwälte o. J.), wie beispielsweise einen Imageverlust, rechtliche Strafen oder KundInnenabwanderung. Die kritischen Äußerungen können außerdem straf- und arbeitsrechtliche Konsequenzen für die Mit-arbeitenden nach sich ziehen.

Beispiel: Domino's

Zum Beispiel haben Mitarbeitende der Pizzakette „Domino's" ein Video über eine unhygienische Zubereitung eines Lebensmittels in ein soziales Netzwerk gestellt, was durch eine schnelle Verbreitung zu einem beträchtlichen Imageschaden führte. Schließlich wurden in kürzester Zeit außerordentliche Maßnahmen durch das Unter-nehmen getroffen, wie die Entlassung der Mitarbeitenden, die Einleitung rechtlicher Schritte und eine Entschuldigung bei den KundInnen (vgl. Ethority 2009).

8.3   Wissenschaftliche Vorgehensweise

8.3.1   Forschungsziel und Ablaufbeschreibung

Social Media Guidelines existieren in vielen Firmen und in unterschiedlicher Form. Einen der bekanntestes Rahmen für Social Media Guidelines liefert der Bundesverband Informationswirtschaft, Telekommunikation und neue Medien e. V. (BITKOM), der umfassende Informationen über die richtige Erstellung einer Social-Media-Richtlinie zur Verfügung stellt (vgl. BITKOM 2010, 2015). Eine Studie der Universität Bamberg (2013) zum Thema Social Media Guidelines untersuchte unter anderem 50 Social-Media-Richtlinien von Unternehmen nach verschiedenen Kriterien, um ein Musterbei-spiel zu entwickeln (vgl. Universität Bamberg 2013).

Der vorliegende Beitrag führt diese Arbeiten weiter und soll wichtige Anforderungen an Mitarbeitende im Umgang mit sozialen Medien herausstellen und darauf aufbauend Anregungen für die Ausgestaltung einer Social Media Guideline entwickeln. Die Vor-gehensweise erfolgt nach einem ähnlichen Analyseprinzip wie die Forschung der Uni-versität Bamberg (2013). Ein wesentlicher Unterschied besteht jedoch unter anderem hinsichtlich einer größeren Datenbasis im Vergleich zur Studie der Universität Bamberg (2013). Im ersten Schritt lassen sich Social Media Guidelines verschiedener Unter-nehmen innerhalb einer Suche mittels Online-Suchmaschinen ermitteln. Für die durch-geführte Studie wurden auf diese Weise 118 Social Media Guidelines von Unternehmen unterschiedlicher Branchen zusammengetragen. Im Anschluss erfolgten eine Analyse und Kategorisierung der Datenbasis anhand statistischer Methoden. Die Untersuchung der Social Media Guidelines und die Ableitung einiger wichtiger Kriterien für Mit-arbeitende erfolgen primär durch die Nutzung quantitativer Forschungsansätze. In die-sem Kontext sollen aus verschiedenen Richtlinien „Phänomene in ihrer Häufigkeit und

Verteilung bestimmt werden" (Flick 1995, S. 11). Darüber hinaus werden bestimmte Aspekte mittels einer qualitativen Inhaltsanalyse kategorisiert (vgl. Mayring 2002).

Zunächst werden die Unternehmen nach Mitarbeitendenanzahl, nach Börsennotierung (ja oder nein) und nach Branchen kategorisiert. Anschließend werden zwei Kriterienkataloge erstellt. Die Auswahl der Elemente der Kataloge findet mittels einer Kombination aus qualitativen und quantitativen Forschungsmethoden statt. Dabei werden erst die Kriterien anhand einer qualitativen Inhaltsanalyse ermittelt und im Anschluss werden zu jedem Kriterium die Datensätze quantitativ untersucht. Auf diesem Weg entsteht der erste Kriterienkatalog, welcher die wichtigsten Grundaspekte, wie beispielsweise die Form und das Aussehen einer Social Media Guideline, beschreibt, sowie der zweite Kriterienkatalog, der die inhaltlichen Aspekte genauer darstellt. Jede Social Media Guideline wird anhand der qualitativen Kriterien quantitativ analysiert und die Ergebnisse werden in einem Excel-Dokument zusammengefügt und schließlich statistisch aufbereitet. Verschiedene Ausprägungen können die Werte 0 oder 1 annehmen und stehen zum Beispiel für „nicht vorhanden" und „vorhanden" (zum Beispiel börsennotiert: ja oder nein). Alle Ergebnisse werden zusammenfassend beschrieben und analysiert sowie schließlich in einen Gesamtkontext gebracht und nach Wichtigkeit sortiert. Innerhalb des ersten Kriterienkatalogs werden zahlreiche Faktoren zusammengetragen, die dem Lesenden der Richtlinie neben dem eigentlichen Inhalt nützliche Informationen liefern oder Informationen verständlicher machen. Im Gegensatz dazu werden im zweiten Katalog die 20 häufigsten Regeln der untersuchten 118 Social Media Guidelines nach quantitativen Verfahren analysiert, um die wichtigsten Regeln aller Richtlinien herauszufiltern. Dadurch ist der wesentliche Schritt in Richtung der Entwicklung einer möglichst optimalen Social Media Guideline getan.

Im Anschluss an die Analyse der Kriterienkataloge werden mögliche signifikante Zusammenhänge, wie beispielsweise die Verbindung zwischen einer hohen Anzahl an Wörtern mit einer hohen Anzahl an Fachbegriffen, mittels einer multivariaten Regressionsanalyse zwischen verschiedenen Kriterien erkannt und deutlich gemacht (vgl. Backhaus et al. 2013). Außerdem liefert dieses Verfahren weitere Erkenntnisse, um die bisher erlangten Ergebnisse zu überprüfen und zu vergleichen. Diese Verwendung verschiedener Analyseformen wird auch als Triangulation[4] bezeichnet (vgl. Mayring 2002, S. 147).

Nach der Untersuchung mittels einer Regressionsanalyse erfolgt eine weitere quantitative Analyse mittels des Mallet-Tools[5] (vgl. Mallet 2013), wodurch die Worthäufigkeiten der jeweiligen Guidelines untersucht werden. Dies stellt eine weitere Form der Triangulation dar und hat den Zweck, zuvor erlangte Ergebnisse zu stützen oder zu widerlegen. Die aus diesen Untersuchungen erlangten Ergebnisse bilden die Grundlage für die Entwicklung einer „idealen" Social Media Guideline.

---

[4]Vgl. Mayring (2002, S. 147): „Triangulation meint immer, dass man versucht, für die Fragestellung unterschiedliche Lösungswege zu finden und die Ergebnisse zu vergleichen."

[5]Das Mallet-Tool stellt ein Java-basiertes Programm für eine Verarbeitung natürlicher Sprache dar, welches aus einem oder mehreren Text-Dateien die Häufigkeit vorkommender Wörter bestimmen kann.

8.3.2 Forschungsfragen

Die bisherige Auseinandersetzung mit Mitarbeitendenverhalten in sozialen Medien zeigt, warum es von großem Nutzen ist, Mitarbeitende im Hinblick auf die Nutzung sozialer Netzwerke zu sensibilisieren. Abgeleitet aus den zuvor aufgestellten Zielen dieses Beitrags lassen sich drei Forschungsfragen formulieren, welche die Auswertung der Daten leiten:

1. Wie ist der Aufbau einer Social Media Guideline zu gestalten, damit die Mitarbeitenden den größten Zusatznutzen daraus ziehen können?
2. Welche Regeln sollten innerhalb einer Social Media Guideline verwendet werden, um den Mitarbeitenden die größtmögliche Hilfe zu bieten – bei gleichzeitiger Risikominimierung für das Unternehmen?
3. Gibt es bestimmte Voraussetzungen für sich Bewerbende oder Mitarbeitende, die im Hinblick auf soziale Medien vorhanden sein sollten?

Im Rahmen der vorliegenden Ausarbeitung werden alle Forschungsfragen beantwortet.

8.4 Analyse und Ergebnisse

8.4.1 Deskriptive Statistik der Unternehmen

Die Untersuchung umfasst insgesamt 118 Unternehmen aus acht Branchen, welche eine eigene Social Media Guideline für ihre Mitarbeitenden einsetzen. Die Größe der Unternehmen reicht von GmbHs mit einer geringen Anzahl Mitarbeitender bis hin zu globalen, börsennotierten Konzernen mit bis zu circa zwei Millionen Mitarbeitenden. Darüber hinaus kann die Grundgesamtheit der Unternehmen nach börsennotierten und nicht börsennotierten Unternehmen unterschieden werden. Von den 118 untersuchten Unternehmen sind 56 börsennotiert, was einem Anteil von 47,5 % entspricht. Entsprechend sind 62 der untersuchten Unternehmen (52,5 %) nicht börsennotiert. Dabei sind die Aktien der börsennotierten Unternehmen in unterschiedlichen Börsenindizes gelistet, beispielsweise 14 Dax-Unternehmen sowie neun Dow-Jones-Unternehmen etc.

Des Weiteren können die analysierten Unternehmen nach Branchenzugehörigkeit unterteilt werden. Gemäß dieser Betrachtung ergibt sich, dass 53 Unternehmen, und somit die Mehrheit der untersuchten Unternehmen, der Dienstleistungsbranche zugeordnet werden können (zum Beispiel Allianz oder Baker & Daniels). Es folgt die Industriebranche mit 28 Unternehmen, der beispielsweise die Unternehmen Adidas oder Anheuser-Busch InBev zugeordnet werden. Der Bereich der Technikunternehmen umfasst 19 Unternehmen, wie beispielsweise Apple oder Dell. Die Untersuchung beinhaltet nur wenige Unternehmen der Wissenschafts-, Erziehungs- und Gesundheitsbranche, in der hauptsächlich Forschungsinstitute wie zum Beispiel das Fraunhofer Institut, Universitäten wie die Hochschule für Technik und Wirtschaft Berlin oder Krankenhäuser wie die Cleveland Clinic aufgelistet sind.

Die Grundgesamtheit der Untersuchung besteht aus einer breit gefächerten Aufstellung von Unternehmen unterschiedlicher Größe, welche in unterschiedlichen Branchen tätig sind. Die Datenlage kommt den Anforderungen an Repräsentativität daher recht nahe.

8.4.2 Analyse auf der Basis von Kriterienkatalogen

8.4.2.1 Erster Kriterienkatalog

Zunächst erfolgt die Analyse der Social Media Guidelines anhand des ersten Kriterienkatalogs. Dieser beginnt mit einer Untersuchung der allgemeinen Fragen zur Social Media Guideline, wobei deskriptive Merkmale wie Form, Herkunft, Länge und Sprache der Guideline herausgearbeitet werden. Ergänzend werden Aspekte wie der Aufbau, das Aussehen, die Verständlichkeit, der Charakter sowie die Tonalität der Guideline betrachtet. Weiterhin werden im Kontext des ersten Kriterienkatalogs die Aspekte des Vorhandenseins einer Einleitung, Hilfen für die Mitarbeitenden, Verbote, die Anzahl an Regeln und ein Hinweis auf einen Kündigungsgrund berücksichtigt. Auf die wesentlichen Teilergebnisse aus der Analyse der 118 Social Media Guideline gemäß des ersten Kriterienkatalogs wird nachfolgend näher eingegangen:

- **Form:** Social Media Guidelines können entweder in Form einer Präsentation, eines Videos oder als Text gestaltet werden, wobei die Textform mit 78,8 % von den analysierten Unternehmen am häufigsten gewählt wird. Ein Textdokument umfasst im Mittelwert 1133 Wörter, wohingegen ein Video im Mittelwert 3:00 min lang ist.
- **Aufbau und Struktur:** In den analysierten Guidelines nutzten 97 % aller Unternehmen einen fortlaufenden Text (Satzform). Die Mehrheit der Unternehmen (72,9 %) benutzt Gliederungspunkte, um eine bessere Übersichtlichkeit zu erzielen. Nur 14,4 % der Unternehmen verwenden hingegen mehrere Unterpunkte, wodurch eine noch größere Erfassbarkeit erreicht werden kann.
- **Farbgebung:** Von den analysierten Guidelines wurden 66,1 % als einfarbige Richtlinien gestaltet; ein Drittel der Guidelines (33,9 %) hingegen mehrfarbig. Dieses Ergebnis erstaunt, da die Nutzung von Farben ein besonderes Augenmerk auf wichtige Inhalte setzen oder den Mitarbeitenden eine bestimmte Stimmung und/oder Bedeutung vermitteln kann. Des Weiteren ergab die Analyse, dass 33,9 % der Unternehmen Grafiken und Bilder in ihren Social Media Guidelines einarbeiten, beispielsweise um bestimmte Inhalte herauszustellen.
- **Verständlichkeit:** Anhand der analysierten Daten ist zu erkennen, dass 85 der 118 analysierten Guidelines (72 %) leicht verständliche Wörter verwenden.
- **Ansprache:** Die Mehrheit der Unternehmen (84,7 %) nutzt innerhalb ihrer Social Media Guidelines eine direkte Ansprache in „Sie"-Form, was eine primär formale Anrede zeigt.
- **Einleitung:** Eine Einleitung im Rahmen einer Social-Media-Richtlinie kann dazu dienen, wichtige Zusatzinformationen zu geben und den Einstieg in die Materie zu

vereinfachen. Beispielsweise kann sie unter anderem Gründe für die Erstellung der Guideline aufzeigen und den gewünschten Nutzen der Guideline verdeutlichen. Von den untersuchten Guidelines enthalten 89,8 % eine Einleitung.

- **Zusätzliche Tipps/Hilfen für Mitarbeitende:** Zusätzliche Tipps neben den eigentlichen Regeln sollen nützliche Informationen für die private und berufliche Nutzung von sozialen Medien bereitstellen. Innerhalb des Samples wurden nur bei 45 der 118 analysierten Social Media Guidelines (38,1 %) den Mitarbeitenden zusätzliche Hilfen angeboten. Diese Hilfe wird wiederum bei 35 Unternehmen (29,7 %) unter Angabe einer Internetseite oder einer E-Mail-Adresse gewährleistet. Bei elf Unternehmen (9,3 %) geschieht dies mittels eines persönlichen Kontaktes.
- **Anordnungen/Verbote:** Dabei handelt es sich meist um Verbote von Hasskommentaren, ähnlichen respektlosen Kommentaren oder Botschaften gegenüber jeglichen Minderheiten. Hasskommentare sind explizit bei 39 % der Unternehmen untersagt.
- **Anzahl Regeln und Aufbau:** Im Rahmen der Untersuchung wird außerdem die jeweilige Anzahl der aufgestellten Regeln einer Social Media Guideline analysiert. Jede Regel bietet Anordnungen oder Hilfen, die den Mitarbeitenden an die Hand gegeben werden und die Grundbestandteile einer Social Media Guideline darstellen. Der Mittelwert und der Median der Anzahl an Regeln aller Social Media Guidelines beträgt zehn. Zudem ist durch die Untersuchung herausgefunden worden, dass 19 % aller Unternehmen innerhalb einer Social Media Guideline klarstellen, dass bei einem Regelverstoß mit einer Kündigung oder fristlosen Entlassung zu rechnen ist. Die Analyse des Aufbaus der Social Media Guidelines hat ergeben, dass viele Unternehmen lediglich ein Textdokument verwenden, welches den Mitarbeitenden grob den Zweck des Dokuments beschreibt und im Schnitt zehn Regeln enthält. Einige Unternehmen bieten ihren Angestellten Hilfe bei Problemen an und setzen auf die Chancen, die Mitarbeitende dem Unternehmen bieten können. Andere minimieren lediglich ihr Risiko, indem sie ein mögliches Fehlverhalten seitens der Arbeitnehmenden grundsätzlich verbieten.

8.4.2.2 Zweiter Kriterienkatalog

Der zweite Kriterienkatalog geht auf den Inhalt der Richtlinie ein und zeigt die am häufigsten enthaltenen Regeln auf. Die Analyse macht deutlich, dass eine Vielzahl der betrachteten Regeln zwar unterschiedlich formuliert wurden, jedoch inhaltlich übereinstimmen. Sortiert nach ihrer Häufigkeit in absteigender Reihenfolge, stellt Tab. 8.1 die 20 häufigsten Inhalte der untersuchten Social Media Guidelines dar. Mehrfachnennungen sind in diesem Kontext möglich, da jedes Unternehmen mehrere Regeln in einer Richtlinie bündeln kann. Nachfolgend wird ein Auszug aus den in der Tabelle dargestellten Regeln erläutert.

Die am häufigsten genannte Regel besagt, dass Mitarbeitende keine Unternehmensgeheimnisse, andere Geheimnisse oder wichtige Daten preisgeben dürfen, wobei 93,2 % aller Unternehmen diese Richtlinie verwenden. Bei börsennotierten Unternehmen wird auf diese Regel besonders hingewiesen, da dort auch mögliche Insiderinformationen an Dritte weitergeleitet werden könnten.

Tab. 8.1 Übersicht der 20 am häufigsten vorkommenden Inhalte und Regeln

Regel	n	Anteil (%)
Keine Geheimnisse preisgeben	110	93,2
Keine Anonymität	86	72,9
Andere respektieren	84	71,2
Erst denken, dann posten	84	71,2
Persönliche Meinung	83	70,3
Persönliche Verantwortung	80	67,8
Quellen und Copyrights achten	80	67,8
Gute Umgangsformen wahren	62	52,5
Langlebigkeit des Internets	60	50,8
Nichts Illegales oder Schlechtes posten	51	43,2
Ehrlich bleiben	49	41,5
Disclaimer verwenden	42	35,6
Normalen Job nicht vergessen	38	32,2
Interessante Dinge posten	36	30,5
Eigene Fehler verbessern	32	27,1
Konkurrenten in Ruhe lassen	22	18,6
Schnelles Reagieren auf Benachrichtigungen	20	16,9
Logo nicht für eigenen Zweck nutzen	20	16,9
Interne Kritik bleibt intern	15	12,7
Privacy Settings einstellen	14	11,9

n = Anzahl der Unternehmen, Mehrfachnennung möglich

Die Regel, welche am zweithäufigsten genannt wurde (72,9 %) bezieht sich auf die Anonymität, mit der Mitarbeitende im Internet ordnungsgemäß umgehen sollen. Grundsätzliche Namensnennungen und ein klares Bekenntnis zur Unternehmenszugehörigkeit sind nach dieser Regel verpflichtend für die Beschäftigten.

Am drittmeisten genannt stehen mit jeweils 71,2 % die beiden Regeln: „andere respektieren" und „erst denken, dann posten". Die Auflage, dass Mitarbeitende andere respektieren sollen, beinhaltet die Toleranz gegenüber jeglichen Mitnutzenden der sozialen Medien seitens der Mitarbeitenden. Mit der Regel „erst denken, dann posten" soll darauf hingewiesen werden, dass Mitarbeitende keine unüberlegten Posts versenden sollen. Stattdessen ist es gewünscht, dass Mitarbeitende ihre Beiträge prüfen und hinterfragen, bevor sie sie einer anonymen Öffentlichkeit zugänglich machen.

Mit einem Anteil von 70,3 % fordert eine weitere Richtlinie Mitarbeitende dazu auf, ihre persönliche Meinung als solche zu kennzeichnen. Meistens wird dies durch eine Empfehlung einer Schreibweise in der Ich-Form statt in der Wir-Form kenntlich gemacht. Eine mögliche Verbindung zwischen der Aussage eines Arbeitnehmenden und dem Unternehmen wird somit hinreichend umgangen.

Die zwei Regeln „persönliche Verantwortung" sowie „Quellen und Copyrights achten" sind mit 67,8 % bemerkenswert häufig in den untersuchten Social Media Guidelines vertreten. Die Unternehmen fordern mit einer persönlichen Verantwortung ein gewisses Pflichtbewusstsein und Zuverlässigkeit von den Mitarbeitenden. Die Mitarbeitenden werden somit explizit darauf hingewiesen, dass sie selbst für ihre Fehler einzustehen haben. Darauf, dass ein Mitarbeitender bei Kommentaren oder sonstigen Posts in sozialen Netzwerken und dem Internet immer auf Quellen, Copyrights und andere Rechte achten soll, weisen die Unternehmen zusätzlich hin.

Aus der Untersuchung des Inhalts der Social Media Guidelines lässt sich folgender Schluss ziehen: Der Großteil aller Unternehmen schützt seine vertraulichen Daten und weist Mitarbeitende darauf hin, dass diese sich auch in sozialen Netzwerken anständig verhalten und kein Unrecht begehen sollten. Nur wenige Unternehmen verweisen darüber hinaus darauf, dass Mitarbeitende in sozialen Netzwerken schnell reagieren müssen, nicht gegen die Konkurrenz agieren sollten, interne Kritik intern behandeln sowie das Firmenlogo nicht für private Zwecke missbrauchen sollten.

8.4.2.3 Ermittlung von Zusammenhängen

Die Untersuchung der Zusammenhänge mithilfe des Statistikprogramms (EViews) erfolgt anhand selektiver Kriterien. Einige der aussagekräftigsten Ergebnisse werden nachfolgend erklärt. Zudem werden die signifikanten Zusammenhänge zwischen unterschiedlichen Kriterien erläutert.

Es kann eine sehr genaue Aussage über das Zusammenspiel der Anzahl der Wörter und der Anzahl der verwendeten Fachbegriffe innerhalb der Richtlinie getroffen werden. Die Wortmenge hat eine signifikant negative Wirkung auf die Verwendung von Fachbegriffen. Es lässt sich feststellen: Je mehr Wörter eine Social Media Guideline beinhaltet, desto mehr Fachbegriffe enthält sie auch. Die Verwendung von Fachbegriffen könnte dazu beitragen, dass die Guideline unverständlicher klingt.

Darüber hinaus wird der Zusammenhang zwischen der Anzahl an Regeln und weiteren Merkmalen untersucht. Es ist ein signifikant positiver Zusammenhang zwischen der Textform und der Anzahl der Regeln zu erkennen. In Texten ist die größte Anzahl an Regeln vorhanden. Des Weiteren hat die Menge der Wörter einen starken positiven Einfluss auf die Anzahl der Regeln. Je mehr Wörter eine Richtlinie enthält, desto mehr Regeln existieren.

Als Nächstes werden verschiedene Regeln auf ihren Zusammenhang mit anderen Kriterien geprüft. Es wird gezeigt, welche Art von Regeln am häufigsten Verwendung findet. Ein hoch signifikanter und positiver Einfluss besteht zwischen dem Merkmal „börsennotiert" und der Regel „Disclaimer verwenden". Börsennotierte Unternehmen verwenden am häufigsten diese Regel. Darüber hinaus weisen hauptsächlich Technikunternehmen mit einer Regel darauf hin, die Konkurrenzunternehmen nicht in Verruf zu bringen. Außerdem lässt sich aus den ermittelten Daten entnehmen: Je mehr Mitarbeitende ein Unternehmen hat, desto eher kommt die Regel „Interne Kritik bleibt intern" zur Anwendung. Das beschreibt die signifikant positive Wirkung des Kriteriums (Anzahl der Mitarbeitenden) zu der Regel.

Die Analyse der Zusammenhänge zeigt eine Verbindung zwischen verschiedenen Kriterien auf. Eine bestimmte Art der Gestaltung und das Auftreten von gewissen Regeln der Social Media Guidelines lassen sich verschiedenen Branchen oder einer bestimmten Länge einer Richtlinie zuordnen. Daraus können im weiteren Verlauf verschiedene Schlüsse gezogen werden, um beispielsweise in Zukunft darauf zu achten, den Wirkungsbereich der Social Media Guideline zu begrenzen, damit weniger Fachbegriffe Verwendung finden und die Richtlinie für die Mitarbeitenden verständlicher wird.

8.4.3 Analyse mittels Mallet-Tool

Für die Analyse mittels des Mallet-Tools werden die zu analysierenden Social Media Guidelines in Textform verwendet. Dieses Tool dient dazu, zusätzliche Erkenntnisse durch Worthäufigkeiten zu erlangen. Außerdem ist dieses Analyseverfahren ein gutes Instrument, um Ergebnisse der ersten Untersuchungen zu bekräftigen oder zu widerlegen. Bei der Durchführung der Analyse mittels des Mallet-Tools ist zu beachten, dass deutsch- und englischsprachige Social Media Guidelines getrennt untersucht werden müssen. Dabei werden nur die jeweils 20 höchsten Worthäufigkeiten verwendet. Auf die wesentlichen Wörter wird im Anschluss näher eingegangen. Die untersuchten Worthäufigkeiten werden im Folgenden genauer beschrieben.

Innerhalb der deutschsprachigen Richtlinien kommt das Wort „Privatsphäre", welches im Durchschnitt 2,72-mal eingesetzt wird, am häufigsten vor. Die Wörter „Kritik" und „Veröffentlichung" werden fast genauso oft verwendet (2,71-mal). Begriffe wie „Recht", „Meinungen", „Umgang", „sachlich" und „vertraulich" werden im Schnitt 2,43-mal je untersuchter Social Media Guideline verwendet. Des Weiteren werden die Wörter „sozial", „ehrlich" und „Vorgesetzten" fast zweimal (1,99-mal) in jeder Richtlinie eingesetzt.

Insgesamt bekräftigen die Ergebnisse des Mallet-Tools die Eindrücke aus der Häufigkeit der Kriterien des zweiten Kriterienkatalogs. Beispielsweise weisen die beiden sehr oft genutzten Wörter „Veröffentlichung" und „vertraulich" auf die Regel „keine Unternehmensgeheimisse veröffentlichen" hin.

Darauf folgt die Analyse der englischsprachigen Guidelines. Dabei ist zu erkennen, dass das häufigste Wort identisch mit dem deutschen Äquivalent „Privatsphäre" ist. Mit derselben Häufigkeit (durchschnittlich 2,01-mal) werden Begriffe wie „vorsichtig" (engl. „carefully"), „Copyright", „Verhalten" (engl. „manner") und „respektvoll" (engl. „respectful") verwendet. Die Wörter „Arbeit" (engl. „work"), „Manager" (engl. „manager"), „öffentlich" (engl. „public"), „Erlaubnis" (engl. „permission") und „Publikum" (engl. „audience") finden am zweithäufigsten (1,24-mal) innerhalb englischsprachiger Richtlinien Anwendung. Kaum geringer (1,16-mal) werden die Begriffe „vertraulich" (engl. „confidential"), „Richtlinie" (engl. „policy"), „sensibel" (engl. „sensitive"), „Urteil" (engl. „judgement") und „Lieferanten" (engl. „suppliers") genutzt. Die englischen Richtlinien zeigen ebenfalls deutlich, dass die am häufigsten vorkommenden Regeln durch bestimmte Wörter charakterisiert sind und dort vermehrt auftreten. Insgesamt lässt sich sagen, dass die wichtigen Wörter von deutsch- und englischsprachigen Social Media Guidelines gleichermaßen oft verwendet werden. Anhand der ermittelten Worthäufigkeiten lässt sich das Auftreten der Regeln beweisen und es wird deutlich, dass die meisten Fachbegriffe Anglizismen sind, die hauptsächlich in sozialen Medien anzutreffen sind.

8.4.4   Diskussion und Zusammenführung beider Untersuchungen

Nachfolgend werden die durchgeführten Analysen zusammenführend betrachtet. Dabei können verschiedene Aussagen zum Aufbau und zum Inhalt der analysierten Social Media Guidelines getroffen werden. Es wird versucht, einen optimalen Aufbau von Social Media Guidelines herauszustellen. Dies geschieht durch die Nutzung der Forschungsergebnisse und beinhaltet teilweise auch die Meinung des Autors.

Bestimmte Merkmale einer Social Media Guideline führen dazu, dass Mitarbeitende einen möglichst großen Nutzen aus der Richtlinie ziehen können. Eine große Rolle spielt dabei die Anzahl der verwendeten Wörter. Je mehr Wörter innerhalb einer Richtlinie verwendet werden, desto mehr Fachbegriffe und Regeln sind vorhanden. Eine Social Media Guideline muss eine gewisse Länge aufweisen, da alle für den Unternehmenskontext nötigen Regeln enthalten sein sollen. Es ist dennoch Vorsicht geboten, da mehr Fachbegriffe in einer Richtlinie zur Unverständlichkeit beitragen. Des Weiteren sollte die Richtlinie mit einer Einleitung beginnen, um Gründe und einen weiteren Nutzen für die Mitarbeitenden aufzuzeigen. Fast 90 % aller Unternehmen handeln gemäß dieser Empfehlung und verwenden bereits eine Einleitung.

Weiterhin ist darauf zu achten, dass die Anzahl der Regeln in einer Social Media Guideline weder zu gering noch zu hoch ist. Es ist davon auszugehen, dass bei einer geringen Anzahl an Regeln entweder zu wenige Vorschriften gemacht werden oder die Satzlänge der Regeln zu lang ist. Dadurch wird die Regel unüberschaubar, was dazu führen kann, dass einzelne Regeln in dem Satzgefüge untergehen. Bei einer hohen Anzahl an Regeln innerhalb einer Guideline werden den Mitarbeitenden auch unwichtige Kleinigkeiten vorgeschrieben und die Satzlänge beschränkt sich oft auf wenige Wörter. Deshalb kann es passieren, dass wichtige Vorschriften nicht durch Beispiele erklärt, sondern nur als Stichpunkte aufgelistet werden.

In der Analyse der Social Media Guidelines ist besonders aufgefallen, dass nur wenige Unternehmen ihren Mitarbeitenden direkte Hilfe bei Problemen anbieten. Wenn Hilfe gewährt wird, geschieht dies durch die Angabe einer Internetseite oder eines persönlichen Kontakts. Unterstützung sollte in möglichst jeder Social Media Guideline angeboten werden, da Probleme immer auftreten können und diese im besten Fall intern geregelt werden sollten.

Darüber hinaus sollten neben den Hilfestellungen auch Verbote ausgesprochen werden. Wichtig ist dabei der Hinweis, dass die Mitarbeitenden in sozialen Netzen keine Hasskommentare veröffentlichen dürfen. Ein solches Verhalten kann nicht nur ein schlechtes Licht auf die Mitarbeitenden und das Unternehmen werfen, sondern auch rechtliche Konsequenzen nach sich ziehen. Bei der Verwendung von Verboten muss jedoch darauf geachtet werden, dass der/die Mitarbeitende nicht zu stark eingeschüchtert wird und sich nicht in seiner/ihrer Privatsphäre angegriffen fühlt. Bei der Ausgestaltung von Verboten in Social Media Guidelines kommt es also darauf an, wie viel Vertrauen das Unternehmen seinen Mitarbeitenden zu schenken bereit ist.

Hervorzuheben ist, dass sich die Ergebnisse der Analysen zum größten Teil mit den Aussagen, die in dem Leitfaden des BITKOM (2010) aufgezeigt werden, decken. Darüber hinaus ist zu erwähnen, dass sich für unterschiedliche Branchen spezifische Regeln herauskristallisiert haben. Beispielsweise beschränken einige Nachrichtenunternehmen ihre Mitarbeitenden in der Nutzung von sozialen Medien dahin gehend, dass diese ihre politische Einstellung nicht veröffentlichen dürfen. Diese Einschränkung soll eine objektive und seriöse Arbeit der Journalisten gewährleisten.

Im Folgenden wird exemplarisch versucht, anhand der Social Media Guideline der Linde Group einen idealen Prototyp einer Social Media Guideline zu beschreiben (vgl. Linde Group o. J.). Die Linde Group gibt den Mitarbeitenden neben einem kurzen Video auch ein Textdokument an die Hand, welches eine gute Kombination aus einem gelungenen Aufbau und den wichtigsten Regeln liefert. Das Video beschreibt kurz und prägnant einige wichtige Regeln. Die schriftliche Richtlinie verfügt über alle wichtigen Kriterien des Aufbaus einer Guideline. Neben der modernen und ansprechenden Gestaltung stellt das Unternehmen zusätzliche Fakten zu sozialen Netzwerken bereit. Außerdem wird Hilfe angeboten. Neben dem gelungenen Aufbau dieser Social Media Guideline ist hervorzuheben, dass sie 13 der 20 häufigsten Regeln enthält. Diese sind in kurzen Sätzen formuliert, die Überschriften treffend gewählt und farbig hinterlegt. Passende Bilder runden die Social Media Guideline ab.

Dennoch fehlen aus Sicht des Autors einige Regeln, welche als wichtig eingestuft werden können. Zunächst verpasst es das Unternehmen, die Mitarbeitenden in wichtigen Belangen zu unterrichten. Zum Beispiel fehlen Hinweise darauf, dass die Mitarbeitenden eine persönliche Verantwortung tragen für das, was sie im Internet schreiben und machen. Des Weiteren sollten sie keine Beiträge mit illegalem Inhalt verbreiten dürfen. Ferner sollte die private Nutzung innerhalb der Arbeitszeit geregelt werden. Es muss auch darauf hingewiesen werden, dass Konkurrenzunternehmen nicht behelligt und eine interne Kritik auch intern behandelt werden sollte. Abschließend ist es empfehlenswert, einen Hinweis auf Privatsphäre-Einstellungen zu spezifischen sozialen Netzwerken, wie zum Beispiel Facebook, zu geben. Diese Regeln sollten zusätzlich verwendet werden. Ansonsten ist die Social Media Guideline der Linde Group ein gelungenes Beispiel, wie eine Richtlinie erstellt werden sollte.

8.4.5 Erstellung eines Kriterienkatalogs für mögliche Mitarbeitendenanforderungen

Aus den Forschungsergebnissen lassen sich wie beschrieben Hinweise für eine optimale Social Media Guideline ableiten. Grundsätzlich können Social Media Guidelines aber auch wichtige Kenntnisse darüber liefern, welche Kompetenzen Unternehmen von Mitarbeitenden (und potenziellen BewerberInnen) in Bezug auf die Nutzung sozialer Medien erwartet werden. So kann beispielsweise bestimmt werden, welches Vorwissen ein sich Bewerbender für einen Arbeitsplatz mitbringen sollte oder inwiefern Fortbildungsmaßnahmen hinsichtlich der Nutzung sozialer Medien für Arbeitnehmende sinnvoll erscheinen. Darüber hinaus kann abgeleitet werden, über welches Know-how potenzielle BewerberInnen oder Mitarbeitende verfügen sollten, um sich sicher in den sozialen Netzwerken bewegen zu können.

Das erste und wohl wichtigste Kriterium, das von jedem sich Bewerbenden erfüllt sein sollte, stellt die persönliche Erfahrung mit den sozialen Netzwerken dar. Durch diese persönliche Erfahrung lernen die BewerberInnen die Vorzüge, Nachteile und die Reichweite der sozialen Netze kennen. Außerdem werden fachspezifische Begrifflichkeiten zur Internetnutzung vermittelt. Durch die persönliche Erfahrung sollten auch gewisse Sicherheitsaspekte der sozialen Netzwerke erlernt werden. Diese sind häufig voreingestellt, jedoch sollten Nutzer wissen, wie ihre Daten verwendet werden und wer Einblick in diese Daten erhält. Neben den persönlichen Erfahrungen sollte sich jeder Bewerbende im Vorfeld über die Unternehmensphilosophie informieren und für sich entscheiden, ob er/sie sich mit seiner/ihrer persönlichen Ansicht dort wiederfindet.

Im Vergleich zu BewerberInnen sollten Mitarbeitende über das eben genannte Wissen bereits verfügen. Ansonsten können Unternehmen Mitarbeitende mittels Fortbildungen oder Hilfeanleitungen dahin gehend schulen, dass diese in sozialen Netzen eigene Probleme selbstständig beheben und Fehler vermeiden können. Hier ist zwischen zwei Zielen von Schulungen zu unterscheiden: Einerseits können allgemeine Inhalte und Sicherheitsaspekte innerhalb einer Fortbildung erlernt werden. Andererseits können wichtige neue Verfahren und Programme Teil einer Schulung sein, welche Mitarbeitende auf eine Übernahme von Unternehmensaufgaben im Bereich der sozialen Medien vorzubereiten (zum Beispiel als Online-Reputationsmanager).

8.5 Zusammenfassung und Ausblick

Innerhalb dieses Beitrags wurde eine Vielzahl von Social Media Guidelines anhand diverser Kriterien untersucht, um ein Musterbeispiel einer Richtlinie zu beschreiben und Anforderungen an (potenzielle) Mitarbeitende zu definieren.

Im ersten Schritt wurden durch die Erstellung eines Kriterienkataloges bestimmte Merkmale bezüglich des Aufbaus einer Social Media Guideline untersucht. Es zeigt sich, dass viele Richtlinien im Textdokument mit im Schnitt zehn Regeln einen Mitarbeitenden sachlich in erklärender Weise in der „Sie"-Form direkt ansprechen. Auffällig ist, dass nur wenige Unternehmen Hilfe bei Problemen, wie beispielsweise der korrekten Verbesserung von Fehlern, anbieten und Verbote, wie zum Beispiel das Verbot von der Verbreitung illegaler Inhalte, aussprechen. Die Möglichkeit einer Verwendung von alternativen Präsentationsformen einer Richtlinie (Video und Präsentation) wird nur in wenigen Fällen genutzt.

Neben dem Aufbau wurde mittels eines zweiten Kriterienkataloges auch der Inhalt analysiert. Dieser listet die in 118 ausgewerteten Social Media Guidelines vorkommenden 20 häufigsten Regeln auf und beschreibt diese. Die Regel, die in diesem Zusammenhang am häufigsten verwendet wird, beschreibt das Verbot der Weitergabe von Unternehmensgeheimnissen. Weitere Regeln geben den Mitarbeitenden vor, dass diese sich höflich und respektvoll in sozialen Netzwerken verhalten sollten und keinen Missbrauch begehen sollen. In diesem Zusammenhang gibt es zum Teil unerwartete Forschungsergebnisse. Regeln, die normalerweise bei Missachtung schwerwiegende Folgen nach sich ziehen, fanden nur sehr begrenzt Anwendung. Beispiele für solche Regeln sind: „interne Kritik bleibt intern" und „die Konkurrenz nicht in Verruf bringen". Diese Regeln zeigen ein adäquates Verhalten innerhalb eines Unternehmens auf und sollten Teil einer Social Media Guideline sein.

Einige der ausgewählten Kriterien werden schließlich mittels einer Regressionsanalyse auf Zusammenhänge überprüft. Die Untersuchung der Effekte dient der Herausstellung der Wichtigkeit einzelner Merkmale. Ferner werden durch eine zusätzliche Untersuchung die Häufigkeiten von bestimmten Regeln in den Social Media Guidelines analysiert. Dies passiert durch die Analyse mittels des Mallet-Tools, das Worthäufigkeiten misst und darstellt. Das Wort „Privatsphäre" wird in den Richtlinien beispielsweise mit am häufigsten verwendet. Durch die Kombination unterschiedlicher Forschungsmethoden kann ein idealtypischer Prototyp einer Social Media Guideline beschrieben werden. Darin sind neben den Ratschlägen des BITKOM (2010) weitere wichtige Anforderungen an eine optimale Richtlinie, wie beispielsweise Hinweise für Hilfe bei Problemen, zu finden.

Aus der Beschreibung der idealen Richtlinie werden zusätzlich Ansätze für Mitarbeitendenanforderungen ermittelt, die Aufschluss darüber geben sollen, über welches Wissen Mitarbeitende oder sich Bewerbende hinsichtlich der Nutzung sozialer Medien verfügen sollte (zum Beispiel sollten Privatsphäre-Einstellungen bekannt sein und genutzt werden). Darüber hinaus werden Maßnahmen beschrieben, wie Mitarbeitende diese Fähigkeiten im besten Fall erwerben können.

Zusammenfassend kann festgehalten werden, dass die Ergebnisse bestehender Studien in Bezug auf Social Media Guidelines in weiten Teilen bestätigt werden konnten. Zudem kann dieser Beitrag weitere zusätzliche Aspekte liefern, wie zum Beispiel, dass nur wenige Unternehmen Hilfe bei Fragen oder Unklarheiten anbieten oder auf Privatsphäre-Einstellungen hinweisen. Schließlich weisen die herausgestellten wichtigsten Merkmale einer Social Media Guideline Unternehmen an, eigene adäquate Regeln aufzustellen, um auf diese Weise das Optimum aus dem Mitarbeitendenverhalten in sozialen Medien herauszuholen.

Fazit

Die Risiken, welche mit der Nutzung sozialer Medien durch die Mitarbeitenden einhergehen, dürfen von Arbeitgeberseite nicht unterschätzt werden. In diesem Kontext ist es denkbar, dass Mitarbeitende durch ihre Aktivitäten in sozialen Medien beispielsweise die Reputation ihres Arbeitgebers durch Posts, Kommentare oder Produkt-Reviews schädigen. Eine solche Schädigung kann bewusst oder unbewusst stattfinden. Es gilt daher, Mitarbeitende auf die möglicherweise ihnen noch unbewussten Risiken für das Unternehmen aufmerksam zu machen. Da die Nutzung sozialer Medien in der Regel den privaten Handlungsbereich einer Person betrifft, muss jedoch auch sichergestellt werden, dass die Privatsphäre der Mitarbeitenden gewahrt bleibt. Um diesen Risiken entgegenzuwirken, ist die Erstellung einer Social Media Guideline für Mitarbeitende empfehlenswert. Beim Verfassen eines solchen Regelwerks liefert der vorliegende Beitrag hilfreiche Informationen.

Weiterführende Literatur und Links

- Social-Media-Leitfaden (BITKOM 2015): https://www.ihk-nordwestfalen.de/blob/msihk24/Aktuelles/PR-Tipps-fuer-Unternehmen/3551692/eacda44a3c5596ee50b-0c1721296efba/Social-Media-Leitfaden—BITKOM-data.pdf
- Social Media Guidelines – Tipps für Unternehmen (BITKOM 2010): https://www.bitkom.org/Publikationen/2010/Leitfaden/Social-Media-Guidelines-Tipps-fuer-Unternehmen/BITKOM-SocialMediaGuidelines.pdf
- Social Media Guideline der Linde Group, siehe http://www.the-lindegroup.com/de/news_and_media/linde_social_media/social_media_guidelines/index.html.

Literatur

Backhaus, K., Erichson, B., Plinke, W., & Weiber, R. (2013). *Multivariate Analysemethoden: Eine anwendungsorientierte Einführung* (7. Aufl.). Heidelberg: Springer.

BITKOM. (2010). Social Media Guidelines – Tipps für Unternehmen. https://www.bitkom.org/Publikationen/2010/Leitfaden/Social-Media-Guidelines-Tipps-fuer-Unternehmen/BITKOM-SocialMediaGuidelines.pdf. Zugegriffen: 27. Sept. 2017.

BITKOM. (2015). Social Media: Leitfaden, 3. Aufl. https://www.ihk-nordwestfalen.de/blob/msihk24/Aktuelles/PR-Tipps-fuer-Unternehmen/3551692/eacda44a3c5596ee50b0c1721296efba/Social-Media-Leitfaden—BITKOM-data.pdf. Zugegriffen: 27. Sept. 2017.

BVDW. (2013). *Social Media Kompass 2013/2014* (5. Aufl.). Düsseldorf: BVDW.

Duden. (o. J.). Shitstorm. http://www.duden.de/rechtschreibung/Shitstorm. Zugegriffen: 5. Okt. 2018.

Edelman. (2017). 2017 Edelman trust barometer: Global report. https://www.edelman.com/global-results/. Zugegriffen: 27. Sept. 2017.

Ethority. (2009). Popel auf der Pizza – Dominos Social Media Krise. http://ethority.de/weblog/2009/04/16/popel-auf-der-pizza-dominos-social-mediakrise/. Zugegriffen: 27. Dez. 2017.

Facebook. (2017). Post von Mark Zuckerberg. https://www.facebook.com/zuck/posts/10103831654565331?pnref=story. Zugegriffen: 28. Juni 2018.

Flick, U. (1995). *Qualitative Forschung: Theorie, Methoden, Anwendung in Psychologie und Sozialwissenschaften*. Reinbek: Rowohlt.

Jobambition. (2015). Der Global Digital Report 2015. http://www.jobambition.de/global-digital-^report-2015-zahlen-digital-socialmobile/. Zugegriffen: 23. Sept. 2018.

Linde Group. (o. J.). *Social Media Guideline*. http://www.the-lindegroup.com/de/news_and_media/linde_social_media/social_media_guidelines/index.html. Zugegriffen: 18. Jan. 2018.

Mallet. (2013). Mallet Tool. http://mallet.cs.umass.edu/. Zugegriffen: 5. Okt. 2018.

Mayring, P. (2002). *Einführung in die qualitative Sozialforschung*. Weinheim: Beltz.

Schiedermair Rechtsanwälte. (o. J.). Vorteile und Risiken von Social Media Diensten. http://www.hessen-it.de/mm/Vorteile_und_Risiken_von_Social_Media_Diensten.pdf. Zugegriffen: 18. Dez. 2017.

Statista. (2017). Ranking der größten sozialen Netzwerke und Messenger nach der Anzahl der monatlich aktiven Nutzer (MAU) im August 2017 (in Millionen). https://de.statista.com/statistik/daten/studie/181086/umfrage/die-weltweit-groessten-social-networks-nach-anzahl-der-user/. Zugegriffen: 28. Sept. 2017.

Statistisches Bundesamt. (2016). *Unternehmen und Arbeitsstätten, Nutzung von Informations- und Kommunikationstechnologien in Unternehmen*. Wiesbaden: Statistisches Bundesamt.

Universität Bamberg. (2013). Social Media Guidelines: Aspekte der Realisierung. http://www.uni-bamberg.de/fileadmin/uni/fakultaeten/sowi_lehrstuehle/absatzwirtschaft/forschung/SocialMediaForschung/Intranet/Rauschnabel_et_al_2013_Social_Media_Guidlines_Aspekte_der_Realisierung.pdf. Zugegriffen: 24. Apr. 2018.

Unternehmer.de. (2013). 10 Gründe, warum Unternehmen an Social Media scheitern. http://www.unternehmer.de/marketing-vertrieb/159751-10-gruendewarum-unternehmen-social-media-scheitern. Zugegriffen: 22. Jan. 2018.

Verbraucherzentrale Bundesverband e. V. (2011). 1, 2 oder 3 – bessere Information, bessere Entscheidungen? http://www.vzbv.de/sites/default/files/mediapics/verbraucherverhalten_studie__ifv_juni_2011.pdf. Zugegriffen: 15. Dez. 2017.

Walden, J. (2018). Guiding the conversation: A study of PR practitioner expectations for nonnominated employees' social media use. *Corporate Communications: An International Journal, 23*(3), 423–437.

Walsh, G., Schaarschmidt, M., & Von Kortzfleisch, H. (2016). Employee company reputation-related social media competence: Scale development and validation. *Journal of Interactive Marketing, 19*, 46–59.

Arne Mellinghoff (B. Sc. Informationsmanagement) absolviert aktuell sein Masterstudium im Studiengang Informationsmanagement an der Universität Koblenz-Landau.

Der Standortfaktor Bildung in Zeiten der Digitalisierung

9

Thorsten Korn

Inhaltsverzeichnis

▶ **Zusammenfassung** Die Bedeutung des Themas Bildung wächst in einer wissensbasierten Wirtschaft stetig an und Wissen zählt für Unternehmen neben Arbeit, Kapital und Boden mittlerweile zu einem zentralen Produktionsfaktor. Heute wird Bildung im wirtschaftlichen Kontext mit Innovation, Fortschritt und stetigem Wachstum in Verbindung gebracht und gilt weltweit als Quelle für ökonomisches Wachstum.

Aber wie kommen Wissen und damit frische Impulse in Unternehmen? Mit dieser Frage beschäftigten sich die folgenden Ausführungen. Hierzu werden zum einen die theoretischen Perspektiven der makroökonomischen Wachstumstheorie, der Humankapitaltheorie sowie der unternehmerischen

T. Korn (✉)
IHK-Akademie Koblenz e. V., Koblenz, Deutschland
E-Mail: korn@uni-koblenz.de

© Springer Fachmedien Wiesbaden GmbH, ein Teil von Springer Nature 2019
M. Schaarschmidt et al. (Hrsg.), *Online-Reputationskompetenz von Mitarbeitern*,
https://doi.org/10.1007/978-3-658-25487-2_9

Standortwahl zurate gezogen. Zum anderen werden die Erkenntnisse dargestellt, die aus problemzentrierten Interviews mit Geschäftsführenden und Personalleitenden gewonnen werden konnten. Abschließend wird ein Blick darauf geworfen, wie die Digitalisierung der Bildung bei der Lösung der aufgeworfenen Fragen helfen kann.

9.1   „Eine Investition in Wissen bringt immer noch die besten Zinsen"

Bereits vor rund 250 Jahren erkannte Benjamin Franklin den Wert des Wissens und den Nutzen einer Investition in Bildung. Er stellte die im Titel dieses Kapitels zitierte, weitsichtige und heute noch gültige These auf und reiht sich, blickt man weiter in die Geschichte, damit neben Francis Bacon („Wissen ist Macht") und John F. Kennedy („Es gibt nur eins, was auf Dauer teurer ist, als Bildung: Keine Bildung.") ein.

Wissenschaftliche Untersuchungen belegen, dass Bildung eine zentrale Einflussgröße für Wachstum, Beschäftigung und Einkommen ist. Sie ist somit das Fundament für individuellen und gesellschaftlichen Wohlstand (vgl. OECD 2015). Dies gilt auf langfristige Sicht insbesondere für wissensbasierte Volkswirtschaften (vgl. Wößmann 2014). Der technische Fortschritt, der durch Innovationen entsteht, leistet zudem in allen hoch entwickelten Industrienationen einen ständig größeren Beitrag zum volkswirtschaftlichen Wachstum (vgl. Sternberg 2001, S. 160). Empirische Untersuchungen haben ergeben, dass etwa 50 % der Wachstumsrate des volkswirtschaftlichen Outputs auf technischen Fortschritt und damit auf Innovationen zurückgeführt werden können (vgl. Kösters 1994, S. 117).

Dieser Zusammenhang ist nicht neu; bereits im Bericht der Bundesregierung zur Zukunftssicherung des Standortes Deutschland aus dem Jahr 1993 ist zu lesen, dass „Deutschland […] die Chancen, die sich ihm in einer sich verändernden Welt bieten, nur dann nutzen [kann], wenn seine Bürger weltoffen bleiben, wenn in globalen Zusammenhängen und Dimensionen gedacht und gehandelt wird. Hierbei sind Bildung und Ausbildung von zentraler Bedeutung. […] Eine gute berufliche Qualifikation sichert vor allem die Produktivität der Volkswirtschaft und damit auch ihre Position im internationalen Wettbewerb. Ausgaben für Bildung und Wissenschaft sind Investitionen in die Zukunft von Gesellschaft" (Deutscher Bundestag 1993, 16 f.).

Es ist somit nicht verwunderlich, dass in Deutschland über 195 Mrd. EUR jährlich für Bildungsmaßnahmen ausgegeben werden. Im Zeitraum von 2005 bis 2015 ist das Bildungsbudget hierbei um 36 % gewachsen. Die wichtigsten Ausgabekategorien sind dabei die allgemeinbildenden Schulen, die betriebliche Ausbildung und die akademischen Bildungsgänge; aber auch die betriebliche Weiterbildung hat mit einem Anteil von über 11 Mrd. EUR (und einem Wachstum von über 45 %) einen bedeutenden Anteil (vgl. Statistisches Bundesamt 2017). Was wird jedoch genau unter den Begriffen Bildung, Wissen und Qualifikation verstanden? Und wie wird es in Zeiten der Digitalisierung gelebt?

Die Klärung des Bildungsbegriffs stellt bereits eine gewisse Herausforderung dar, ist es doch schwierig, hier eine entsprechende einheitliche Bestimmung vorzunehmen. „Bildung" kann nicht eindeutig definiert werden. Aus diesem Grund werden zur Annäherung im Folgenden einige Kennzeichnungen genutzt, um verschiedenste Konzepte zumindest zu skizzieren (vgl. hierzu Schelten 2010, S. 26–31). Von seiner Herkunft betrachtet meint das Wort Bildung, etwas bzw. ein Material in eine bestimmte Form zu verwandeln. Dies kann sowohl von innen heraus als Selbstgestaltung geschehen, als auch durch einen Prozess von außen. Weiterhin bezeichnet Bildung zweierlei: zum einen den Prozess und zum anderen das Ergebnis dieses Prozesses. Schelten (2010, S. 27–28) unterscheidet zudem zwischen formaler und materialer Bildung. Formale Bildung hat als Bezugspunkt die Schulung der geistigen Kräfte (zum Beispiel das Denken, Urteilen, Bewerten) sowie die Förderung von Arbeitstechniken (zum Beispiel die Informationsbeschaffung und -auswertung). Die materiale Bildung dagegen legt den Fokus auf die Inhaltsvermittlung. Gerade in Zeiten von kurzen Produktlebenszyklen durch technischen Wandel, wie wir ihn im Zuge der Digitalisierung erleben, stellt die Festlegung der inhaltlichen Bildungsanforderungen eine besondere Herausforderung dar. Es gilt, eine ausgewogene Mitte zwischen diesen beiden Unterpunkten der Bildung herzustellen (vgl. Klafki 2007).

Eng mit dem Verständnis von Bildung sind die beiden Begriffe Wissen und Qualifikation verknüpft. Im Gegensatz zur Bildung lassen sich diese jedoch genauer abgrenzen. Das Gabler Wirtschaftslexikon (2018) versteht unter Wissen „die Gesamtheit der Kenntnisse und Fähigkeiten, die Individuen zur Lösung von Problemen einsetzen. Wissen basiert auf Daten und Information, ist im Gegensatz zu diesen aber immer an eine Person gebunden", da die Wissensentstehung mehr als die Sammlung von Informationen und Daten ist. Informationen und Daten werden erst dann zu Wissen umgewandelt, „wenn sie auf dem Hintergrund von Vorwissen interpretiert und Bestandteil der persönlich verfügbaren Handlungsschemata werden" (Osterloh und Frost 2004, S. 3398). Man unterscheidet hierbei zwischen Fakten-, Begründungs- und Verfahrenswissen, welches die Grundlage für eine berufliche Handlung ist (vgl. Schelten 2009, S. 111).

Qualifikation dagegen umfasst das individuelle Arbeitsvermögen, das auf bestimmte Tätigkeiten oder Berufe ausgerichtet ist. Es wird darunter „die Gesamtheit von Kenntnissen und Verständnissen […], Fertigkeiten und Fähigkeiten […], Haltungen und Arbeitserfahrungen […] verstanden, über die ein Mitarbeiter zur Ausübung seiner Tätigkeiten am Arbeitsplatz verfügen muss" (Schelten 2009, S. 146). Qualifikationen können dabei fach- bzw. berufsspezifisch oder berufsübergreifend (sogenannte Schlüsselqualifikationen) sein. Ungeachtet der Kritik mit Blick auf die Probleme bei der Antizipation von zukünftigen Anforderungen, hat der Qualifikationsbegriff mittlerweile den Begriff der Bildung als Grundlage für die Erstellung von Ausbildungsplänen und Curriculum-Entscheidungen abgelöst (Gabler Wirtschaftslexikon 2004, S. 2463).

Aus Wissen und Qualifikation lassen sich für die ökonomische Analyse die relevanten Begriffe Humankapital und Innovation ableiten. Als Humankapital versteht man den Bestand an Wissen und die erworbenen Qualifikationen im Rahmen von Ausbildung und Erwerbstätigkeit eines Individuums. Die Zunahme von Wissen und Qualifikation in Form von Weiterentwicklung oder ständiger Erneuerung erhöht wiederum die Produktivität dieses Individuums (vgl. Franz 2006). Innovationen werden als Neuerungen definiert, die am Markt einen gewissen Erfolg aufweisen. Gerade die Notwendigkeit der Durchsetzung am Markt zeigt, dass Innovationen bedürfnisorientiert und nutzengesteuert sind. Innovationen müssen hierbei nicht immer in Form von Produkten oder Dienstleistungen auftreten. Es werden hierunter auch Prozess- und organisatorische Innovationen verstanden (vgl. Hotz-Hart et al. 2001).

9.2   Theoretische Aspekte zur Wirkung von Bildung

Wie wirken sich Bildung, Wissen und Qualifikation im Wirtschaftsleben aus? Wieso ist Bildung eine zentrale Einflussgröße auf Wachstum, Beschäftigung und Einkommen? Um diese Fragen zu beantworten, wird im Folgenden ein Blick auf verschiedene theoretische Aspekte geworfen, die Bildung, Wissen und Qualifikation im Rahmen der individuellen und gesellschaftlichen Wohlstandsgenerierung zu integrieren versuchen. Hierbei wird der Blick sowohl auf die Makroebene, also die gesamtwirtschaftliche Perspektive, als auch auf die Mikroebene, also die Unternehmensperspektive, gelegt. In den vergangenen Jahrzehnten gewann zusätzlich die Mesoebene, verstanden als regionale Perspektive, an Bedeutung und wird daher als dritter Aspekt einbezogen.

9.2.1   Makroebene: Endogene Wachstumstheorie

Die Funktion von Innovation als Hauptantrieb der langfristigen Wohlstandsentwicklung wird durch die Überlegungen der endogenen Wachstumstheorie beschrieben. Nachdem in den 1960er Jahren in der klassischen Ökonomie das theoretische Forschungsinteresse an wachstumstheoretischen Fragen erlahmte, ist seit den 1980er Jahren wieder eine ansteigende wissenschaftliche Auseinandersetzung mit der Thematik zu verzeichnen. Dies ist „zum einen auf die Unzufriedenheit mit den restriktiven Annahmen der Theorie zurückzuführen, zum anderen auf Spillover-Effekte aus der Innovationsforschung, die zu der Erkenntnis führten, technischen Fortschritt endogen zu erklären und hinsichtlich seiner Ausprägungsformen differenzierter in den Modellen abbilden zu wollen" (Koschatzky 2001, S. 65). Im Grundmodell der neoklassischen Wachstumstheorie wird technischer Fortschritt als exogen vorgegeben angesehen. In Wirklichkeit jedoch entsteht technischer Fortschritt durch den Einsatz von Ressourcen in Form von Forschungs- und Entwicklungsaktivitäten innerhalb des Wirtschaftsprozesses. Er ist daher als interner Faktor einzuordnen. Technischer Fortschritt ist gleichzeitig durch externe Effekte gekennzeichnet und hat als vorhandenes Wissen die Eigenschaft, von verschiedenen Akteuren an verschiedenen Orten zu verschiedenen Zeiten eingesetzt werden zu können (vgl. Bathelt und Glückler 2002).

In Form von Wissen weist technischer Fortschritt somit teilweise Eigenschaften eines öffentlichen Gutes auf. Für ihn gelten das Ausschlussprinzip und die Rivalität im

Konsum nicht, dafür ist der gesellschaftliche Nutzen größer als der einzelwirtschaftliche. Die Kehrseite davon, dass der Produzent nicht den gesamten Nutzen der technischen Neuerung erhält, ist jedoch, dass er weniger Ressourcen aufwendet als gesamtwirtschaftlich sinnvoll wäre. Hieraus lässt sich eine Legitimation innovationspolitischer Eingriffe des Staates ableiten, welche mit Blick auf die im späteren Verlauf beschriebene Mesoebene weiteres Gewicht erhält.

Als Begründer der endogenen Wachstumstheorie kann Romer (1986) angesehen werden. In seinem Modell entsteht langfristiges Wachstum als Ergebnis von Wissensakkumulation vorausschauender, profitmaximierender Akteure. Seine Hauptannahme ist, dass es alleine durch Investition oder Produktion zu Lerneffekten bei den Wirtschaftssubjekten kommt, welche technischen Fortschritt verursachen („Learning-by-doing"). Die Schaffung von neuem Wissen ist ein Nebenprodukt der Investition. Der Wissenszuwachs eines Individuums übt dabei positive externe Effekte auf die Produktionsmöglichkeiten anderer Unternehmer aus, da Wissen nicht vollständig durch Patentierung geheim gehalten werden kann. Damit endogenes Wachstum entsteht, müssen die positiven Effekte des Lernens so stark sein, dass die einzelwirtschaftlichen Anreize zum Investieren mit der Zeit nicht abnehmen. Neues Wissen ist zudem durch sinkende Skalenerträge gekennzeichnet, da bei einem gegebenen Wissensstand eine Verdopplung von Forschungsaufwendungen nicht auch zu einer Verdopplung des Wissensstandes führt. Jedoch sind mit der Wissensnutzung steigende Skalenerträge bei der Produktion von Konsumgütern und dem Erbringen von Dienstleistungen verbunden. Aus der Wirkung der Externalitäten und steigender Skalenerträge bei der Konsumgüterproduktion und Dienstleistungserbringung wird ein steigendes Wirtschaftswachstum abgeleitet (vgl. Koschatzky 2001).

Ein Problem dieses ersten Modells liegt darin, dass durch die positiven Effekte auf weitere Unternehmer – unter vollkommener Konkurrenz – direkte Investitionen in das Humankapital nicht in voller Höhe bzw. gar nicht entlohnt werden. Um dieses Problem zu lösen, versucht Romer (1990) in weiteren Ansätzen der endogenen Wachstumstheorie, das Externalitätenargument durch eine sorgfältigere Modellierung des Innovationsprozesses zu ersetzen. In diesen Modellen wird eine monopolistische Konkurrenz in einem Teilbereich der Wirtschaft unterstellt und damit rücken sie die Frage nach der Marktform in den Vordergrund. So wird mit dem Modell versucht, den Wachstumsbeitrag des technischen Wandels für eine geschlossene Gesellschaft zu ermitteln, wobei von folgenden Prämissen ausgegangen wird (vgl. Koschatzky 2001):

- Technischer Wandel bedeutet verbesserte Handlungsanweisungen für das Zusammenstellen von Rohstoffen und ist das Kernelement ökonomischen Wachstums. Er induziert eine fortwährende Kapitalakkumulation, die wesentlich zur Outputsteigerung beiträgt.
- Technischer Wandel entsteht zum größten Teil als Resultat marktbezogener Aktivitäten. Dabei wird neues Wissen in Güter mit praktischem Wert überführt.
- Sobald die Kosten für die Erzeugung neuen Wissens abgeschrieben sind, kann dies in Form von Blaupausen immer wieder ohne zusätzliche Kosten genutzt werden.

Ebenso unterscheidet das Modell drei Sektoren der Wirtschaft:

- einen Forschungssektor, der mittels Humankapital und bestehendem Wissensstand neues Wissen erzeugt,
- einen Sektor für Zwischenprodukte, die durch Patente geschützt sind,
- einen Sektor für Endprodukte, der neben den Zwischenprodukten die Produktionsfaktoren Arbeit und kapitalintensive Arbeit zur Produktion der Endprodukte einsetzt.

Für die endogene Wachstumstheorie sind hierbei die letzten beiden Sektoren am interessantesten. Im Sektor für Zwischenprodukte findet man monopolistische Konkurrenz, da die Blaupausen durch ein Patent mit unendlicher Laufzeit gegen Imitationen geschützt sind. Die erzielten Monopolrenten können dann wieder zur Erforschung neuer Blaupausen eingesetzt werden, die ihrerseits in die Produktion der Endprodukte eingehen. Der Forschungs- und Entwicklungssektor ist im Modell von Romer der eigentliche Wachstumsmotor. Ausgegangen wird dabei von einer extrem hohen Humankapitalintensität von Forschung und Entwicklung (FuE), wobei die FuE-Produktivität der Wissenschaftler umso höher ist, je höher der Wissensstand in der Gesellschaft insgesamt ist und je höher die Zahl der bereits entwickelten Blaupausen und damit der Zwischenprodukte ist. Der Marktwert der Blaupausen entspricht dem Wert der in Zukunft erzielbaren Monopolrenten (vgl. Sternberg 2001, S. 168 f.).

Im Modell wachsen das Sozialprodukt, die Bruttoproduktion und die Anzahl der Produktvarianten. Die Wachstumsrate wird durch die Höhe des Humankapitals bestimmt. Je mehr Humankapital verfügbar ist, desto mehr wird Wissen erzeugt, das wiederum zur Herstellung von Blaupausen verwendet wird. Da die damit produzierten Endprodukte auch wieder den Wissensstand erhöhen, sorgen diese „Spillover-Effekte" zwischen den Sektoren für eine ständige Innovationsaktivität. Dieser Kreislauf kann nur durch ein Sinken des Humankapitals durchbrochen werden (vgl. Koschatzky 2001, S. 71). Weiterführende Ansätze der endogenen Wachstumstheorie leiten sogar ab, „dass die physischen Grenzen des Wachstums mit der steten Weiterentwicklung der Humankapitalressourcen in einer wissensbasierten Wirtschaft kaum noch von Bedeutung sein werden" (Hotz-Hart et al. 2001). Um der aufgezeigten, zentralen Rolle des Humankapitals Rechnung zu tragen, wird im Folgenden ein Blick auf die Ansätze der Humankapitaltheorie geworfen.

9.2.2 Mikroebene: Humankapitaltheorie

Obwohl das Wort „Humankapital" zum Unwort des Jahres 2004 gewählt wurde und damit eine negative Konnotation erhalten hat, lohnt sich eine Betrachtung der damit verbundenen theoretischen Ansätze. Man erkennt recht schnell, dass der Mensch hier nicht lediglich auf seinen wirtschaftlichen Wert reduziert wird. Die Nutzung des Begriffs Kapital ist vielmehr gegenteilig als eine Aufwertung zu verstehen, da von Investitionen in das Humankapital vielfältige Renditen erwartet werden (Investitionshypothese). Mitarbeitende werden hierdurch zum Vermögensgut der Unternehmung und verfügen über ein individuelles Leistungspotenzial, das den Erfolg eines Unternehmens maßgeblich beeinflusst (vgl. OECD 1996). In der Geschichte der Wirtschaftstheorie reichen die Wurzeln des Humankapitalansatzes zurück bis Adam Smith, in dessen Schriften bereits erste Theorien über die Vergleichbarkeit von Fähigkeiten sowie Qualifikationen und Sachkapital zu finden sind. Jedoch erst ab den 1960er Jahren fand die Humankapitaltheorie durch beispielsweise die Arbeiten von Becker (1964), Schultz (1963) und Mincer (1962) eine große Beachtung, die bis heute ungebrochen ist, da insbesondere in der New Economy das Humankapital zum entscheidenden Produktionsfaktor geworden ist (vgl. Bellmann und Leber 2017).

Der zentrale Ausgangspunkt der Humankapitaltheorie ist die kausale Annahme, dass Investitionen in Bildung zur Verbesserung des Arbeitsvermögens, der ökonomischen Produktivität sowie des individuellen Einkommens führen, da Unternehmen durch die Verbesserung der Leistung ihrer Beschäftigten ihre Produktivität steigern können und daher Individuen mit einem höheren Bestand an produktiven Fähigkeiten mit höheren Bezügen entlohnen. Das bedeutet, je mehr eine Person in Bildung investiert, desto größer sind auch die erwarteten Renditen in Form des Einkommens dieser Person. Somit trifft der Einzelne unternehmerische Entscheidungen in Bezug auf seine Arbeitskraft (im Sinne einer Einkommensmaximierung) und stellt hierbei Kosten und Nutzen gegenüber (vgl. Tab. 9.1). Die gleichen Annahmen gelten nach der Humankapitaltheorie auch für Unternehmen, da sie von der erhöhten Produktivität besser ausgebildeter Arbeitnehmenden profitieren. Aus diesem Grund lassen sich auch für Unternehmen durch Investitionen in Aus- und Weiterbildung Renditen erzielen.

Nach dem neoklassischen Optimierungsansatz wird solange in Humankapital investiert, bis der Gegenwartswert der sich aus der Investition ergebenden Grenzerträge gleich der Grenzkosten der Investition ist. Die Kosten setzen sich hierbei aus direkten Kosten (zum Beispiel Teilnahmeentgelte oder Fachliteratur) und indirekten Kosten zusammen. Letztere entstehen insbesondere dadurch, dass zum einen oftmals in der Bildungsphase ein geringeres Einkommen erzielt werden kann, zum anderen dadurch, dass die Zeit, die für Bildung aufgebracht wird, nicht für etwas Anderes, zum Beispiel Freizeit, genutzt werden kann (sogenannte Opportunitätskosten). Für Unternehmen sind bei den direkten Kosten neben den Beiträgen für die Bildungsmaßnahme insbesondere die zu zahlenden Löhne zu nennen, da der Mitarbeitende im Zeitraum der Weiterbildung dem Betrieb nicht zur Verfügung steht. Wenn die Mitarbeitendenabwesenheit nicht kompensiert werden kann, kann dies im schlimmsten Fall zu Produktionsausfällen führen. Indirekte Kosten sind, neben den ebenfalls anfallenden Opportunitätskosten (hier in Form von Produktionsminderungen), auch Unternehmenssteuern, die vom Staat für Bildung verausgabt werden.

Weiterhin ist bei der Kostenbetrachtung zu berücksichtigen, dass nicht alle Kosten Investitionen im Sinne der Humankapitaltheorie sind, sondern auch teilweise Konsumausgaben, da sie der unmittelbaren Befriedigung von Bedürfnissen dienen (zum Beispiel der Roman im Urlaub). Der individuelle Nutzen ist zudem wie jede Investition aufgrund des Zukunftsbezugs mit Risiken behaftet und beruht auf hypothetischen Annahmen über künftige Entwicklungen (vgl. Pechar 2016).

Tab. 9.1 Kosten und Nutzen aus Bildungsinvestitionen

	Individuen		Unternehmen	
	Kosten	Nutzen	Kosten	Nutzen
Primar- und Sekundarbereich I	Steuern und Abgaben	Fürsorge für Jugendliche Produktive und soziale Fähigkeiten in der Zukunft	Steuern	Kognitive und soziale Fähigkeiten der Arbeitnehmenden
Sekundar- II und Tertiärbereich	Steuern, Gebühren und Aufwendungen Entgangenes Einkommen	Zukünftiges Einkommen Beschäftigungsfähigkeit Arbeits- und Lebensqualität	Steuern Direkte Investitionen/Beiträge	Verbesserte kognitive und soziale Fähigkeiten der Arbeitnehmenden Berufsspezifische Fertigkeiten
Quartärbereich	Gebühren und Aufwendungen Entgangenes Einkommen Opportunitätskosten	Zukünftiges Einkommen Beschäftigungsfähigkeit und Aufstiegs- bzw. Wiedereinstiegschancen Arbeits- und Lebensqualität	Direkte Investitionen/Beiträge Löhne Opportunitätskosten in Form von Produktionsminderung	Spezielles Fachwissen (auch firmenintern) zur Verbesserung der Produktivität und Qualität Geringere Fluktuationsneigung der Arbeitnehmenden
Informelles Lernen	Opportunitätskosten	Beruflicher und/oder privater Nutzen	Löhne Opportunitätskosten in Form von Produktionsminderung Freigabe von internem Wissen	Spezielles Fachwissen (auch firmenintern) zur Verbesserung der Produktivität und Qualität

Quelle: In Anlehnung an OECD 1996, S. 39

Der Nutzen für Unternehmen, der durch die Wissensvermittlung in den verschiedenen Bereichen entsteht, ist unterschiedlich. Grundsätzlich kann man festhalten, dass sich aus Unternehmersicht die Bildungsziele der verschiedenen Bereiche von unspezifischen, allgemeinbildenden Fähigkeiten hin zu speziellem Fachwissen entwickeln. Ab dem Sekundarbereich II, der die sogenannte Oberstufe der allgemeinbildenden Schule bzw. berufliche Vollzeitschulen sowie die Berufsausbildung im dualen System umfasst, werden insbesondere in der Ausbildung berufsspezifische Fertigkeiten vermittelt. Im tertiären Bereich gilt dies für Fachschulen, Berufs- und Fachakademien wie die den Wirtschaftskammern nahestehenden Bildungseinrichtungen, die spezielle Fortbildungen etwa zum Betriebswirt oder Meister anbieten.

Bei Investitionen in die akademische Bildung, also in den zweiten großen Teil im Tertiärbereich, geht es den Unternehmen vor allem darum, die Qualifikationen künftiger und aktueller Mitarbeitenden auf akademischem Niveau zu vertiefen und weiterzuentwickeln. Beim Thema Weiterbildung steht für Unternehmen der spezielle Bedarf an qualifizierten Arbeitskräften im Fokus, während es für den Arbeitnehmenden darum geht, die eigene Beschäftigungssituation zu sichern bzw. sich weiterentwickeln zu können. Wird dies vom Unternehmen unterstützt, können sich hierdurch festere Bindungen ans Unternehmen ergeben, was heute ein immer stärkeres Argument für die Investitionen der Unternehmen in den Quartärbereich ist. Geschieht dies nicht, besteht die Gefahr für die Unternehmen, motivierte und kompetente Mitarbeitende zu verlieren. Informelles Lernen steht etwas außerhalb der Bildungsbereiche, dennoch ist es aber ein zentraler Aspekt in der Bildung von Humankapital. Nicht nur die Weitergaben von Wissen innerhalb von Unternehmen („training-on-the-job"), sondern auch der Austausch in sozialen Medien über spezifische Probleme, beispielsweise bei der Entwicklung von neuen Produkten, spielen eine immer größere Rolle in der Unternehmenswelt. Gerade in der IT-Branche ist die Kommunikation in Fachforen ein wichtiger Aspekt zur Lösung von Problemen.

Die Investitionen in Humankapital besitzen für Unternehmen somit auf den verschiedensten Ebenen einen ökonomischen Nutzen. Dies liegt erstens an der produktiven Einsetzbarkeit und zweitens an der Weiterentwicklungsfähigkeit des Humankapitals. Die volle Ausschöpfung dieses Potenzials ist jedoch an zwei Bedingungen geknüpft: 1) es ist notwendig, dass die Ziele der Arbeitnehmenden und der Unternehmen konvergieren. Hierbei hilft es, ein gezieltes Human Ressource Management zu betreiben, um diesen Prozess zu unterstützen; 2) gilt es zu bedenken, dass zahlreiche Voraussetzungen für eine erfolgreiche Investition in das Humankapital außerhalb des Unternehmens liegen. Eine Beeinflussung dieser Faktoren ist für ein einzelnes Unternehmen schwierig. Hier gilt es, in der strategischen Unternehmensführung mit Hilfe von Kooperationen und Netzwerken Standortnachteile abzubauen.

9.2.3   Mesoebene: Unternehmerische Standortwahl

In den vorherigen zwei Unterkapiteln wurde aufgezeigt, dass sowohl Innovationen und technischer Fortschritt als auch die Investitionen in Humankapital von enormer Wichtigkeit bei der individuellen und gesellschaftlichen Wohlstandsgenerierung sind. Die Frage, die sich hierbei stellt, ist, wie sich diese Faktoren in der direkt für den Menschen erfahrbaren Umwelt, also auf lokaler und regionaler Ebene, niederschlagen. Einen guten Ansatz hierfür bietet die Theorie der unternehmerischen Standortwahl, mit deren Hilfe der Such- und Auswahlprozess von Unternehmen bei der Wahl ihres Standortes betrachtet werden kann. Von besonderer Bedeutung ist die Betrachtung dieses Prozesses vor dem Hintergrund, dass die Bereitschaft bei Unternehmen in Bezug auf Standortbewegungen steigt (vgl. Döring und Aigner 2010).

Auf die Entscheidung über die Standortwahl wirkt eine Vielzahl von Kräften ein. Dies sind ökonomische, politische, kulturelle und andere Kenngrößen, die sich – positiv oder negativ – auf die Wertschöpfung von Unternehmen auswirken. Sie beruht auf persönlichen, unternehmensinternen und externen Faktoren (überregionale und lokale Standortfaktoren). Präferenzen, Wertesysteme und Handlungsnormen sowie Unternehmenstradition und -kultur, welches Beispiele für persönliche bzw. unternehmensinterne Faktoren sind, sind von den regionalen, strukturpolitischen Akteuren schwer zu beeinflussen. Daher werden im Folgenden lediglich die externen Faktoren in Form der überregionalen und lokalen Standortfaktoren genauer betrachtet. Hierbei lassen sich die Standortfaktoren in zweierlei Hinsicht systematisieren. Zum einen lassen sich allgemeine sowie spezielle und zum anderen harte sowie weiche Faktoren abgrenzen (Abb. 9.1).

Die allgemeinen Faktoren sind für jedes Unternehmen gleichermaßen von Bedeutung, während die speziellen Faktoren nur für bestimme Branchen gelten. Harte Standortfaktoren sind Größen, die einen unmittelbaren Einfluss auf den Umsatz und die Kosten der Unternehmen haben und sich meisten gut quantifizieren lassen. Weiche Standortfaktoren führen im Gegensatz dazu nur zu indirekten Effekten, die sich grundsätzlich nur schwer monetarisieren lassen. Ihnen sowie den speziellen Faktoren wird jedoch eine

	allgemeine Faktoren	spezielle Faktoren
harte Faktoren	• Angebot an Arbeitskräften • öffentliche Fördermittel • Infrastruktur/Internetanbindung	• Hochschulen/ Forschungseinrichtungen • Angebot an hochqualifizierten Arbeitskräften • Patentrecht
weiche Faktoren	• Wirtschaftsklima/Netzwerke • Image des Standorts • Schulen/Weiterbildungsangebote	• Innovative Milieus • zielgruppenorientiertes Qualifizierungsangebot • Karrieremöglichkeiten

Abb. 9.1 Ausprägung und Beispiele von Standortfaktoren mit Schwerpunkt „Innovation" und „Humankapital". (Quelle: In Anlehnung an van der Beek und Korn 2008b, S. 198)

zunehmend wichtigere Rolle zugesprochen, auch wenn man diese Entwicklung nicht überschätzen darf (van der Beek und Korn 2008a). Jedoch muss man festhalten, dass die veränderte Rolle der weichen Faktoren auch dadurch begründet ist, dass die regionalen Akteure relativ wenig zur Veränderung der harten Faktoren beitragen können, die von den übergeordneten politischen Ebenen bereitgestellt werden.

Wie aus Abb. 9.1 ersichtlich wird, spielen Standortfaktoren, die den Bereichen Innovation und Humankapital zugeordnet werden können, in allen vier Sektoren eine Rolle. Vielfach ist ihr exaktes Gewicht noch nicht bestimmt, aber ihre Bedeutung wächst zunehmend. Aus zahlreichen Untersuchungen und Umfragen zu den einzelnen Standortfaktoren lässt sich schließen, dass diese für einen großen Teil der Unternehmen einen zentralen, den Unternehmenserfolg mitbestimmenden Faktor darstellen. Als Beispiele sind hier die Publikationen von Friesenbichler (2015) zum Thema „Breitbandausbau", von Rasch (2012) zum Thema „Berufsorientierung", von Stenke (2002) zum Thema „Innovative Milieus" oder von Nuissl (2000) zum Thema „Weiterbildung" zu nennen.

Ursachen für diesen Bedeutungszuwachs sind im Wesentlichen:

- die veränderten Rahmenbedingungen im Zuge des Wandels zur Wissens- und Dienstleistungsgesellschaft,
- der veränderte Arbeitskräfte- bzw. Qualifikationsbedarf im Zusammenhang des technologischen Wandels der vergangenen Dekaden,
- die demografischen Entwicklungen, die zu einer Verringerung des Arbeitskräfteangebots führen,
- die allgemeine Tendenz zur Höherqualifizierung.

Für die regionalen, strukturpolitischen Akteure erwächst aus diesen Entwicklungen die Notwendigkeit, Anpassungen im Bereich Bildung, Wissen und Qualifikation anzustoßen. Es muss vermehrt darauf abgestellt werden, qualifizierte Arbeitskräfte am Standort zu halten, was ein Engagement im Bereich Humankapital und Innovation voraussetzt. Eine zunehmend wichtige Aufgabe ist es daher, eine enge Kooperation mit dem privaten oder öffentlichen Bildungsbereich, mit Hochschulen sowie Forschungseinrichtungen zu etablieren. Hiervon wird bislang in vielen Regionen kaum Gebrauch gemacht, obwohl den regionalen Akteuren auch hier eine wichtige Rolle als Moderator zwischen Unternehmen und Bildungs- bzw. Forschungsinstitutionen zufällt. „Im Wettbewerb um qualifizierte Arbeitskräfte, der sich in den nächsten Jahrzehnten aus den genannten Gründen noch verschärfen wird, ist die Generierung von technisch, sozial und organisatorisch orientiertem Humankapital ein entscheidender Standortfaktor" (van der Beek und Korn 2008a).

9.3 Blick aus der Theorie in die betriebliche Praxis

Die theoretisch beschriebenen Faktoren und Ansätze spielen für jedes Unternehmen eine Rolle. Deren Gewichtung kann jedoch je nach Branche oder Standort unterschiedlich sein. Zum einen wird sich in vielen Untersuchungen zu den Themen Innovation oder Wissenstransfer meist auf Unternehmen aus dem Bereich Informations- und Kommunikationstechnik, auf High-Tech-Industrien oder auf kreative Branchen konzentriert. Als zwei Beispiele sind hierfür die Untersuchungen von Florida (2002) und Bünstorf et al. (2012) zu nennen. Zum anderen rücken bei Forschern insbesondere Agglomerationen in den Fokus, wenn es um Innovations- und Wissensnetzwerke geht. Exemplarisch für verschiedene Regionen sind die Arbeiten von Revilla-Diez (2002) und Mildahn und Schiller (2006). In diesem Beitrag wird daher ein anderer Schwerpunkt mit dem folgenden Blick in die betriebliche Praxis gesetzt:

Es werden weder bestimmte Branchen noch eine zusammenhängende Agglomeration in den Fokus genommen, sondern Unternehmen unabhängig von ihren Produkten und Dienstleistungen befragt, die von Wirtschaftsverbänden in ihrer Leistungserstellung als innovativ und in personalwirtschaftlichen Fragen als aktiv kategorisiert wurden. Die Unternehmen verteilen sich zudem in den unterschiedlichen Raumkategorien, wobei hierbei gerade auch die ländlichen Räume interessant sind, denn diese sind in vieler Hinsicht eine vernachlässigte Kategorie und das, obwohl in Deutschland zwei Drittel aller Landkreise zu dieser Kategorie zählen und immerhin ein Drittel der Bevölkerung hier ansässig ist (vgl. Reichert-Schick 2015).

Die folgenden zusammengefassten Erkenntnisse stammen aus insgesamt 30 leitfadengestützten, problemzentrierten Interviews mit Geschäftsführenden und Personalleitenden (im Text als Unternehmer „UN" bezeichnet), die in Unternehmen im nördlichen Rheinland-Pfalz geführt wurden. Sie enthielten sowohl Aspekte von Intensiv- und Tiefeninterviews als auch Merkmale von Expertengesprächen. Die Auswertung erfolgte mittels der qualitativen Inhaltsanalyse nach Mayring (2000). Im Fokus der Auswertung stehen hierbei die beiden wesentlichen Ausprägungen des Faktors „Humankapital". Dies ist zum einen die Quantität von Arbeitskräften und zum anderen die Qualität bzw. die Qualifikation der Arbeitskräfte, insbesondere unter Berücksichtigung von Digitalisierungsbemühungen. Aufgrund der kompakten Darstellung in diesem Beitrag können nur vereinzelte Antworten der Unternehmensvertreter wörtlich wiedergegeben werden.

9.3.1 Auswirkungen des Fachkräftemangels

Die allgemeine Frage, ob wir in Deutschland bereits unter einem Fachkräftemangel leiden, wird vielfach kontrovers diskutiert. Wilkens (2018) beispielsweise zitiert Studien, die einen Fachkräftemangel in der IT von mehr als 300.000 Stellen beklagen. Jedoch zeichnet sich nicht nur in verschiedenen Studien ab, dass bereits heute in manchen Branchen und dezentralen Regionen ein Engpass auftritt, wenn Stellen zu besetzen sind. Als Fachkräfte gelten hierbei solche Personen, die eine fachlich ausgerichtete Tätigkeit ausüben, die eine mindestens zwei- bis dreijährige Berufsausbildung erfordert. Dadurch ist eine klare Abgrenzung zu un- bzw. angelernten Helfertätigkeiten gegeben. Die angesprochenen Engpässe wurden auch als Problem von den befragten Unternehmensvertretern gesehen. Dies gilt sowohl für den Bereich der Ausbildung als auch für die Suche nach Facharbeitern.

In den meisten Interviews wurde deutlich, dass die bereits vorhandenen Engpässe zu immer größer werdenden Schwierigkeiten bei den Unternehmen führen. So geht die Zahl der Bewerbungen auf offene Stellen insbesondere in den vergangenen fünf bis zehn Jahren nicht nur zurück, im gewerblichen Bereich fällt es Unternehmen im ländlichen Raum sogar schwer, überhaupt ausreichende Interessierte für die offenen Stellen zu finden. Unternehmen ist hierbei bewusst, dass anders als in Agglomerationen das Fachkräfteangebot quantitativ stark begrenzt ist, da sie ihre Arbeitskräfte aus dem regionalen Umfeld anwerben und der ländliche Raum auch im Untersuchungsgebiet von Abwanderungstendenzen gerade junger Menschen im erwerbsfähigen Alter geprägt ist.

Die Entwicklung führt bei manchen Unternehmen bereits dazu, dass ihre Wertschöpfung darunter leidet und sie Aufträge verschieben oder ablehnen müssen. Wenn sich dieser Umstand auf mehrere Unternehmen ausweitet, führt dies mittel- bis langfristig dazu, dass sich eine negative Spirale in Gang setzt und die regionale Rezession zu befürchten ist:

> Das ist ein echtes Problem. Ich könnte jetzt fünf sofort einstellen. Das geht jetzt in diesem Jahr dann auch in die Dimension hinein, dass wir die angestoßenen Projekte teilweise nicht realisieren können, weil Personal fehlt. Das ist ein Riesenproblem (UN 22).

Die Entwicklung des Fachkräftepotenzials ist jedoch nicht nur eine rein quantitative Fragestellung. Mehr und mehr tritt auch die qualitative und damit eine auf die jeweilige Qualifizierung gerichtete Komponente in den Vordergrund (vgl. Korn 2014). An erster Stelle steht bei den meisten befragten Unternehmen hier die Ausbildung, die als zentrales Instrument der unternehmensinternen Fachkräftesicherung genutzt wird. Jedoch spüren die Unternehmen auch in diesem Bereich den demografischen Wandel bzw. die sich verändernden Qualifizierungswege junger Menschen. Zahlreiche Ausbildungsstellen insbesondere im produzierenden Gewerbe bleiben mittlerweile unbesetzt. Die Unternehmen reagieren auf diese Entwicklungen am Arbeitsmarkt, indem sie verstärkt beispielsweise ungelernte Arbeitskräfte im eigenen Unternehmen qualifizieren, um ihren Bedarf an Fachkräften zu decken.

> Es gibt überhaupt keine Facharbeiter. Also wenn ich Personal aufstocken will, muss ich selbst aus- und weiterbilden (UN 13).

Hieraus wird deutlich, welche Rolle die Qualifizierung für Unternehmen einnimmt. Daher wird im Folgenden der Blick auf die unterschiedlichen Möglichkeiten geworfen, die bereits von Unternehmen genutzt werden, als auch auf die Problemlagen, die in diesem Zusammenhang bei den Unternehmen bestehen.

9.3.2   Qualifizierungsmöglichkeiten

Zur beruflichen Qualifizierung zählen die Berufsausbildungsvorbereitung an Schulen, die Berufsausbildung sowie die Weiterbildung. Bei allen Stufen haben Unternehmen heute mit spezifischen Situationen umzugehen, um neben dem quantitativen auch den qualitativen Arbeitskräftebedarf sicherzustellen. Hinzu kommt, dass der technologische Wandel auch Qualifizierungsbedarfe auswirft, wie im Folgenden zu sehen sein wird.

9.3.2.1 Ausbildung

Um die berufliche Ausbildung in Deutschland zu stärken, gab es in den vergangenen Jahren zahlreiche Kampagnen. So haben sich auf Bundesebene verschiedene Ministerien mit Vertretern der Wirtschaft, der Gewerkschaft und der Länder zur „Allianz für Aus- und Weiterbildung" zusammengeschlossen. Ein anderes Beispiel ist die landesweite Ausbildungskampagne „durchstarter.de" der vier Industrie- und Handelskammern in Rheinland-Pfalz. In diesem Kontext stellt sich die Frage, wie die Unternehmer vor Ort mit den Bedingungen rund um das Thema Ausbildung zufrieden sind. Im Kapitel zuvor wurde bereits deutlich, dass es schwer ist, überhaupt genügend Auszubildende zu gewinnen. Hinzu kommt, dass die ausbildenden Betriebe unzufrieden mit der Vorbildung ihrer Auszubildenden sind.

> Das Niveau hat unheimlich nachgelassen (UN 21).

Diese Klagen gibt es zwar nicht erst seit einigen Jahren. Bei den Interviews wurde allerdings schnell deutlich, dass die fehlende Vorbildung gerade in den Bereichen Mathematik und Deutsch mittlerweile teilweise gravierende Ausmaße angenommen hat. Unternehmen sehen hier sehr starke Probleme speziell bei einigen Berufen in der verarbeitenden Industrie. Ein weiterer und häufig angeführter Punkt der Unzufriedenheit der Unternehmen ist jedoch die Situation der Berufsschulen. Hier wurde neben der Ausbildungsqualität insbesondere die fehlende räumliche Nähe bemängelt.

Zwar ist die Anzahl der Berufsschulen in den vergangenen Jahren einigermaßen gleich geblieben, aber die Anzahl der Klassen hat sich verändert. So ist die Zahl beispielsweise zwischen den Schuljahren 2010/2011 und 2015/2016 in Rheinland-Pfalz um über zehn Prozent gesunken (vgl. Statistisches Landesamt Rheinland-Pfalz 2016, S. 133). Die Veränderungen nehmen die Unternehmen wahr und möchten ihren Auszubildenden Strecken von teilweise über 50 km nicht zumuten müssen. Gerade noch minderjährige Auszubildende sind bei der Nutzung des Individualverkehrs eingeschränkt und müssen auf den öffentlichen Nahverkehr ausweichen, der gerade in ländlichen Regionen nur über ein unzureichendes Netz verfügt. Die Unternehmen sehen sich hier von den Akteuren der regionalen Wirtschaftspolitik alleine gelassen.

Die größten Probleme gibt es jedoch bei sehr speziellen Ausbildungsberufen. Hier befinden sich die jeweiligen Berufsschulen über das gesamte Bundesgebiet verteilt, was den gewohnten Ablauf des Berufsschulunterrichts unmöglich macht. Strukturen wie Blockunterricht helfen den Unternehmen. Dennoch wird auch in diesen Fällen der Wunsch der Unternehmen größer, an diesen Strukturen Anpassungen im Zuge der Digitalisierung der Bildung vorzunehmen. Treibende Kraft hierbei ist, dass vielfach der Blockunterricht fernab von zu Hause in teilweise abgelegenen Regionen als unattraktiv gilt und dadurch auch die Besetzung der Ausbildungsstellen schwer ist.

Größere Firmen denken aus diesen Gründen darüber nach, alternative Möglichkeiten zu finden, um den Berufsschulunterricht abzudecken und richten unternehmensinterne Akademien ein, die in Erweiterung zu den bestehenden Firmenschulungen nun auch eigene Berufsschulen umfassen. Dies hat aber auch zur Folge, dass die öffentlichen Berufsschulen wieder einen Teil ihrer SchülerInnen verlieren und der Mangel in der Region noch vergrößert wird. Resignieren scheinen hingegen die kleineren Unternehmen und bilden teilweise bestimmte, spezielle Berufe gar nicht mehr aus oder wechseln die angebotenen Berufsausbildungen. Dabei wird häufig nicht mehr das benötigte, spezialisierte Berufsbild, sondern ein eher allgemeines gewählt. Dadurch ist zumindest sichergestellt, dass in den regionalen Berufsschulen eine entsprechende Klasse zustande kommt, auch wenn auf die jeweiligen Unternehmer ein Mehraufwand im Bereich der Weiterbildung zukommt, um die notwendigen Qualifikationen zu vermitteln:

> Wir haben es mittlerweile aber aufgegeben, weil das vom Handling einfach nicht geht, [...]
> das macht keinen Sinn. Wir bilden in dem Beruf jetzt nicht mehr aus (UN 20).

Nicht nur aus Gründen der Erreichbarkeit müssen im Berufsschulwesen neue Lehrformate gefunden werden. Auch die bereits angesprochenen Spezialisierungen bei den Berufen und das damit verbundene Wissen führen dazu, dass man auf den ersten Blick Unmögliches schaffen soll. So soll es aus Sicht der Unternehmen nicht nur ein flächendeckendes Angebot der schulischen Infrastruktur geben, sondern dieses soll am besten auch den spezifischen Anforderungen der unterschiedlichen Berufe gerecht werden. In Agglomerationen ist dies einfacher, wie das Angebot an Fachschulen dort zeigt. Dennoch ist der Bedarf von Unternehmen an Spezialisierung bereits in der Ausbildung notwendig, da sich Anforderungen an die Berufe durch veränderte Produktionsprozesse und Rahmenbedingungen stetig ausweiten. Es stellt sich somit die Frage, ob die traditionelle Struktur der Berufsschule gerade im ländlichen Raum so noch aufrecht gehalten werden kann/sollte oder ob neue Strukturen oder Lehrformate hier nicht den Bedürfnissen der Auszubildenden und der ausbildenden Unternehmen mehr entsprechen würden.

9.3.2.2 Berufliche Weiterbildung

Auch die berufliche Weiterbildung sieht sich in den kommenden Jahren zahlreichen Problemen und Herausforderungen gegenüber; der Bedarf an beruflicher Weiterbildung wird dadurch generell ansteigen. Grundsätzlich verfolgt sie das Ziel, einer Erwerbsperson aufbauend auf der Ausbildung neue Qualifikationen zu vermitteln oder bestehende zu erhalten und gegebenenfalls aufzufrischen. Im Sinne des lebenslangen Lernens ist es hierbei wichtig, Kontinuität in den betrieblichen Weiterbildungsprozess zu implementieren und so eine Art der Selbstverständlichkeit aufkommen zu lassen.

Die befragten Unternehmen sahen es als zentral an, in ihren Personalentwicklungsansätzen den Facharbeitern die Möglichkeit zu bieten, sich zu Fach- und Führungskräften zu entwickeln. Das angestrebte Ziel ist hierbei natürlich die fachliche Qualifizierung oder – wie es mehrfach ausgedrückt wurde – das Handwerkszeug, um ihren Job noch besser zu machen. Aber vielfach wird in den Unternehmen auch erkannt, dass Weiterbildungen notwendig sind, um das Wissen der Mitarbeitenden und damit auch des Unternehmens auf dem neuesten Stand zu halten.

Dabei kommt es zu einer zunehmenden Verschränkung von Aus- und Weiterbildungsanstrengungen, die von den Betrieben nicht nur ideell unterstützt werden, da in vielen der befragten Unternehmen Tätigkeiten anfallen, die eine Techniker- oder Meisterbildung verlangen oder einen Hochschulabschluss voraussetzen. Vielfach werden finanzielle Unterstützungen angeboten. Diese können von Darlehen über eine Teilkostenübernahme bis hin zur kompletten Zahlung der Kosten für die Fortbildungen reichen. Die Unternehmen haben dabei erkannt, dass sie bei großzügigen Unterstützungen an Profil als attraktive Arbeitgeber gewinnen und die Mitarbeitende auch ohne vertragliche Regelungen an sich binden können. Weiterbildung wird so zum Bestandteil des Employer Branding, also des Aufbaus und der Pflege einer Arbeitgebermarke nach innen und außen.

Die steigende Kostensensibilisierung und die gewünschte individuelle Anpassung der beruflichen Weiterbildung führen dazu, dass die möglichen Formate stärker in den Fokus geraten. Das Lernen in der Weiterbildung kann entweder formal in Bildungsinstitutionen, nicht-formal am Arbeitsplatz oder informell als implizites Lernen und Erfahrungslernen erfolgen. Es zeigt sich, dass sich die gewählten Formate zunehmend wandeln und das nicht-formale Lernen am Arbeitsplatz an Bedeutung gewinnt, da gerade bei externen, offenen Schulungen die Gruppenzusammenstellung von den Unternehmen bemängelt wird. Grundsätzlich gilt bezüglich eines Weiterbildungskonzeptes jedoch für die befragten Unternehmen:

> Es muss den Bedarf des Unternehmens decken für die jeweilige Tätigkeit (UN 24).

Die Frage, was dies für die einzelnen Unternehmen bedeutet, ist vielfältig. Im Rahmen einer zunehmenden Flexibilisierung der Arbeitswelt werden vermehrt berufsfeldübergreifende Befähigungen benötigt. In Zeiten eines schnellen technischen und ökonomischen Wandels treten funktionsübergreifende Schlüsselqualifikationen wie etwa Problemlösefähigkeit, Kreativität und Teamfähigkeit neben berufs- und funktionsorientierte Qualifikationen. In den Interviews wurden abseits von konkreten Inhalten folgende Schwerpunkte genannt:

- **Praxistransfer:** Die Inhalte sollen direkt im beruflichen Alltag anwendbar sein.
- **Effektivität:** Die Inhalte sollen auf die Anforderungen des Unternehmens zugeschnitten sein, um die Ziele des Unternehmens zu erreichen.
- **Effizienz:** Die Weiterbildung soll eine optimale Kosten-Nutzen-Relation aufweisen.
- **Individualität:** Die Inhalte und das Format sollen auf die Möglichkeiten des jeweiligen Mitarbeitenden angepasst sein. Dies gilt insbesondere für die vorhandenen Vorkenntnisse und zeitliche Verfügbarkeit.

Dennoch werden externe Schulungen nicht grundsätzlich abgelehnt, sondern unter dem Stichwort „über den Tellerrand schauen" (UN 10) eingeordnet. Die Unternehmen erkennen auch die Vorteile des Austauschs der eigenen Mitarbeitenden mit Teilnehmenden aus anderen Unternehmen. Daher sind die PersonalentwicklerInnen bemüht, eine sinnvolle Mischung aus Inhouse-Weiterbildung und externen Seminaren zu finden.

Bei der Gestaltung interner und externer Qualifizierungen spielen die eingesetzten Medien eine immer größere Rolle. Gerade die Kombination von Lernen und Arbeiten lässt das Thema E-Learning zu einem festen Bestandteil einer nachhaltigen Personalentwicklung werden, wenn das Lernen mit Unterstützung elektronischer Informations- und Kommunikationstechnologien unmittelbar mit dem Lernprozess verbunden ist, sodass eine systematische Trennung zwischen Präsenz- und Online-Trainings zunehmend künstlich wird. Themen wie Lernplattformen, Simulationen, Virtuelle Realität und Blended Learning zählen bei vielen der befragten Unternehmen bereits heute zur Personalentwicklung und werden bei den unterschiedlichsten Themen in der Produktion aber auch beim Erwerb von Sprachkompetenz eingesetzt.

Die Digitalisierung in der betrieblichen Weiterbildung geht somit Hand in Hand mit dem Megatrend im Rahmen des technischen Fortschritts, da die Digitalisierung allgemein als Innovationstreiber des 21. Jahrhunderts gilt. Für die Entscheidungstragenden in Unternehmen ist daher der Aufbau nachhaltiger Wettbewerbsvorteile in der „digitalen Welt" eine entscheidende Antriebsfeder in der Personalentwicklung.

9.3.2.3 Innovation und technischer Fortschritt

Die fortschreitende Globalisierung und die kürzeren Produktlebenszyklen zwingen Unternehmen dazu, innovativ zu sein. Dies führt bei gleichzeitig zunehmender Digitalisierung und Spezialisierung zu einer Exploration des Faktors Wissen in den Produktionsstrukturen. Innovative Wertschöpfung verlangt für die Herstellung neuer Produkte und Dienstleistungen aber gleichzeitig ein verändertes Qualifikationsprofil der Mitarbeitenden. Volatilität, Unsicherheit, Komplexität und Mehrdeutigkeit kennzeichnen die heutigen Entscheidungs- und Ablaufprozesse und beschleunigen den Innovationsdruck auf die Unternehmen. Zwar gelten kleinere und mittelgroße Unternehmen in der Regel als nicht so innovativ wie Großunternehmen, da sie u. a. nicht so intensiv in die internationale Arbeitsteilung eingebunden sind. Jedoch führten die Auswahlkriterien bei der Unternehmensbefragung dazu, dass nicht nur besonders aktive Unternehmen, sondern auch mehrere sogenannte „Hidden Champions" (vgl. Simon 2012) an der Befragung teilgenommen haben. Weiterhin zeigt sich, dass auch die meisten anderen Unternehmen das Thema Innovation aktiv angehen. Auffällig dabei ist, dass sie es selbst in der eigenen Wahrnehmung nicht als Innovation bezeichnen, sondern meist indirekt ausdrücken, wie das folgende Zitat beispielhaft zeigt:

> Aber wir sind auch immer die, die ganz vorne laufen. Das ist eigentlich das, womit wir überlebt haben (UN 19).

Weiteres Nachfragen macht aber schnell verständlich, was gemeint ist: Auch wenn man selbst nicht die Innovation entwickelt hat, versuchen die meisten der befragten Unternehmen Marktneuerungen – sei es bei Produkten oder Prozessen – schnellstmöglich zu adaptieren, um überlebensfähig zu bleiben. Diese Strategie spiegelt sich auch in den damit verbundenen Personalentwicklungsansätzen wider, wie das folgende Zitat zeigt:

> Wir haben uns schon auf die Fahne geschrieben, technologisch die Nase mit vorn zu haben. Also […] schauen da, dass wir […] unsere Mitarbeiter technisch auf dem neusten Stand halten (UN 13).

Ein Nebeneffekt des technischen Fortschritts ist, dass Unternehmen diesen nutzen, um dem Fachkräftemangel entgegenzuwirken. So finden sich zahlreiche Beispiele, dass die Anzahl der Mitarbeitenden konstant geblieben ist – trotz Nutzung technischer Neuerungen und Steigerung der Produktion. Dies setzt aber auch eine immer bessere Qualifizierung der Belegschaft voraus, was die befragten Unternehmen forcieren:

> Wir haben aber den Durchsatz, die Produktionsgröße fast verdoppelt mit dem gleichen Personal. Die Leute werden immer höher qualifiziert (UN 14).

Grundsätzlich gilt in der Innovationsforschung, dass durch einen intensiven Austausch die Innovationsfähigkeit noch weiter gesteigert werden kann. „Um der Herausforderung „Innovation" gerecht zu werden, genügt es nicht, ein Netzwerk beliebiger Unternehmen und Organisationen zu gestalten. Man muss ein innovatives Netzwerk realisieren, das wiederum auf einen oder mehreren innovativen Milieus fußt […]." (Lang 1999, S. 303). Auf dieser Grundlage fußen die Forschungsansätze der „Clusterbildung". Daher werden hierbei meist regionale Netzwerke betrachtet, weil für die wichtige soziale Nähe räumliche Nähe als Notwendigkeit angesehen wird. Für Unternehmen in ländlichen Räumen würde dies allerdings ein Ausschlusskriterium für die Mitgliedschaft in innovativen Netzwerken bedeuten. Bei der Befragung zeigte sich jedoch, dass gerade die innovativen Betriebe ein überregionales Netzwerk zu den unterschiedlichsten Partnern unterhielten. So kooperieren sie mit Hochschulen, Forschungseinrichtungen und anderen Unternehmen zumindest im gesamten deutschsprachigen Raum, teilweise auch weit darüber hinaus. Es zeigte sich aber auch, dass die soziale Nähe hierbei durch eher dichte personale Beziehungen im Sinne einer strukturellen Einbettung einzelner Akteure eine Rolle spielt. Man kennt sich aus einer gemeinsamen Arbeitszeit, hat gemeinsam Projekte bearbeitet oder hat sich in den unterschiedlichen Zusammenhängen unterstützt.

Die Befragung der Unternehmen zeigte, dass mit dem gegenwärtigen Übergang zu wissensorientierten Produktionsprozessen ein hohes Qualifikationsniveau der Beschäftigten immer bedeutender für das Thema Innovation wird. Durch ein funktionierendes Netzwerk können die Kooperationspartner durch eine Art des „überbetrieblichen Lernens" voneinander profitieren. Die Schlüsselrolle der Qualifizierung bei der Diffusion neuer Technologien und Arbeitsprozesse ist mittlerweile unumstritten.

9.3.2.4 Ressourcenausstattung

Wie gezeigt, sehen Unternehmen sich bei der Thematik der Qualifizierung ihrer Mitarbeitenden einer Vielzahl von Herausforderungen gegenüber. Die zentrale Herausforderung für alle überrascht dabei nicht:

> Das Thema ist Ressourcen (UN 08).

Hierunter sind nicht nur monetäre Ressourcen zu verstehen, vielmehr gelten auch die Personalabteilungen und insbesondere die personelle Ausstattung des Personalentwicklungsbereichs als Engpass. Als Folge hiervon fällt vielen Unternehmen die Koordination der Arbeitszeit mit den Freiräumen für Weiterbildungen schwer. Die Unternehmen sehen die Problematik der Abwesenheit der Mitarbeitenden durch die Teilnahme an Weiterbildung und die damit verbundene Mehrbelastung für KollegInnen oder die Mehrbelastung für den Teilnehmenden selbst nach Abschluss der Weiterbildung, wenn er liegen gebliebenes aufarbeiten muss. Ebenfalls behindert die Freistellung von größeren Gruppen die Teilnahme an einer Qualifizierungsmaßnahme. Teilweise berichten die Unternehmen bereits von organisatorischen Problemen bei eintägigen Seminaren. Viel komplexer wird die Vereinbarkeit von Lernen und Arbeiten, wenn nicht nur die Lehrgangsdauer länger wird, sondern wenn auch ein (Groß-)Teil der Arbeitszeit im Außendienst verbracht wird. Viele Unternehmen erkennen die unternehmensinternen Probleme und sehen die damit verbundenen Doppelbelastungen ihrer Mitarbeitenden. Sie stellen sich immer häufiger die Fragen, wie sie hierfür ein passendes Angebot bereitstellen können.

Im Ergebnis dieser Problematik der Vereinbarkeit von Arbeiten, Lernen und Leben werden von Unternehmerseiten oftmals kleinere Lerneinheiten als Lösung genannt. Jedoch zeigen Untersuchungen, dass „die Wahrnehmung von Beschäftigten im Hinblick auf ihre Work-Learn-Life-Balance sehr unterschiedlich ist und dass sie mit der Betriebszugehörigkeit und der privaten Situation variiert." (Meyer und Müller 2013, S. 27). Gerade durch ihre Entgrenzung greift die berufliche Bildung immer stärker in andere Lebens- und Arbeitszusammenhänge ein und löst sich von den pädagogischen Institutionen mit ihren festen Lernzeiten und -strukturen los. Weiterhin sind Rollenabgrenzungen, Auftragsumfänge und Zeitvorgaben wichtige Faktoren für die Wahrnehmung der Balance zwischen den drei Bereichen. Dies bedeutet, dass bei der betrieblichen Weiterbildung neben den organisationalen Strukturen auch die Verhaltensweisen von Führungskräften und KollegInnen sowie die empfundene Selbstwirksamkeit beachtet werden müssen. In vielen Unternehmen mangelt es jedoch an einer organisationalen Verankerung und Stabilität jener Strukturen und Prozesse, die die Vereinbarkeit von Arbeiten, Lernen und Leben stützen und nachhaltig fördern.

9.4   Fazit und Handlungsansätze

Bildungsmäßig muss hier einiges passieren (UN 21).

Dieses Zitat eines Unternehmers fasst es zusammen: Die aufgezeigten theoretischen Entwicklungen und praktischen Herausforderungen in den Betrieben verlangen nach grundsätzlich modifizierten Strukturen in der beruflichen Bildung. Jedoch können Unternehmen und Betriebe die umfangreichen Bildungsaufgaben nicht allein und intern lösen, sie brauchen vielmehr externe Bildungsinstitutionen sowie die Bildungspolitik als Partner.

Die Bedeutung des Themas Wissen und Qualifikation für den Innovationsprozess und damit auch für den unternehmerischen Erfolg ist von den Unternehmen hinreichend erkannt. Qualifikationsengpässe können weiterhin das wirtschaftliche Wachstum behindern, weshalb die Modernisierung der alten Bildungsstrukturen auch eine politische Hauptaufgabe ist. Die demografische Entwicklung ist zwar kurz- und mittelfristig nicht steuerbar, aber bei den qualitativen Aspekten der Qualifizierung besteht in vielfältiger Weise die Möglichkeit, einzugreifen und zu formen. Wie gezeigt wurde, müssen Bildungsangebote bspw. inhaltlich und zeitlich derart gestaltet sein, dass die Arbeitnehmenden und Unternehmen kontinuierliche, passende und nutzenstiftende Strukturen erkennen können, deren Verwertbarkeit auf individueller bzw. unternehmerischer Seite sichergestellt ist. Zusammenfassend stellen sich die Bedürfnisse der Unternehmen an die berufliche Bildung wie folgt dar:

- flexible Gestaltung des Qualifizierungsprozesses in Bezug auf Lernort, Lernzeiten, Lerndauer und Lerninhalte
- praxisnaher Aufbau der Lerninhalte durch Animation, Visualisierung und Simulation
- Bereitstellung umfangreicher Wissensressourcen „on-demand" für das selbstgesteuerte Lernen und eine lernfreundliche Infrastruktur
- kostengünstige Aktualisierung und Produktion von passenden, individuellen Lerninhalten
- Integration der Qualifizierung in den Arbeitsprozess

Die Digitalisierung der Bildung ist eine Entwicklung, die bereits Veränderungen in allen Bereichen des Lernens angestoßen hat. Sie bietet auch die Möglichkeit, die Anforderungen der Wirtschaft an die berufliche Bildung zu erfüllen. Auch wenn dies in vielen Bildungsinstitutionen noch kritisch betrachtet wird, verändert E-Learning seit nunmehr über 25 Jahren das Lernen in Unternehmen. So haben sich, wie viele Unternehmensbeispiele zeigen, für die Basisqualifizierung und den Wissensaufbau E-Learning-Arrangements bewährt.

Den stärksten Bedeutungszuwachs in diesem Zusammenhang erfährt hierbei das Format des Blended Learnings, welches die Vorteile des Online- sowie Präsenzlernens kombiniert und miteinander verbindet und dadurch die strukturellen Nachteile eines reinen E-Learning-Arrangements ausgleicht. Mittlerweile schätzen 96 % der befragten

Bildungsexperten dieses Lehrformat als die wichtigste Entwicklung in der betrieblichen Bildung ein (vgl. mmb Institut 2017).

Mit dem Einzug der digitalen Ansätze in der betrieblichen Bildung ist ein Wechsel zu beobachten, der vom fremdgesteuerten Lernen zur eigenverantwortlichen Qualifizierung der Mitarbeitenden führt. Beim Lernen in Arbeitsprozessen mithilfe digitaler Lernkomponenten übernimmt der Lernende selbst die Verantwortung für die Lernprozesse und erweitert so die klassischen Wissensziele um die Kompetenzen der Schlüsselqualifikationen. Das Auf-Vorrat-Lernen weicht zudem der Qualifizierung-on-Demand. Ein so strukturiertes Arrangement lässt sowohl dem Unternehmen als auch dem Beschäftigten mehr Gestaltungsmöglichkeiten als in formalen Bildungsangeboten.

Es liegt nun an den Bildungsinstitutionen und bei den Verantwortlichen der Bildungspolitik, die gemachten Erfahrungen der Unternehmen im Bereich der Mitarbeitendenqualifizierung zu nutzen und die berufliche Bildung in all ihren Facetten für das 21. Jahrhundert zu gestalten.

Literatur

Bathelt, H., & Glückler, J. (2002). *Wirtschaftsgeographie: Ökonomische Beziehungen in räumlicher Perspektive*. Stuttgart: Ulmer.

Becker, G. S. (1964). *Human capital: A theoretical and empirical analysis, with special reference to education*. University of Illinois Urbana-Champaign: Urbana-Champaign.

Bellmann, L., & Leber, U. (2017). *Bildungsökonomik*. Oldenbourg: De Gruyter.

Bünstorf, G., Fritsch, M., & Medrano, L. F. (2012). Regionales Wissen und die räumliche Evolution der westdeutschen Lasersystembranche. *Zeitschrift für Wirtschaftsgeographie, 56*(3), 147–167.

Deutscher Bundestag. (1993). *Bericht der Bundesregierung zur Zukunftssicherung des Standortes Deutschland*, Drucksache 12/5620, Bonn.

Döring, T., & Aigner, B. (2010). Standortwettbewerb, unternehmerische Standortentscheidungen und lokale Wirtschaftsförderung – Zum Stand der theoretischen und empirischen Forschung aus ökonomischer Sicht. In T. Korn, G. van der Beek, & E. Fischer (Hrsg.), *Aktuelle Herausforderungen in der Wirtschaftsförderung. Chancen und Perspektiven in einer sich wandelnden Welt* (S. 13–49). Lohmar: Eul-Verlag.

Florida, R. (2002). *The rise of the creative class*. New York: Basic Books.

Franz, W. (2006). *Arbeitsmarktökonomik* (6. Aufl.). Berlin: Springer.

Friesenbichler, K. (2015). Wirtschaftspolitische Ansätze zur Forcierung des Breitbandausbaus. In J. Lempp, G. van der Beek, & T. Korn (Hrsg.), *Aktuelle Herausforderungen der Wirtschaftsförderung. Konzepte für eine positive regionale Entwicklung in Deutschland* (S. 93–102). Wiesbaden: Gabler.

Gabler Wirtschaftslexikon. (2004). *Stichwort: Qualifikation* (S. 2463). Wiesbaden: Gabler.

Gabler Wirtschaftslexikon. (2018). Stichwort: Wissen. http://wirtschaftslexikon.gabler.de/Archiv/75634/wissen-v5.html. Zugegriffen: 3. Okt. 2018.

Hotz-Hart, B., Reuter, A., & Vock, P. (2001). *Innovationen: Wirtschaft und Politik im globalen Wettbewerb*. Berlin: Peter Lang.

Klafki, W. (2007). *Neue Studien zur Bildungstheorie und Didaktik: Zeitgemäße Allgemeinbildung und kritisch-konstruktive Didaktik* (6. Aufl). Weinheim: Beltz.

Korn, T. (2014). Eine bildungspolitische Analyse des Fachkräftemangels. *Political Science Applied. Zeitschrift für angewandte Politikwissenschaft, 2014*(4), 11–14. http://www.psca.eu/uploads/MleCMS/PSCA%20Heft%204_Fachkr%C3%A4ftemangel%20und%20Fachkr%C3%A4ftesicherung.pdf. Zugegriffen: 3. Okt. 2018.

Koschatzky, K. (2001). *Räumliche Aspekte im Innovationsprozess. Ein Beitrag zur neuen Wirtschaftsgeographie aus Sicht der regionalen Innovationsforschung.* Münster: Lit.

Kösters, W. (1994). Neue Wachstumstheorie und neue Außenhandelstheorie. Frische Argumente für eine staatliche Industriepolitik? *Wirtschaftliches Studium, 23*(3), 117–122.

Lang, A. (1999). Innovation durch Know-how-Transfer zwischen KMU auf der Basis von virtuellen Unternehmen. In T. Claus, D. Meißner, & I. Steinmeier (Hrsg.), *Innovationsmanagement* (S. 301–310). Berlin: Springer.

Mayring, P. (2000). *Qualitative Inhaltsanalyse. Grundlagen und Techniken* (7. Aufl.). Weinheim: Deutscher Studien.

Meyer, R., & Müller, J. (2013). Work-Learn-Life-Balance in der wissensintensiven Arbeit. *Berufsbildung in Wissenschaft und Praxis, 42*(1), 23–27.

Mildahn, B., & Schiller, D. (2006). Barrieren für den Wissenstransfer zwischen Universitäten und Unternehmen in Schwellenländern. Eine Analyse des regionalen Innovationssystems Bangkok. *Zeitschrift für Wirtschaftsgeographie, 50*(1), 31–43.

Mincer, J. (1962). On-the-job training: Costs, returns, and some implications. *Journal of Political Economy, 70*(5), 50–79.

mmb Institut. (2017). Weiterbildung und Digitales Lernen heute und in drei Jahren. Corporate Learning wird zum Cyber-Learning. Ergebnisse der 11. Trendstudie „mmb Learning Delphi". http://www.mmb-institut.de/mmb-monitor/trendmonitor/mmb-Trendmonitor_2017_I.pdf. Zugegriffen: 3. Okt. 2018.

Nuissl, H. (2000). Weiterbildung und „regionale Lernprozesse". *Raumforschung und Raumordnung, 58*(6), 467–476.

OECD. (1996). *Measuring what people know, human capital accounting for the knowledge economy.* Paris: OECD Publishing.

OECD. (2015). *All on board: Making inclusive growth happen.* Paris: OECD Publishing. http://dx.doi.org/10.1787/9789264218512-en Zugegriffen: 3. Okt. 2018.

Osterloh, M., & Frost, J. (2004). Wissensmanagement. *Gabler Wirtschaftslexikon* (S. 3398–3399). Wiesbaden: Gabler.

Pechar, H. (2016). *Bildung im Spannungsfeld von Ökonomie und Politik.* Münster: Waxmann.

Rasch, J. (2012). Berufsorientierung als wirtschaftlicher Standortfaktor. Eine Maßnahme als „endogene" Wirtschaftsförderung. *Standort, 36*(1), 25–30.

Reichert-Schick, A. (2015). Infrastruktur im ländlichen Raum. In J. Lempp, G. van der Beek, & T. Korn (Hrsg.), *Aktuelle Herausforderungen der Wirtschaftsförderung. Konzepte für eine positive regionale Entwicklung in Deutschland* (S. 75–86). Wiesbaden: Gabler.

Revilla Diez, J. (2002). *Betrieblicher Innovationserfolg und räumliche Nähe – Zur Bedeutung innovativer Kooperationsverflechtungen in metropolitanen Verdichtungsregionen, die Beispiele Barcelona, Stockholm und Wien.* Münster: Lit.

Romer, P. (1986). Increasing returns and long-run growth. *Journal of Political Economy, 94*, 1002–1037.

Romer, P. (1990). Endogenous technological. *Journal of Political Economy, 98*, 71–102.

Schelten, A. (2009). *Begriffe und Konzepte der berufspädagogischen Fachsprache. Eine Auswahl* (2. Aufl.). Stuttgart: Franz Steiner.

Schelten, A. (2010). *Einführung in die Berufspädagogik* (4. Aufl.). Stuttgart: Franz Steiner.

Schultz, T. W. (1963). *The economic value of education.* New York: Wiley.

Simon, H. (2012). *Hidden Champions – Aufbruch nach Globalia.* Frankfurt a. M.: Campus.

Statistisches Bundesamt. (2017). Bildungsausgaben. Budget für Bildung, Forschung und Wissenschaft 2014/2015. https://www.destatis.de/DE/Publikationen/Thematisch/BildungForschungKultur/Bildung KulturFinanzen/BildungsausgabenPDF_5217108.pdf;jsessionid=21865057BFAB8E-2D7880E865CF8FE0E2.cae1?__blob=publicationFile. Zugegriffen: 3. Okt. 2018.

Statistisches Landesamt Rheinland-Pfalz. (2016). *Statistisches Jahrbuch.* Bad Ems: Statistisches Landesamt Rheinland-Pfalz.

Stenke, G. (2002). Großunternehmen in innovativen Milieus: Das Beispiel Siemens, München. In E. Gläßer, R. Sternberg, & G. Voppel (Hrsg.), *Kölner Forschungen zur Wirtschafts- und Sozialgeographie* (Bd. 54). Köln: Wirtschafts- und Sozialgeographische Institut der Universität Köln.

Sternberg, R. (2001). New Economic Geography und Neue regionale Wachstumstheorie aus wirtschaftsgeographische Sicht. *Zeitschrift für Wirtschaftsgeographie, 45*(3–4), 159–180.

Van der Beek, G., & Korn, T. (2008a). Kommunale Wirtschaftsförderung – Schnittstelle wirtschaftlicher und kommunaler Interessen. In D. Brodel (Hrsg.), *Handbuch Kommunales Management.* Wien: LexisNexis.

Van der Beek, G., & Korn, T. (2008b). Regionale Wirtschaftsförderung. *WISU, 37*(2), 198–202.

Wilkens, A. (2018). Arbeitgeber beklagen Fachkräftemangel: Gut 300.000 Fachleute sollen fehlen. https://www.heise.de/newsticker/meldung/Arbeitgeber-beklagen-Fachkraeftemangel-Gut-300-000-Fachleute-sollen-fehlen-4049225.html. Zugegriffen: 28. Nov. 2018.

Wößmann, L. (2014). The Economic Case for Education, EENEE Analytical Report No. 20. http://www.eenee.de/dms/EENEE/Analytical_Reports/EENEE_AR20.pdf. Zugegriffen: 3. Okt. 2018.

Thorsten Korn (M. A.) leitet in der IHK-Akademie Koblenz e. V. die kaufmännische Weiterbildung sowie die Führungskräfteentwicklung. Als Geschäftsbereichsleiter liegt sein Schwerpunkt in der strategischen Weiterentwicklung des Produktportfolios und Steuerung des operativen Geschäfts. Weiterhin lehrt und forscht er an der Universität Koblenz-Landau zu den Themen Umweltökonomie und wirtschaftliche Entwicklung ländlicher Regionen.

Digitalisierung und soziale Medien im Handwerk: Ergebnisse einer Studie im Bereich Heizungs-, Sanitär- und Klimatechnik

10

Matthias Bertram und Mario Schaarschmidt

Inhaltsverzeichnis

▶ Digitalisierung durchdringt immer mehr Lebensbereiche und macht auch vor eher traditionellen Branchen nicht halt. Der vorliegende Beitrag skizziert die Herausforderungen von Digitalisierung und Nutzung sozialer Medien am Beispiel des Handwerks, insbesondere der Sanitär-, Heizungs- und Klimatechnikbranche. Das Handwerk ist insofern eine spannende Branche für das Thema Digitalisierung, als eingesetzte Technologien schon stark von Digitalisierung durchdrungen sind (zum Beispiel Smart Metering), die Kommunikation mit Mitarbeitenden und KundInnen jedoch überwiegend nicht-digital

M. Bertram
Provadis School of International Management and Technology AG, Frankfurt a. M.,
Deutschland
E-Mail: matthias.bertram@provadis-hochschule.de

M. Schaarschmidt (✉)
Institut für Management, Universität Koblenz-Landau, Koblenz, Deutschland
E-Mail: mario.schaarschmidt@uni-koblenz.de

© Springer Fachmedien Wiesbaden GmbH, ein Teil von Springer Nature 2019
M. Schaarschmidt et al. (Hrsg.), *Online-Reputationskompetenz von Mitarbeitern*,
https://doi.org/10.1007/978-3-658-25487-2_10

stattfindet. Die Autoren analysieren zunächst, wie die Webangebote von Firmen der Branche typischerweise aussehen. Danach analysieren sie die in einer Umfrage gegebenen Antworten von mehr als 100 Handwerksbetrieben zu ihrer Nutzung sozialer Medien.

10.1 Einleitung

Die Bedeutung der Digitalisierung für die deutsche Wirtschaft ist unbestritten (vgl. Schröder et al. 2015). Neben der gestiegenen Bedeutung in den Medien insgesamt ist es vor allem die Transformation von klassischen hin zu auf Digitalisierung beruhenden Geschäftsmodellen, welche die Digitalisierung als gesellschaftlichen Trend beflügelt. Die Digitalisierung wird heutzutage meist mit industrieller Fertigung in Verbindung gebracht (vgl. Schaarschmidt und Höber 2017). Durch die Fokussierung auf die digitalisierte industrielle Fertigung hat sich der Begriff der „Industrie 4.0" etabliert, ein Begriff, den auch die Bundesregierung für ihr aktuelles Forschungsprogramm nutzt. In der Praxis existiert bereits eine Reihe von Leuchtturmprojekten, welche die Digitalisierung in den genannten Bereichen illustrieren. Beispielsweise hat die ABB AG, ein Anbieter technologiebasierter Lösungen im Energiemarkt, ein „Remote Monitoring System" zur Zustandsüberwachung und Diagnose von Robotersystemen entwickelt und so unter anderem einen 24/7-Betrieb sowie, durch die Früherkennung von Fehlern und Ausfällen, prädikative Wartungskonzepte ermöglicht (vgl. Plattform Industrie 4.0 2018a). Ein anderes Beispiel stellt die T-Systems International GmbH dar, welche mit ihrer „Condition Monitoring & Tracking"-Lösung Sensordaten über den Zustand von Objekten erfasst und diese zentral abspeichert. Ähnlich wie im Falle von ABBs „Remote Monitoring System" visualisiert das System die Daten und definiert darauf basierend Schwellwerte und Alarme. Auf der Grundlage der so neu gewonnenen Daten sollen zukünftig völlig neue Geschäftsmodelle entwickelt werden, die es den KundInnen der T-Systems erlauben, vom Produkt-zum Service-Anbieter zu werden (vgl. Baines et al. 2009; Kowalkowski et al. 2017).

Die Digitalisierung ist aber nicht nur für die Industrie oder die Dienstleistungsbranche von hoher Bedeutung, auch wenn dies die dominante Sichtweise in der aktuellen Debatte ist (vgl. Schaarschmidt und Höber 2017). Auch und gerade für traditionell eher in kleineren und mittleren Betrieben organisierte Handwerker spielt die Umstellung von der analogen auf eine digitale Welt eine immer größere Rolle. Dies betrifft sowohl eingesetzte Technologien (zum Beispiel neue Sensorik, energieeffiziente Wärmegewinnung) als auch den Umgang mit Mitarbeitenden und KundInnen.

Handwerksbetriebe betreiben heutzutage Webseiten und soziale Medien zur Ansprache von KundInnen und zwecks Anbahnung neuer Aufträge. Sie nutzen elektronische Handelsplattformen für die Beschaffung ihrer Betriebsmittel und Waren und sie tauschen Buchhaltungsdaten mit ihren Steuerberatern und Finanzämtern über elektronische Schnittstellen aus (vgl. Gulati und Mathur 2017). Oder, wie Holger Schwannecke, Generalsekretär des Zentralverbands des Deutschen Handwerks (ZDH), im Gespräch mit der Deutschen Presse-Agentur kurz vor Beginn der Internationalen Handwerksmesse in München berichtete:

„Digitalisierung steckt mittlerweile in einem Großteil der Leistungen des Handwerks."
(Heise online 2017).

Obwohl bereits ein Viertel der Handwerksbetriebe konsequent digitale Technologien
wie Sensortechniken zur Wartung, 3-D-Drucker oder Internet-Clouds zur Datenspeicherung
nutzt und mehr als die Hälfte spezielle Software zur Pflege von KundInnendaten und
Abwesenheiten von Mitarbeitenden einsetzt, gibt es gerade im Handwerk große Vorbehalte
gegenüber der Digitalisierung. So gibt mehr als die Hälfte der Befragten in einer von Bitkom beauftragten Studie an, dass die Digitalisierung für ihren Betrieb eine große Herausforderung darstellt (vgl. Bitkom 2017). Rund ein Viertel gibt sogar an, dass sie die Existenz
des eigenen Betriebes durch Entwicklungen der Digitalisierung gefährdet sieht.

▶ **Handwerk: Definition** Das Handwerk ist ein Berufsstand und eine Organisationsform
der gewerblichen Wirtschaft. Die handwerkliche Tätigkeit, die von der industriellen
Massenproduktion abzugrenzen ist, ist eine selbstständige Erwerbstätigkeit auf dem
Gebiet der Be- und Verarbeitung von Stoffen sowie im Reparatur- und Dienstleistungs-
bereich. Der Handwerks-Meister ist Arbeiter, Kapitalgeber und Unternehmer in einer Person, der i. d. R. auf Bestellung für einen weitgehend lokalen bzw. regionalen Absatzmarkt
produziert. Dazu bedient er sich der überwiegenden Hilfe von Handwerks-Gesellen und
Auszubildenden des gleichen Gewerbezweigs (Gabler Wirtschaftslexikon 2018).

Betrachtet man die wissenschaftliche Literatur zum Thema Digitalisierung, so wiederholt sich das eben gezeichnete Bild einer Konzentration auf Dienstleistung und Industrie.
Wissenschaftliche Studien, die sich speziell auf Handwerksunternehmen konzentrieren,
existieren dagegen kaum. Die wenigen Beispiele umfassen primär anwendungsorientierte
Forschung im Rahmen geförderter Forschungsprojekte wie beispielsweise In-K-Ha
(digitales Kompetenzmanagement in klassischen Handwerksberufen), ein Projekt, das
die Digitalisierung des Kompetenzmanagements zum Ziel hat. Hier ist in der aktuellen
wissenschaftlichen Diskussion daher eine Lücke in Bezug auf Handwerksbetriebe als
Forschungsgegenstand im Kontext der Digitalisierung zu konstatieren. Der vorliegende
Beitrag soll helfen, jene Lücke in Teilbereichen zu schließen. Unter den beschriebenen
Voraussetzungen untersucht der Beitrag insbesondere die folgenden Fragestellungen:

1. Wie weit sind Handwerksbetriebe bereits heute digitalisiert und welche Bedeutung
   messen sie einer fortschreitenden Digitalisierung zu?
2. Da davon auszugehen ist, dass gerade kleine Handwerksbetriebe nur begrenzt über
   Mittel verfügen, sich die Digitalisierung „im großen Stil" zu erschließen, stellt sich
   die Frage: Inwieweit nutzen sie bereits vorhandene Potenziale wie soziale Medien,
   Webseiten und Bieterportale?

Zur Beantwortung dieser Fragen baut der vorliegende Beitrag auf zwei separaten Studien unter Handwerksbetrieben in Westdeutschland auf, die im Sanitär-, Heizungs- und
Klimatechnik-(SHK-)Bereich aktiv sind. Die erste Studie basiert im Kern auf einer

WebQual-Analyse (vgl. Loiacono und Deshpande 2014), einer Methode zur Bewertung der Qualität von Webseiten. WebQual betrachtet dabei eine Zusammenführung von Aspekten, die sich in Bezug auf Webseiten als wichtig erwiesen haben, wie beispielsweise visueller Anklang, einfache Interaktion und Benutzerführung sowie Informationsgehalt. Die zweite Studie ist eine quantitative Untersuchung in Handwerksbetrieben, in der untersucht wird, wie stark Informations- und Kommunikationstechnologien sowie soziale Medien aktuell von SHK-Betrieben genutzt werden und welchen Stellenwert Digitalisierung insgesamt in der Branche hat.

Dieser Einleitung folgend stellt der vorliegende Beitrag zuerst die Grundlagen der Digitalisierung sowie die grundlegende Struktur von Handwerksbetrieben im Vergleich zu anderen kleineren oder mittleren Unternehmen dar (Abschn. 10.2). Besondere Bedeutung haben hier die sozialen Medien als eine das Handwerk durchdringende Technologie. Abschn. 10.3.1 beschreibt das Vorgehen der WebQual-Analyse sowie den Aufbau und die Durchführung der Umfrage unter Handwerksbetrieben. In Abschn. 10.3.2 werden die Ergebnisse der vorangegangenen Analyse dargestellt und diskutiert. Abschn. 10.4 greift die zentralen Ergebnisse vor dem Hintergrund der Fragestellung auf und präsentiert Empfehlungen für das Management von Handwerksbetrieben und für Entscheidungsträger in öffentlichen Positionen. In seiner Gesamtheit stellt dieser Artikel somit eine Bestandsaufnahme zu Digitalisierung und Social Media in Handwerksbetrieben dar und ermöglicht einen kritischen Diskurs zur zukünftigen Ausgestaltung der Digitalisierung in einer von Tradition geprägten Branche.

10.2   Digitalisierung und soziale Medien im Handwerk

10.2.1 Digitalisierung

Allgemein beschreibt der Begriff der Digitalisierung einen Übergang aus einer analogen in eine digitale Welt. Hierzu gehören gemäß Gablers Wirtschaftslexikon die digitale Umwandlung und Darstellung von Informationen ebenso wie die digitale Durchführung von Kommunikation oder die digitale Modifikation von Instrumenten, Geräten und Fahrzeugen (vgl. Bendel 2018). In der Politik wird der Begriff der Digitalisierung aktuell insbesondere unter den Schlagworten der digitalen Transformation beziehungsweise Industrie 4.0 diskutiert. Während der Begriff der digitalen Transformation den digitalen Wandel einer gesamten Gesellschaft und insbesondere der in ihr vorhandenen Unternehmen beschreibt, fokussiert der Begriff „Industrie 4.0" auf eben diese Digitalisierung in der industriellen Produktion (vgl. Plattform Industrie 4.0 2018b). Neben dieser eher allgemeineren Interpretation werden unter dem Begriff der digitalen Geschäftstransformation (Digital Business Transformation) die langfristigen Veränderungen in Strategie, Struktur, Kultur und Prozessen von Unternehmen beschrieben, die auf den Potenzialen und Möglichkeiten digitaler Technologien und der Erschließung neuer Geschäftsmöglichkeiten aufbauen (vgl. Matt et al. 2015).

Wie eingangs bemerkt, thematisiert der Diskurs zu Digitalisierung vorwiegend Schlüsseltechnologien in für den Wirtschaftsstandort Deutschland wichtigen Branchen wie Automobilherstellung und Industrie allgemein. Doch auch in eher traditionelle, von Handarbeit geprägte Branchen hält das Phänomen Digitalisierung mehr und mehr Einzug. Das „Handwerk" lässt sich ganz allgemein als ein sehr heterogener und lokal agierender Wirtschaftsbereich beschreiben. Mit Blick auf das Tätigkeitsfeld reichen die Varianten von industrienahen Zulieferbetrieben bis hin zu konsumentennahen Handwerksbetrieben. Die Verteilung der Betriebe auf die Handwerksgruppen ist gemäß den Zahlen des Zentralverbands des deutschen Handwerks (2017) wie folgt: 38,4 % der Betriebe im Bereich Ausbaugewerbe, 24,2 % im Bereich persönliche Dienstleistungen, 12,8 % im Bereich Gewerbe für den gewerblichen Bedarf, 11,4 % im Bauhauptgewerbe, 7,2 % im Bereich Kraftfahrzeuggewerbe, 3,4 % im Nahrungsmittelgewerbe und 2,6 % im Gesundheitsgewerbe (vgl. Zentralverband des deutschen Handwerks 2017) (siehe Abb. 10.1). Insgesamt beschäftigte das deutsche Handwerk im Jahr 2017 in 999.954 Betrieben gut 5,49 Mio. Menschen, was gut 12 % aller Erwerbstätigen in Deutschland ausmacht (vgl. Destatis 2018). Dabei arbeiteten gemäß dem Zentralverband des deutschen Handwerks (2017) im Jahr 2015 2,2 % der Beschäftigten in Handwerksbetrieben mit mehr als 50 Mitarbeitenden, 5,7 % in Betrieben mit 20 bis 49 Mitarbeitenden, 11,6 % in Betrieben mit zehn bis 19 Mitarbeitenden und 21,6 % der Menschen in Betrieben mit fünf bis neun Mitarbeitenden. Die größte Gruppe stellen die Betriebe mit weniger als fünf Mitarbeitenden, die 59 % der Menschen im Handwerk beschäftigen.

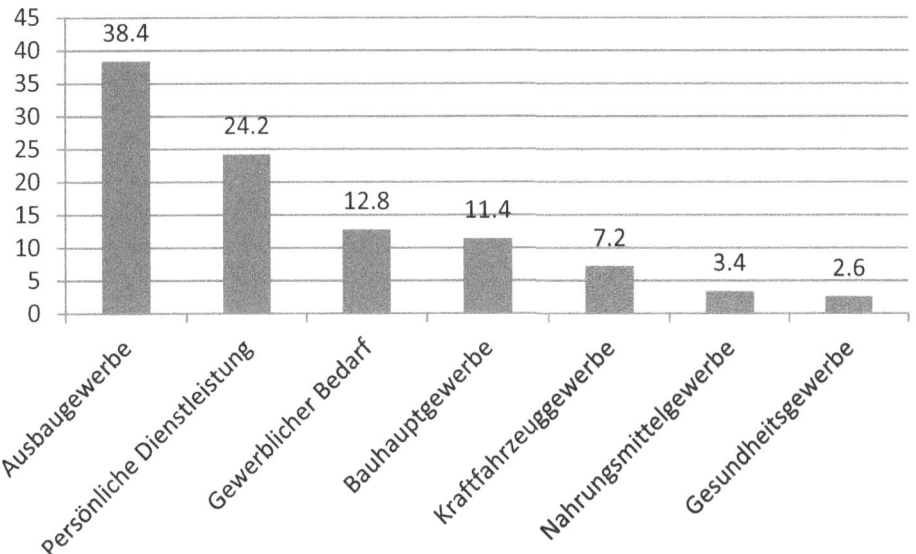

Abb. 10.1 Verteilung der Betriebe auf die Handwerksgruppen. (Quelle: In Anlehnung an Zentralverband des deutschen Handwerks 2017)

Aufgrund ihrer Größe und Struktur sind Handwerksbetriebe im Allgemeinen auf regionalen Arbeits- und Absatzmärkten vertreten. Hierin liegt auch die große wirtschaftliche Bedeutung des Handwerks. Gerade in strukturschwächeren Regionen stellen Handwerksbetriebe sowohl für Unternehmen als auch für Privatpersonen einen wichtigen Standortfaktor dar.

Obwohl „Digitalisierung" meist mit klassischen Dienstleistungsbranchen (zum Beispiel Handel) oder der Industrie in Verbindung gebracht wird, ist auch die traditionelle Handwerksbranche von deren Auswirkungen betroffen (vgl. Hammermann und Klös 2016; Lorig 2015). Damit das deutsche Handwerk für die Herausforderungen der Digitalisierung bestmöglich gewappnet ist, sieht der ZDH in seiner „Digitalen Agenda des Handwerks" folgende Handlungsbedarfe (vgl. Zentralverband des deutschen Handwerks 2016):

1. Der Digitalisierungsprozess gerade im mittelständischen Handwerk geht weit über das hinaus, was in der Politik als „Industrie 4.0" beschrieben wird;
2. das Handwerk ist auf einen flächendeckenden Breitbandausbau und Netzneutralität angewiesen;
3. es müssen faire Wettbewerbsbedingungen für Datennutzung und Datenschutz sowie der für die Plattformökonomie geltenden arbeits-, sozialversicherungs- und verbraucherschutzrechtlichen Regelungen vorliegen;
4. die für die Digitalisierung erforderlichen Kompetenzen müssen in die Fortentwicklung der Ausbildungsordnungen und Fortbildungsregelungen einfließen; und
5. schließlich müssen Fragen der Finanzierung der betrieblichen Digitalisierung mit Blick auf die Digitalisierung staatlicher Verwaltung und Fortentwicklung angegangen werden.

Viele Initiativen haben erste Konzepte bereits umgesetzt. Das Kompetenzzentrum Handwerk (https://handwerkdigital.de/), ein Zusammenschluss aus dem Zentralverband des deutschen Handwerks, einigen Handwerkskammern und weiteren Instituten, zeigt beispielsweise durch sogenannte Schaufenster, was heute bereits an Digitalisierung im Handwerk realisiert wird. Diese Initiativen und Vorzeigeprojekte sind wichtig, um die Innovationskraft des Handwerks auch in einer industrienahen Gesellschaft zu betonen. Inwieweit durchschnittliche Betriebe jedoch schon über ein solches Maß an Digitalisierung verfügen, bleibt unklar.

10.2.2 Einsatz sozialer Medien im Handwerk

Soziale Medien vernetzen Menschen technologisch miteinander. Diese Vernetzung kann die digitale Abbildung von realen Freundeskreisen betreffen, aber auch einander bisher Unbekannte miteinander vernetzen. Prominente Beispiele sind soziale Netzwerke wie Facebook, sogenannte Messenger-Dienste wie Twitter oder Snapchat, aber auch Bewertungsportale wie beispielsweise Tripadvisor (Reisen) oder Kununu (Arbeitgeber).

Alle diese Formen bergen für kleine Betriebe Risiken, aber auch enorme Chancen (vgl. Fredriksen und Runst 2016). Ein Risiko liegt beispielsweise darin, dass KundInnen auf Bewertungsportalen Produkte und Dienstleistungen von Handwerksbetrieben bewerten. Wenn diese aber jene Medien selbst nicht aktiv nutzen, haben sie oft gar keine Kenntnis von den Bewertungen- und können somit auch nicht gegensteuern. Ein weiteres Risiko besteht darin, dass es oftmals „keinen Weg zurück gibt", wenn einmal soziale Medien beispielsweise für die KundInnenansprache genutzt wurden. Konkret bedeutet das, dass ein Kunde, der sich einmal an eine Form der Ansprache gewöhnt hat, ungern zu anderen Formen zurück möchte. All dies stellt Betriebe mit kleiner Mitarbeitendenzahl vor enorme Herausforderungen.

Dem gegenüber stehen allerdings auch enorme Potenziale. Nicht allein, dass durch soziale Medien KundInnen sehr viel spezifischer angesprochen werden können, beispielsweise durch gezielte Facebook-Werbung. Soziale Medien können auch bei der Anwerbung von Mitarbeitenden unterstützen. Die meisten Branchen leiden unter einem ausgeprägten Fachkräftemangel. Innovative Formen der Ansprache potenzieller Bewerbenden, beispielsweise über soziale Medien, scheinen hier insbesondere bei jüngeren ArbeitnehmerInnen sinnvolle Ergänzungen klassischer Zeitungsannoncen zu sein (vgl. Jäger 2018; Kärcher 2017). Insbesondere die Gruppe der Auszubildenden nutzt in der Regel soziale Medien für vielfältige Aufgaben. Diese Gruppe sucht nicht mehr in Zeitungsanzeigen nach Stellenangeboten, sondern zu einem hohen Prozentsatz online. Daher sind insbesondere große Firmen in sozialen Medien aktiv. REWE beispielsweise wirbt auf Snapchat und Facebook um Nachwuchs (vgl. Zimmermann 2016). Will das Handwerk seine Wettbewerbsfähigkeit nicht verlieren, bleibt also nur der Weg, soziale Medien für sich zu entdecken.

Laut dem Handwerk-Magazin (2018) nutzen etwa ein Drittel der Kleinbetriebe soziale Medien für die KundInnenansprache. Zahlen zur Ansprache potenzieller Bewerbenden sind den Autoren nicht bekannt. Der vorliegende Beitrag versucht zu erfassen, auf welche Art und Weise soziale Medien von Handwerksbetrieben genutzt werden und daraus entsprechende Handlungsempfehlungen abzuleiten.

10.3 Methodisches Vorgehen

10.3.1 Datensammlung

Die Einleitung zeigt, dass die Digitalisierung von traditionellen Märkten ein Thema ist, dem sich Handwerksbetriebe branchenübergreifend vermehrt annehmen müssen. Dazu gehören insbesondere auch soziale Medien, um mit KundInnen, mit den eigenen Mitarbeitenden sowie potenziellen BewerberInnen in Kontakt zu bleiben.

Im Rahmen der hier vorgestellten Untersuchung wird betrachtet, wie stark Informations- und Kommunikationstechnologien und insbesondere soziale Medien aktuell von Handwerksbetrieben im Bereich Sanitär-, Heizungs-, und Klimatechnik genutzt werden, und welchen

Stellenwert die Digitalisierung in der Branche insgesamt hat. Hierzu wurden zwei aufeinander aufbauende Studien durchgeführt. Zuerst wurden zufällig ausgewählte Webseiten von Handwerksbetrieben einer Großregion in Westdeutschland untersucht und als Indikator für eine vorhandene Digitalisierung analysiert. Ziel war es, mehr zu erfahren über die Ausgestaltung und Qualität der von Handwerksbetrieben genutzten Webseiten, die immer noch einen der wichtigsten Kommunikationskanäle in der Branche darstellen. Darauf aufbauend wurde eine Fragebogenstudie mit Blick auf die Chancen und Risiken der Digitalisierung im Handwerk durchgeführt (Abb. 10.2). Ziel war hier, die Einschätzungen aktueller und zukünftiger Nutzung digitaler Angebote zu erfassen.

Um die Qualität von Webseiten zu bewerten, gibt es viele Ansätze. Einer der am weitesten verbreiteten Ansätze ist das Messinstrument WebQual – ein Kanon von Fragen zu bestimmten Kategorien einer Webseite. Konkret handelt es sich bei WebQual um eine Methode zur Bewertung von konsumentenorientierten Webseiten. WebQual wurde initial von Barnes und Vidgen (2000) entwickelt und in den folgenden Jahren kontinuierlich weiterentwickelt (vgl. Loiacono et al. 2002, 2007). Frageblöcke umfassen Fragen zu Attraktivität und Innovativität einer Webseite wie auch Fragen zum Informationsgehalt.

Für die Studie wurden die Webseiten von insgesamt 100 zufällig ausgewählten Handwerksbetrieben der SHK-Branche in Westdeutschland betrachtet und anhand der WebQual-Dimensionen bewertet. Hierzu wurden die Dimensionen von WebQual auf diejenigen reduziert, die für den Kontext der Studie von besonderer Bedeutung sind (siehe Abb. 10.3). Um eine systematische Verzerrung durch Personen, die sich in der SHK-Branche auskennen, zu vermeiden, wurden die Webseiten durch unbeteiligte Dritte bewertet. Insgesamt bewerteten drei Studierende jeweils 100 Webseiten mittels einer 5er-Likert-Skala in den jeweiligen Dimensionen ($5 = $„sehr gut", $1 = $„sehr schwach"). Aus den so entstandenen Bewertungen wurde das arithmetische Mittel berechnet. Durch dieses Vorgehen sollte verhindert werden, dass persönliche Vorlieben einzelner Betrachter zu sehr in das Ergebnis einfließen.

Ziel der zweiten Studie war es vorwiegend, einen ersten Überblick zum Stand der Digitalisierung sowie der Nutzung von sozialen Medien in SHK-Handwerksbetrieben zu gewinnen. Konkret sollte mit der Umfrage unter anderem ermittelt werden, welche

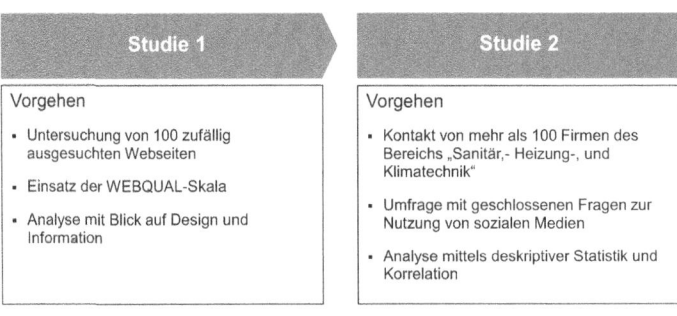

Abb. 10.2 Studienablauf

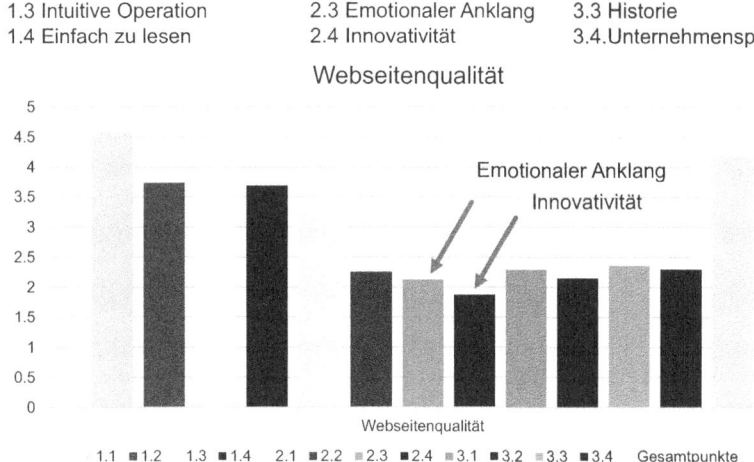

1.1 Leichtigkeit des Verstehens   2.1 Konsistentes Aussehen   3.1 Referenzen
1.2 Winfache Navigation   2.2 Visueller Anklang   3.2 Mitarbeiter sichtbar
1.3 Intuitive Operation   2.3 Emotionaler Anklang   3.3 Historie
1.4 Einfach zu lesen   2.4 Innovativität   3.4.Unternehmensphilosophie

Abb. 10.3   Ergebnisse der WebQual-Analyse

elektronischen Geräte die Betriebsinhaber in ihren Unternehmen einsetzen, inwieweit sie bereits mobile Anwendungen verwenden und ob sie ihre Leistungen auf Online-plattformen anbieten. Zudem wurde gefragt, inwiefern sich die Inhaber schon mit intelligenten beziehungsweise vernetzten Produkten auseinandersetzen, ob und in welcher Form der Internetzugang abgesichert ist und in welchen Feldern sich die Inhaber beim Einsatz von Informations- und Kommunikationstechnologien mehr Unterstützung durch die Handwerksorganisationen wünschen. Darüber hinaus sollten die Betriebe eine persönliche Einschätzung zu der Relevanz von digitalisierten Geschäftsprozessen abgeben. Diese Einschätzungen waren jedoch nicht nur darauf bezogen, inwiefern eine zunehmende Digitalisierung mit dem eigenen Unternehmenserfolg zusammenhängt. Es sollte auch eine persönliche Einschätzung der Wichtigkeit für die Branche insgesamt abgegeben werden.

Umgesetzt wurde die Studie zunächst durch die Erstellung eines Online-Fragebogens. Zwei studentische Hilfskräfte wurden danach geschult, Handwerksbetriebe in einem SHK-Fachverband in Westdeutschland telefonisch zu interviewen und entsprechende Antworten in den Online-Fragebogen einzugeben. Auf diese Weise konnten Antworten von 20 Mitgliedsbetrieben gewonnen werden, bei circa 100 Anrufen. Diese vergleichs-weise geringe Ausschöpfungsquote liegt vor allem daran, dass gerade Inhaber von Hand-werksbetrieben (die Zielgruppe der Umfrage), nur wenig Zeit für Umfragen einräumen können. Zusätzlich wurden daher anschließend noch circa 600 Handwerksbetriebe des Fachverbands per E-Mail kontaktiert und eingeladen, an der Umfrage online teilzu-nehmen. Dieser Vorgang führte zu 90 weiteren Antworten, sodass der Gesamtumfang der Stichprobe bei 110 Handwerksbetrieben lag.

10.3.2 Ergebnisse

Die WebQual-Analyse der 100 zufällig ausgesuchten Webseiten von SHK-Betrieben ergab, dass die Webseiten insbesondere mit Blick auf die Determinanten „Leichtigkeit des Verstehens", „Einfache Navigation", „Intuitive Operation" und „Einfach zu lesen" besonders hoch bewertet wurden. Weniger positiv wurden dagegen die Determinanten „Konsistentes Aussehen", „Visueller Anklang", „Referenzen", „Mitarbeitende sichtbar", „Historie" und „Unternehmensphilosophie" bewertet. Besonders niedrig wurden die untersuchten Seiten bezüglich der Determinanten „Emotionaler Anklang" und „Innovativität" bewertet. Abb. 10.3 zeigt die aggregierten Ergebnisse der WebQual-Analyse.

Die Ergebnisse der Analyse lassen vermuten, dass die Handwerksbetriebe zwar grundsätzlich gute und informative Webauftritte unterhalten, mit Blick auf ihre regionalen Unternehmens- und PrivatkundInnen aber wichtige Facetten der digitalen KundInnenansprache wie „Emotionaler Anklang" und „Innovativität" vermissen lassen. Es kann also festgehalten werden, dass die Potenziale moderner Webseiten in der Breite noch nicht vollends ausgeschöpft werden.

Nach der Analyse der Webseiten wurden die Antworten der 110 Handwerksbetriebe analysiert. Bezogen auf diese Stichprobe gaben 73,6 % der Antwortenden an, dass ihr primärer KundInnenstamm aus PrivatkundInnen bestünde. Lediglich zehn Prozent der Antwortenden nannten gewerbliche KundInnen als ihren primären KundInnenstamm und 7,3 % nannten die öffentliche Hand (9,1 % der Befragten haben dazu keine Angaben gemacht). Bezüglich der Unternehmensgrößen ist festzustellen, dass 12,7 % der Unternehmen zwischen einem und drei Mitarbeitende aufweisen, 15,4 % vier bis fünf Mitarbeitende, 16,4 % zwischen fünf und zehn Mitarbeitende, 22,7 % zwischen elf und 20 Mitarbeitende, 18 % zwischen 21 und 50 Mitarbeitende und lediglich 1,8 % der Unternehmen mehr als 50 Mitarbeitende beschäftigen.

94,5 % der Befragten arbeiten mit einem Computer oder Laptop. Ein Tablet wird von 51,8 % im Büro und von rund 40 % im Außendienst genutzt. 81,8 % haben eine eigene Homepage. In den sozialen Medien, also Facebook, Twitter etc. sind hingegen nur 28,2 % vertreten. Computerunterstützte Maschinen werden von 20 % der Firmen genutzt.

Der Online-Fragebogen beinhaltete außerdem einige Fragen zum Bereich der eigenen Webseite sowie zum Einsatz sozialer Medien. Hier wurde unter anderem gefragt, wie wichtig den Unternehmen die eigene Webpräsenz zur KundInnenakquise sei. Hier wurde zu 41,8 % mit „wichtig" oder „sehr wichtig" geantwortet. Insgesamt scheint also eine große Zahl an SHK-Betrieben die eigene Webseite für weniger wichtig zu halten.

Darauf aufbauend folgte die Frage, ob soziale Medien mit beruflicher Relevanz für das Unternehmen genutzt würden, konkret, ob Plattformen wie Facebook oder Twitter zur KundInnenakquise genutzt würden. Soziale Medien wurden von 16,3 % der partizipierenden Firmen als „wichtig" oder „sehr wichtig" für die KundInnenakquise eingeschätzt. Auf die Frage, wie wichtig soziale Medien innerhalb der nächsten fünf Jahre für das eigene Unternehmen werden würden, beurteilten hingegen 44,5 % der Befragten dies mit „wichtig" oder „sehr wichtig".

Daraufhin wurden Fragen zur Digitalisierung gestellt. Zunächst wurde erfragt, ob die Unternehmen in Zukunft gerne stärker mit ihren Geschäftspartnern digital vernetzt wären, woraufhin 50,9 % „Nein, so wie es ist, ist es gut" geantwortet haben. 35,8 % wählten die Antwortmöglichkeit „Etwas mehr wäre gut" und 12,7 % der Teilnehmer „Ja, gerne viel stärker" (0,8 % machten keine Angabe). Es sollte zudem angegeben werden, ob die Serviceleistungen der Betriebe auf Online-Plattformen angeboten werden. Dies war bei 2,7 % der Betriebe der Fall. Auch zum Thema Digitalisierung sollten die Teilnehmer einschätzen, wie wichtig diese in den nächsten fünf Jahren für die SHK-Branche insgesamt werden wird. 60,9 % wählten die Antwortmöglichkeiten „wichtig" oder „sehr wichtig". Ebenso fielen die Antworten mit 60,9 % für „wichtig" oder „sehr wichtig" auf die Frage aus, wie wichtig Digitalisierung in den nächsten fünf Jahren für die Unternehmen selbst werden wird.

Neben den Ergebnissen, die direkt aus den Fragen des Online-Fragebogens hervorgingen, wurde auch analysiert, welche Rolle der primäre KundInnenstamm für die Beantwortung der Fragen spielt. Hier fällt auf, dass Unternehmen, die primär gewerbliche KundInnen zu ihrem KundInnenstamm zählen, die Frage nach der Wichtigkeit von Digitalisierung für die Branche, aber auch für das eigene Unternehmen signifikant höher einschätzen (Abb. 10.4).

Bei der Prüfung auf eine mögliche Korrelation zwischen dem Alter des Befragten (in den meisten Fällen der Inhaber, die Inhaberin) und der Einschätzung der zukünftigen

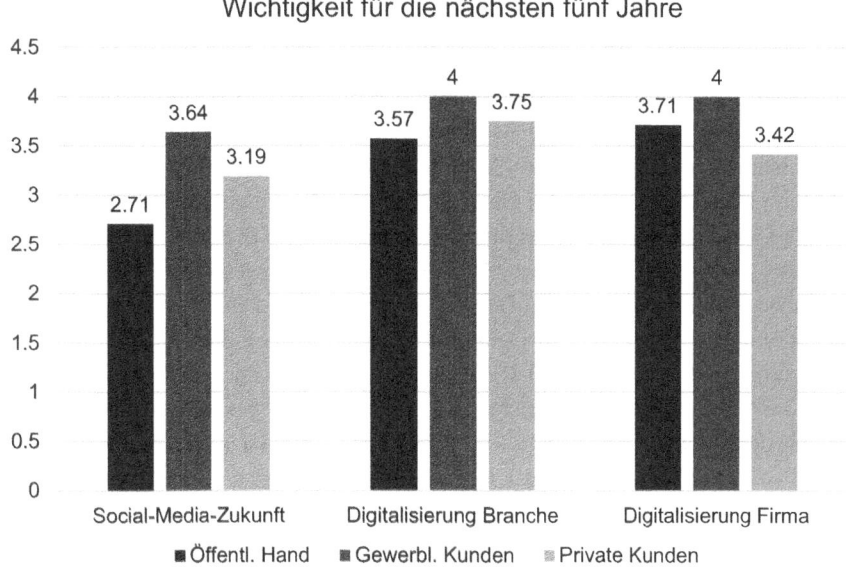

Abb. 10.4 Umfrageergebnisse

Wichtigkeit von sozialen Medien hat sich eine nicht-signifikante Korrelation von r = −0,16 (n. s.) ergeben. Das bedeutet, dass keinesfalls das Alter der Befragten für die vergleichsweise zurückhaltende Einschätzung der Bedeutung sozialer Medien im Handwerk verantwortlich ist.

Zudem wurde getestet, inwiefern ein Zusammenhang zwischen dem Alter und der Einschätzung bezüglich der zukünftigen Wichtigkeit von Digitalisierung für die Branche besteht. Auch hier wurde ein nicht signifikanter Korrelationswert von r = 0,04 (n. s.) berechnet. Ebenfalls wurde geprüft, ob ein Zusammenhang zwischen dem Alter und der Einschätzung bezüglich der zukünftigen Wichtigkeit von Digitalisierung für das eigene Unternehmen besteht. Zu der Frage ergab sich ein Wert von r = −0,10 (n. s.). In der Summe bedeutet das, dass das Alter der Antwortenden keinen Einfluss darauf hat, wie Digitalisierung wahrgenommen und eingeschätzt wird.

Schließlich wurde der Datensatz auf die Rolle der Unternehmensgröße untersucht. Hier wurde ebenfalls getestet, ob eine Korrelation zwischen der Firmengröße und der Einschätzung der Wichtigkeit von sozialen Medien und Digitalisierung besteht. Es ist klar zu erkennen, dass größere Firmen sowohl die Wichtigkeit von sozialen Medien als auch von Digitalisierung für die Branche und das eigene Unternehmen als größer einschätzen als kleinere Unternehmen.

10.4   Fazit und Ausblick

Die Digitalisierung stellt Handwerksbetriebe vor besondere Herausforderungen. Die Gründe hierfür liegen in der Heterogenität dieses spezifischen Wirtschaftsbereichs, insbesondere mit Blick auf Tätigkeitsfelder und Größe der Unternehmen. Die Handwerksbranche beinhaltet sowohl industrienahe Zuliefererbetriebe als auch auf den PrivatkundInnen fokussierte Unternehmen. Bezogen auf die Größe sind sowohl familiäre Kleinstunternehmen mit wenigen Mitarbeitenden als auch größere mittelständische Unternehmen mit mehreren hundert Mitarbeitenden vorhanden. Der Großteil der rund eine Million Handwerksbetriebe in Deutschland beschäftigt dabei weniger als fünf Mitarbeitende (59 %). Vor dem Hintergrund dieser besonderen Branchenstruktur wurde im vorliegenden Beitrag die Frage gestellt, inwiefern und zu welchem Grad Handwerksunternehmen schon heute „digitalisiert" sind und welche Chancen beziehungsweise Herausforderungen sie in einer fortwährenden Digitalisierung ihrer Branche sehen. Zur Beantwortung dieser Frage wurden Handwerksunternehmen der Sanitär-, Heizungs- und Klimatechnik (SHK-)Branche betrachtet. In einem zweistufigen Forschungsdesign wurden zuerst die aktuellen Webseiten der Unternehmen auf Basis der WebQual-Methode analysiert und anschließend, aufbauend auf deren Ergebnissen, eine Umfrage zu den Chancen beziehungsweise Risiken dieser Branche durchgeführt.

Die Ergebnisse der Studie zeigen, dass Handwerksunternehmen die Bedeutung der Digitalisierung zwar grundsätzlich erkennen, mit Blick auf die Ausgestaltung ihrer Onlineangebote aber noch nicht alle Möglichkeiten ausschöpfen. Meistens fehlen in kleinen Unternehmen sowohl die Kompetenzen als auch die finanziellen Mittel zur Umsetzung (vgl. Naegele und Frerichs 2018; Prescher et al. 2016; Wiemers 2018). Staatlich geförderte Anlaufstellen sowie Lotsendienste können hier den Zugang zur Digitalisierung für kleine Unternehmen vereinfachen. Unabhängig vom Zugang zur Digitalisierung zeigte sich, dass die Webseiten insbesondere in Bezug auf Innovativität und emotionalen Anklang schwach bewertet wurden. Hier verbirgt sich also ein großes Potenzial, da insbesondere emotionaler Anklang Kaufentscheidungen (bzw. Beauftragungsentscheidungen) fördern kann.

Mit Blick auf die Umfrage zeigt sich, dass besonders diejenigen Firmen, die primär gewerbliche KundInnen bedienen, die Bedeutung von sozialen Medien und Digitalisierung für die nächsten fünf Jahre hoch einschätzen. Dieses Ergebnis mag als Ausdruck größerer Sensibilisierung gedeutet werden. Firmen, die primär mit gewerblichen KundInnen zu tun haben, spüren die Auswirkungen von Digitalisierung und sozialen Medien durch den Kontakt mit ihren KundInnen früher und stärker. Gleiches scheint für größere im Vergleich zu kleineren Firmen zu gelten. Dieses Ergebnis sollte Anlass für endkundInnenfokussierte Firmen sein, ihre Einschätzung der Bedeutung von Digitalisierung und sozialen Medien kritisch zu hinterfragen.

Literatur

Baines, T. S., Lightfoot, H. W., Benedettini, O., & Kay, J. M. (2009). The servitization of manufacturing: A review of literature and reflection on future challenges. *Journal of Manufacturing Technology Management, 20*(5), 547–567.

Barnes, S. J., & Vidgen, R. T. (2000). Web Qual: An exploration of website quality. In *Proceedings of the European conference on information systems*, Wien.

Bendel, O. (2018). Digitalisierung. Version von Digitalisierung vom 19.02.2018. http://wirtschaftslexikon.gabler.de/Definition/digitalisierung-54195/version-277247. Zugegriffen: 17. Juli 2018.

Bitkom. (2017). Zwischen Tradition und Innovation: Das Handwerk wird digital. Pressemitteilung. https://www.bitkom.org/Presse/Presseinformation/Zwischen-Tradition-und-Innovation-brDas-Handwerk-wird-digital.html. Zugegriffen: 19. März 2018.

Destatis. (2018). Zahl der Erwerbstätigen im Jahr 2017 um 1,5 Prozent gestiegen. Pressemitteilung vom 02.01.2018. https://www.destatis.de/DE/PresseService/Presse/Pressemitteilungen/2018/01/PD18_001_13321.html. Zugegriffen: 11. Sept. 2018.

Englert, R., & Rosendahl, T. (2002). Customer self service. In R. Weiber (Hrsg.), *Handbuch Electronic Business* (S. 497–507). Wiesbaden: Gabler.

Fredriksen, K., & Runst, P. (2016). *Digitalisierung im Handwerk – Wer profitiert und wer verliert*. Göttingen: Volkswirtschaftliches Institut für Mittelstand und Handwerk.

Gabler Wirtschaftslexikon. (2018). Handwerk. Version von Handwerk vom 19.02.2018. https://wirtschaftslexikon.gabler.de/definition/handwerk-51988/version-275139. Zugegriffen: 11. Sept. 2018.

Gulati, V., & Mathur, S. (2017). Digital manufacturing of Indian traditional handicrafts. *International Journal of Computer Applications, 164*(11), 1–4.

Hammermann, A., & Klös, H. P. (2016). *Digitalisierung und Arbeitsmarkt. Stellungnahme für die Enquetekommission „Zukunft von Handwerk und Mittelstand in NRW" des Landtages NRW*. IW-Reports, 8. Köln: Institut der deutschen Wirtschaft Köln.

Handwerk-Magazin. (2018). Social media. https://www.handwerk-magazin.de/social-media/158/24798. Zugegriffen: 19. Mai 2018.

Heise online. (2017). Studie: Digitalisierung als Chance für Handwerksbetriebe. https://www.heise. de/newsticker/meldung/Studie-Digitalisierung-als-Chance-fuer-Handwerksbetriebe-3644361. html. Zugegriffen: 15. Jan. 2019.

Jäger, W. (2018). Digitalisierung im Recruiting (Recruiting 4.0). *Digital HR: Smarte und agile Systeme, Prozesse und Strukturen im Personalmanagement, 14054,* 213–223.

Kärcher, T. (2017). YouTube. In R. Dannhäuser (Hrsg.), *Praxishandbuch Social Media Recruiting.* Wiesbaden: Springer Gabler.

Kowalkowski, C., Gebauer, H., Kamp, B., & Parry, G. (2017). Servitization and deservitization: Overview, concepts, and definitions. *Industrial Marketing Management, 60,* 4–10.

Loiacono, E. T., & Deshpande, S. (2014). WebQual and its relevance to users with visual disabilities. In F. Fui-Hoon Nah (Hrsg.), *International Conference on HCI in Business* (S. 559–565). Cham: Springer.

Loiacono, E. T., Watson, R. T., & Goodhue, D. L. (2002). WebQual: A measure of website quality. *Marketing Theory and Applications, 13*(3), 432–438.

Loiacono, E. T., Watson, R. T., & Goodhue, D. L. (2007). WebQual: An instrument for consumer evaluation of web sites. *International Journal of Electronic Commerce, 11*(3), 51–87.

Lorig, P. (2015). Soloselbstständige Internet-Dienstleister im Niedriglohnbereich: Prekäres Unternehmertum auf Handwerksportalen im Spannungsfeld zwischen Autonomie und radikaler Marktabhängigkeit. *Arbeits- und Industriesoziologische Studien, 8*(1), 55–75.

Matt, C., Hess, T., & Benlian, A. (2015). Digital transformation strategies. *Business & Information Systems Engineering, 57*(5), 339–343.

Naegele, L., & Frerichs, F. (2018). Laufbahngestaltung als Maßnahme der Kompetenznutzung und -entwicklung – Ein Beispiel aus dem Handwerk. In S. Kauffeld & F. Frerich (Hrsg.), *Kompetenzmanagement in kleinen und mittelständischen Unternnehmen – Eine Frage der Betriebskultur?* (S. 209–223). Berlin: Springer.

Plattform Industrie 4.0. (2018a). ABB AG: Fernüberwachung Roboter. Remote Monitoring von ABB ermöglicht Zustandsüberwachung und Diagnose von Robotersystemen. https://www. plattform-i40.de/I40/Redaktion/DE/Anwendungsbeispiele/174-fernueberwachung-roboter/beitrag-fernueberwachung-roboter.html. Zugegriffen: 19. Mai 2018.

Plattform Industrie 4.0. (2018b). Was ist Industrie 4.0? http://www.plattform-i40.de/I40/Navigation/DE/Industrie40/WasIndustrie40/was-ist-industrie-40.html. Zugegriffen: 19. Mai 2018.

Prescher, T., Hellriegel, J., Schön, M., Baumann, A., Heil, M., & Schulz, F. (2016). Digitalisierung im Handwerk als Lernprozess fördern. In R. Zender (Hrsg.), *Proceedings of DeLFI Workshops 2016* (S. 209–215). http://ceur-ws.org/Vol-1669/WS6_6_080_Paper.pdf. Zugegriffen: 11. Sept. 2018.

Schaarschmidt, M., & Höber, B. (2017). Digital booking services: Comparing online with phone reservation services. *Journal of Services Marketing, 31*(7), 704–719.

Schröder, C., Schlepphorst, S., & Kay, R. (2015). *Bedeutung der Digitalisierung im Mittelstand.* Bonn: Institut für Mittelstandsforschung (IfM-Materialien).

Wiemers, D. (2018). Entwicklung von Führungskompetenzen durch Coaching-Prozesse – ein Beispiel eines Sanitär-Heizung-Klima-Betriebes. In S. Kauffeld & F. Frerich (Hrsg.), *Kompetenzmanagement in kleinen und mittelständischen Unternehmen – Eine Frage der Betriebskultur?* (S. 167–178). Berlin: Springer.

Zentralverband des deutschen Handwerks. (2017). Daten und Fakten zum Handwerk für das Jahr 2017. https://www.zdh.de/fileadmin/user_upload/themen/wirtschaft/statistik/kennzahlen/Kennzahlen_2017/Grafik-Betriebe-Gr-17.pdf. Zugegriffen: 11. Sept. 2018.

Zentralverband des deutschen Handwerks (2016). Digitale Agenda des Handwerks. https://www. zdh.de/fileadmin/user_upload/themen/wirtschaft/Digitalisierung/Digitale_Agenda_des_Handwerks-juni-2016.pdf. Zugegriffen: 18. Mai 2018.

Zimmermann, M. (2016). Wenn Firmen an der falschen Stelle Azubis suchen. https://www.welt.de/ wirtschaft/karriere/bildung/article159274857/Wenn-Firmen-an-der-falschen-Stelle-nach-Azubi-suchen.html. Zugegriffen: 18. Mai 2018.

Prof. Dr. Matthias Bertram ist Professor für Betriebliche Informationssysteme an der Prova-dis School of International Management and Technology, Frankfurt. Seine Schwerpunkte in For-schung und Lehre umfassen die Digitale Transformation sowie den Einsatz von betrieblichen Informations- und Anwendungssystemen.

Jun.-Prof. Dr. Mario Schaarschmidt ist Professor für Technologie- und Innovationsmanagement an der Universität Koblenz-Landau. Seine Forschungsschwerpunkte liegen in den Bereichen Dienstleistungsinnovation, Arbeitsgestaltung sowie soziale Medien.

The manufacturer's authorised representative in the EU is Springer
Nature Customer Service Centre GmbH, Europaplatz 3, 69115 Heidelberg,
Germany. If you have any concerns regarding our products, please
contact ProductSafety@springernature.com

Printed and bound by CPI Group (UK) Ltd, Croydon, CR0 4YY

23/04/2026

02095648-0007